对外汉语专业教辅杂志《学汉语》25周年精选

外国人汉语学习难点

全解析

第一册

《学汉语》编辑部　编

北京语言大学出版社
BEIJING LANGUAGE AND CULTURE UNIVERSITY PRESS

图书在版编目(CIP)数据

《学汉语》25 周年精选：外国人汉语学习难点全解析（第一册）/《学汉语》编辑部编. —北京：北京语言大学出版社，2012.7（2022.1 重印）

ISBN 978-7-5619-3258-2

Ⅰ.①学… Ⅱ.①学… Ⅲ.①汉语—对外汉语教学—教学参考资料 Ⅳ.H195.4

中国版本图书馆 CIP 数据核字（2012）第 062307 号

书　　名：《学汉语》25 周年精选：外国人汉语学习难点全解析（第一册）
责任编辑：周志宇
责任印制：邝　天

出版发行：北京语言大学出版社
社　　址：北京市海淀区学院路 15 号　邮政编码：100083
网　　址：www. blcup. com
电　　话：发行部　82303648/3591/3650
编辑部　82303392
读者服务部　82303653/3908
网上订购电话　82303668
客户服务信箱　service@ blcup. com
印　　刷：北京印迪数码科技有限公司
经　　销：全国新华书店

版　　次：2012 年 7 月第 1 版　2022 年 1 月第 7 次印刷
开　　本：787 毫米×1092 毫米　1/16　**印张**：22.75
字　　数：380 千字
书　　号：ISBN 978-7-5619-3258-2/H·12039
定　　价：55.00 元

出版声明

1. 本书所有文章均选自创刊于 1987 年的《学汉语》杂志。由于资料分属不同年代，为了统一体例，并贴近当今语言教学实际需求，我们对原文内容做了少量必要的删改，不当之处还请原作者谅解。若有较大质疑，请与编辑部联系，我们必当详细解释，或于重印时更正。

2. 本书中所有署名均以原刊署名为准，即原刊署笔名者本书依旧署笔名，原刊未署名者本书标为佚名。编辑部将向每位作者赠送样书，因采用笔名或佚名而无法取得联系的作者，烦请主动与编辑部联系。

3. 由于《精选》容量有限，因此仍有大量优秀文章未能选入。在此向所有支持《学汉语》的作者们表达诚挚谢意！

《学汉语》编辑部

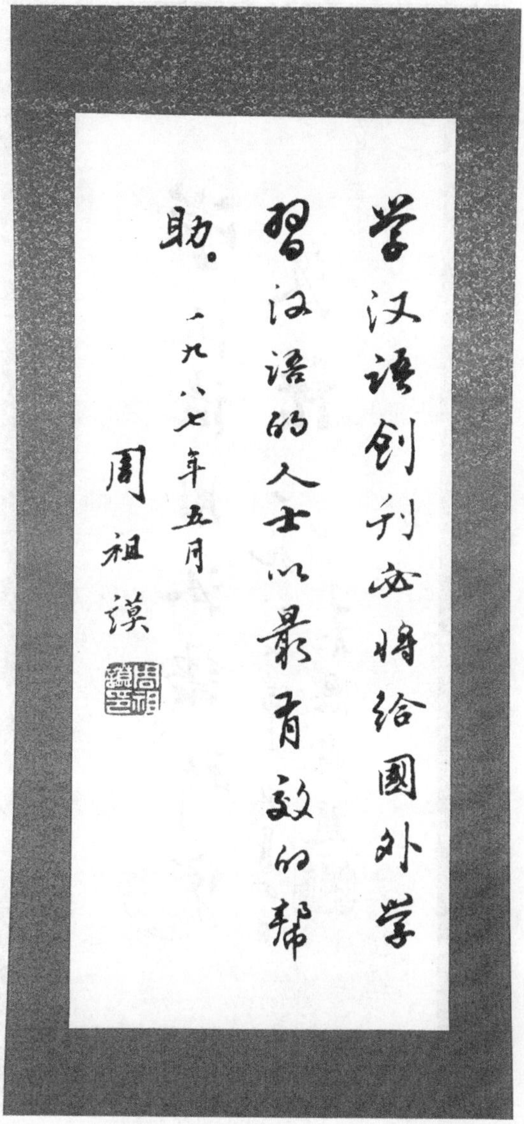

著名语言学家周祖谟教授为本刊创刊题词

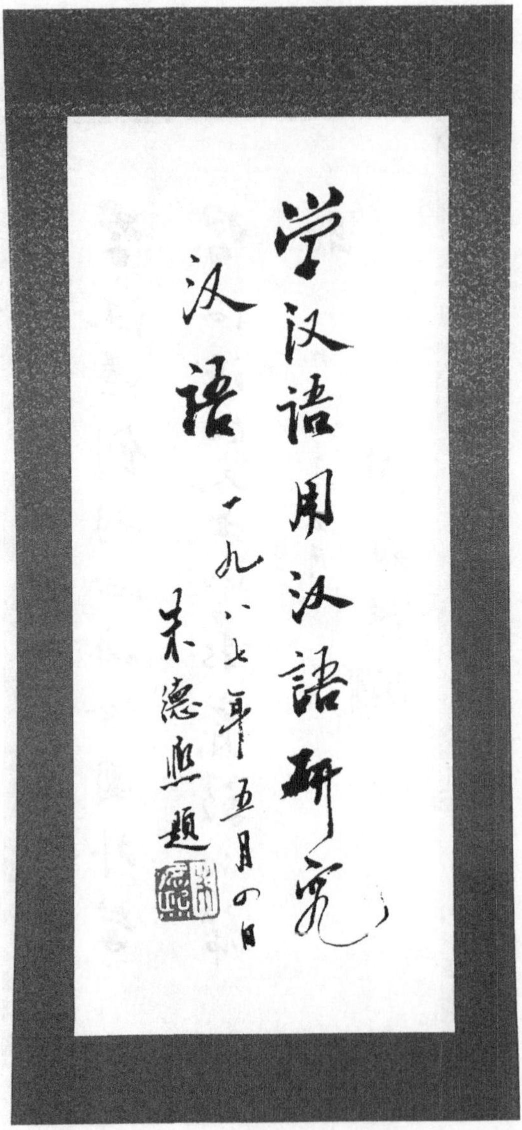

著名语言学家朱德熙教授为本刊创刊题词

目录 Contents

结构类

习语类

栏目2 对比辨析

词语类

习语类

序 | 于琐细处见精微

崔希亮
北京语言大学教授、校长

《学汉语》杂志是一本小杂志，里边刊登的文章也都是短小精干的，都是就汉语学习过程中发现的一些问题进行讨论，既有趣又有用。上个世纪 90 年代我也经常给《学汉语》写稿子，这些年虽然不再给《学汉语》投稿了，但是仍然是这本杂志的忠实读者。今年是北京语言大学建校 50 周年，《学汉语》杂志创刊 25 周年，编辑部的同事们准备编写《〈学汉语〉25 周年精选》，我觉得这个主意非常好。汉语教学一线的老师可以把它作为一本参考手册，留学生可以把它作为一本参考书，研究者可以到这里来发掘问题。

《学汉语》刊登的很多问题都很有意思，例如我们为什么不说“很雪白”、“干干净净衣服”、“别的同学们”、“金鱼身体好吗”、“外国人都想汉字很难”、“他汉语说得比我很好”？这些问题都是我们在课堂教学中经常遇到的，它们是语法问题。也有一些语用问题，如“老师，你媳妇在家吗？”这句话，语法上没错，但是不得体。还有些问题属于词汇问题，比如“难过”和“难受”有什么区别？“偏”和“偏偏”有什么区别？“刚”和“刚刚”有什么区别？“常常”和“往往”有什么区别？“来到”和“到来”有什么区别？“故事”和“事故”有什么区别？等等。留学生常常会拿这些问题来“难为”老师，而我们的老师往往会被这些问题问住。有些问题既是词汇问题，也是语法问题，比如“还”和“又”“再”有什么区别？学生说“老师，明天我还来。”这句话好，学生说“老师，明天我又来。”这句话不好。为什么？学生说“老师，明天我再来。”这句话是有歧义的，可以是“今天来了，明天还要再来”的意思，也可以是“今天没来（不来），明天再来”的意思，但这两个意思重音位置是不一样的，学生还不能体会到这么精微之处。前者重音在“再”上，后者重音在“明天”上。如此这般，《学汉语》精选的问题都是这一类的。这些问题散见于《学汉语》各处，能够把它们集中在一起善莫大焉。

《学汉语》上的文章没有长篇大论，没有理论阐发，它们都是就事论事的，读起来并不困难，但是这些文章所涉及的问题并不简单，有的时候并非一篇几百字的文章就能解决的。文章的作者大多是一线教师，他们对问题有着天然的敏感，对如何解决问题有着丰富的经验，因此才能够做到四两拨千斤。文章所谈的问题都不是凭空想象出来的，这些问题来自于课堂，来自于学生的第二语言习得的过程中。有很多问题其实大有继续研究的空间。尽管作者在这里点到为止了，但是他们所带给我们的启发是多方面的。这些问题看似琐细，可是我们仍能从琐细中看到精微，从外国人的眼中反观我们的母语往往会有意外的发现，这就是《〈学汉语〉25周年精选》的价值所在。

专家推荐 |《学汉语》告诉你为什么

崔永华
北京语言大学教授

在汉语作为第二语言的教学中，学生经常冷不丁提出一些教师毫无准备的问题，如:“‘看不上’和‘看不起’有什么不同？”“‘我的猫是彩色的’为什么不对？”“‘哪儿跟哪儿啊’是什么意思？”“为什么不能说‘我的班’？”等等。这些问题看似简单，但是要即时给出一个准确的、学生可以理解的说法，也非易事。即使事后去查词典、工具书，也往往找不到答案。因为汉语词典、工具书大都是为本族人编的，基本上没准备回答第二语言学习者的问题。因此常常是老师花了不少工夫，也还是找不到满意的答案。特别是一些新教师，更容易为此陷入尴尬，甚至乱了上课的套路。

现在我们“得救了”。这本《学汉语》杂志 20 多年积累下来的 400 多篇短文，给我们提供了这类问题的答案。虽不能说是“有问必有答”，但是学生课堂内外提出的很多常见问题，都可以从这里找到有经验的汉语教师提供的、适合学生理解水平的答案。翻检此书，可以使你从容应对学生提出的大部分你没有准备、也不容易找到答案的“怪问题”。

本书的以下特点，足以引起汉语教师的兴趣：

一、有用。

本书中讨论的汉语问题，都是“真问题”，是在汉语教学中学生提出的、教师遇到的问题，不是研究者为说明自己的看法假设的问题，更不是“无病呻吟”，为写文章而提出的问题。

二、针对性强。

由于是为了解决、回答学生的问题，因此对问题的回答和回答问题所用语言须适合学习者的语言水平和对汉语的认知水平。除少数理论性较强者外，这些短文都是直接面对问题，单刀直入，且语言简单明了，不躲躲闪闪，不绕来绕去，不堆积术语，不因贪大求深，适合学生和教师的迫切需求。

三、质量高。

这些短文大多出自经验丰富的汉语教师之手。他们在教学或接受学生的提问时，发现学生理解、运用中的问题，经过自己的分析、研究、思考，再以便于学生理解的方式表达出来。

这些文章的作者有老一代对外汉语教学专家，如王还、程美珍、赵淑华、施光亨、李珠、王志武、杨寄洲、王碧霞等；有新一代学术带头人，如李晓琪、李泉、罗青松、马燕华、朱志平、吴中伟、陆庆和、熊文、张宝林、李绍林等；还有成就卓越的语言学者史锡尧、宋玉柱、易洪川、崔希亮、杜永道等。

由此我们可以说，这些短文是解答学习者相关问题的最佳答案和回答方式。这再次提示我们，大学者可以写小文章，小文章同样有高价值。汉语教师和学习者需要这种直面问题、简捷明了、适合学习者水平的小文章。

四、有启发性。

这些小文章为观察汉语提供了新的角度。这个新角度就是外国人怎么看汉语。第二语言学习者提出的问题，常常是学习者有意无意地跟自己的母语进行比较后提出的。这些问题可以帮助我们认识汉语的特点。汉语研究者讲汉语特点，讲语言形式的较多，且流行从负面讲，例如汉语没有形态变化，汉语词类跟句法成分之间不存在简单的一一对应的关系等。从本书讨论的问题看，外国人学习汉语的难点至少还包括汉语补语的复杂情况、形容词直接做谓语、大量的习惯用语等，其实这些也正是汉语的特点所在。

五、好用。

本书编者对文章进行了处理，突出了文章层次和例句，删繁就简，标题直截明了，解析重点归纳到位，让一篇篇分散的老文章，汇聚成一本一目了然的参考书，查阅方便。

当然，这些短文中有些观点也有所欠缺，但它们可以为我们解答相关问题提供参考和启发。

本书编者做了大量的整理工作，嘱我提提意见，写点感想。拿到书稿后爱不释手，读完之后，写了以上感想，算是给同行们做个介绍。

专家推荐 | 好风凭借力

李　泉
中国人民大学教授

一本杂志除了自身的价值外，还必然记录一段历史，一串记忆，一份情感。《学汉语》这本带有一定学术性的应用型通俗刊物，即是如此。《学汉语》不仅对汉语作为外语教学的学科发展和教学实践的深入做出了独特的贡献，也记录了学科建设特别是教学实践发展的一段历史，珍藏着作者、编者和读者的一串记忆，联系着对外汉语教学界同仁的一份情感。

难忘的是，恰在我投身对外汉语教学事业的 1987 年，《学汉语》创刊问世，这种缘分让我颇感幸运。《学汉语》已然伴我在对外汉语教学这个领域学习、工作和生活了 25 年。多年来，我对《学汉语》心存感激，我从前辈师长和同龄朋友的文章中学到了很多汉语知识和教学方法，特别是在我最初从事对外汉语教学的那些岁月里。我曾给它投过稿，向它推荐过留学生的汉语习作，也曾向同行和留学生推荐过它。所以，当编辑部同仁让我为这个刊物 25 周年的精选本写份推荐时，我虽有些犹豫，但没有坚决婉拒，而是感到又一次触摸了缘分和幸运。因此，尽管我并不适合做这份美差，但对这个刊物的感恩之心，让我暂时忘却其他理性的考虑。

我认为《学汉语》的这个“精选本”，至少可以给青年教师和准备从事国际汉语教学事业的青年朋友、对外汉语教学方向的硕士生和博士生以下几个方面的启示和助益：

其一，可以更好地了解汉语的某些特点。一名汉语教师新手往往由于缺乏教学经验，加之对汉语自身的特点习焉不察，而不了解学习者在汉语学习过程中的问题所在，想象不出他们会说出或写出“他们三位人”“你去，也我去”“他讲得很好，你们应该听起来”“老师说话一点儿快”这样不可接受的句子。而了解学习者的汉语偏误现象是了解汉语特点的重要“端口”，只有全面、深入、细致地了解和把握汉语的结构规则、组合规则和使用规则才能更有针对性地开展教学，才能更好地解释学习者的语言偏误现象。“精选本”中的绝大多数文章都是基于学习者的汉语偏误写成的，阅读这些小文章可以让我们对汉语的某些特点有一个更真切的了解和体会，并可进一步促使我们对相关语言现象进行深入思考。

其二，可以从中了解教学的重点和难点。“精选本”中的400篇小文章集中展示了汉语学习者在汉语词语、习惯用语、短语结构、格式等方面经常会出现的理解和使用偏误，并结合教学实践进行了分析和阐释。而学习者理解、运用有误或根本就不理解、不会用的语言现象，无疑也就是教学的重点和难点。阅读“精选本”中的相关文章，不但可以了解到不同教学阶段汉语教学的一些重点和难点问题及其相关的阐释和处理意见，而且也为我们分析教材提供了指引方向，为我们备课和编写教案提供了基于教学实践的参考意见。

其三，可以为我们开展汉语研究提供线索。尽管方法的重要性毋庸置疑，但汉语教学的最难处不在于教学方法的运用，而在于对学习者汉语偏误的分析，特别是对偏误成因的阐释和对相关现象所包含的汉语结构、组合和运用规律的概括。而汉语教学过程中大量的语言偏误现象及其所蕴涵的“汉语问题”，绝大多数都没有现成的答案。“精选本”的价值不仅在于它为我们提供了汉语教学中必然会涉及的一些重点和难点问题及其“参考答案”，更在于它可以启发我们对这些语言问题做进一步的思考和研究，特别是启发我们对教学中遇到的其他各种各样的语言偏误、语言问题的敏感、思考和研究。

不仅如此，一名汉语教师新手如果能认真阅读“精选本”上的这些文章，还可以在相当程度上了解“对外汉语教学是怎么回事”，了解学习者是怎么学的，前辈们是怎么教的；可以了解在汉语教学中应该注意哪些问题以及如何教授这些问题；可以不断反思课堂教学的得与失。优秀的汉语教师应该是集学习型、反思型和研究型的于一身的。好风凭借力，我相信“精选本”会在青年教师“走向从容、走向卓越”的过程中助一臂之力。也祝愿《学汉语》与时俱进，为国际汉语教学事业的发展再立新功。

编者的话 |《学汉语》25年留下的财富

《学汉语》杂志创刊于 1987 年，至今已经陪伴留学生和汉语教师走过了 25 年。在这默默耕耘的 25 年里，它积少成多、积沙成塔，为我们留下了无数短小而精彩的文章，它关注你并不注意的小问题，它描述你不易解释的语言点。25 年来，数百位名家在这里留下他们的笔迹，今天他们中的许多人都已经成为对外汉语教学界的资深专家、名家或学术带头人，成为扛起这个事业的顶梁柱。《〈学汉语〉25 周年精选——外国人汉语学习难点全解析》从 25 年来的 6000 多篇文章中遴选出 400 多篇，集成两册，为学习者提供一个难得的案头参考资料，也为对外汉语教学事业的参与者们留下一份共同的纪念。

由于杂志文章没有统一的体例，我们根据内容梳理出七大栏目，下表为每册不同栏目的篇目情况：

分册	栏目	篇数
第一册	词语运用	130
	对比辨析	111
第二册	答疑解惑	66
	汉语知识	36
	表达归纳	37
	学习技巧	8
	精彩连载	22

上册的“词语运用”与“对比辨析”以词语、结构和习惯用语的

分析与比较为主。下册的“答疑解惑”从学生的实际问题出发解析语言点；“汉语知识”集中讲解语音、词汇、语法等方面的某个知识点；“表达归纳”对同主题或相关表达方式进行归纳；“学习技巧”介绍汉语学习中的一些方式方法；“精彩连载”包括两个主题，“功能项目”归纳出 85 项交际功能，并提供大量例句，“汉字联想”则为汉字学习和记忆提供了具体的操作方法。

为了便于在目录中检索内容，我们简化了文章名，并在文后附上原文详细信息供读者查询。

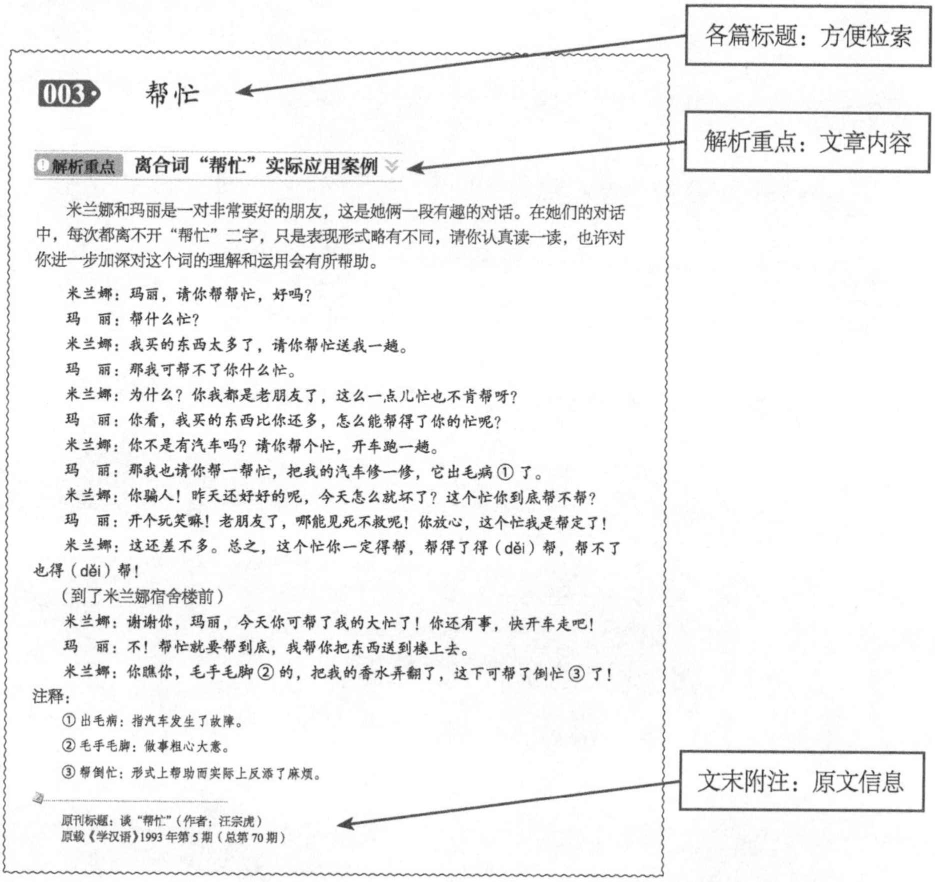

003 帮忙

解析重点 离合词“帮忙”实际应用案例

米兰娜和玛丽是一对非常要好的朋友，这是她俩一段有趣的对话。在她们的对话中，每次都离不开“帮忙”二字，只是表现形式略有不同，请你认真读一读，也许对你进一步加深对这个词的理解和运用会有所帮助。

米兰娜：玛丽，请你帮帮忙，好吗？
玛　丽：帮什么忙？
米兰娜：我买的东西太多了，请你帮忙送我一趟。
玛　丽：那我可帮不了你什么忙。
米兰娜：为什么？你我都是老朋友了，这么一点儿忙也不肯帮呀？
玛　丽：你看，我买的东西比你还多，怎么能帮得了你的忙呢？
米兰娜：你不是有汽车吗？请你帮个忙，开车跑一趟。
玛　丽：那我也请你帮一帮忙，把我的汽车修一修，它出毛病①了。
米兰娜：你骗人！昨天还好好的呢，今天怎么就坏了？这个忙你到底帮不帮？
玛　丽：开个玩笑嘛！老朋友了，哪能见死不救呢！你放心，这个忙我是帮定了！
米兰娜：这还差不多。总之，这个忙你一定得帮，帮得了得（děi）帮，帮不了也得（děi）帮！
（到了米兰娜宿舍楼前）
米兰娜：谢谢你，玛丽，今天你可帮了我的大忙了！你还有事，快开车走吧！
玛　丽：不！帮忙就要帮到底，我帮你把东西送到楼上去。
米兰娜：你瞧你，毛手毛脚②的，把我的香水弄翻了，这下可帮了倒忙③了！

注释：
① 出毛病：指汽车发生了故障。
② 毛手毛脚：做事粗心大意。
③ 帮倒忙：形式上帮助而实际上反添了麻烦。

原刊标题：谈“帮忙”（作者：汪宗虎）
原载《学汉语》1993 年第 5 期（总第 70 期）

若须查实原文，可登陆 www.xuehanyu.net 下载原刊电子杂志，如有其他疑问或需求，可发邮件至 xuehanyu@blcu.edu.cn。

最后，我们借此书向25年前为《学汉语》创刊题词的两位先哲周祖谟先生和朱德熙先生致敬。周先生1953年在《中国语文》上发表的《教非汉族学生学习汉语的一些问题》，是新中国第一篇对外汉语教学方面的学术论文。朱先生是新中国第一批国家公派汉语教师，并从1987年开始担任世界汉语教学学会会长直至离世。两位语言学大师为《学汉语》题词，不仅是对《学汉语》寄予的期望，也是对对外汉语教学事业的一份嘱托。

栏目1

词语运用

Language in Use

词语类

001 吧 呢

解析重点 语气助词“吧”和“呢”的各种非疑问用法

“吧”和“呢”都是语气助词。它们除了用来表示疑问以外，还有其他一些用法。

1. 先说“吧”。

（1）可以用在祈使句末尾，表示命令、请求、催促、建议等。有些句子与正反疑问句形式相仿，但它们是祈使句而非疑问句。如：

① 你到底来不来吧！（你到底来不来，你说吧。）

② 你承认不承认吧。（你承认不承认，你说吧。）

这类句子使用句号或感叹号应根据具体的语境来判断。

（2）用在问句末尾，不单表提问，还有揣测的语气，表示不敢肯定，但并不要求答复。如：

③ 您不会不知道吧？

④ 他是北欧人吧？

（3）用在“行”、“好”、“可以”等后面表示同意，构成应答语。如：

⑤ A：你们明天再来办吧。
B：好吧。

（4）用在句中停顿处，可表示举例、让步等，也可用于交替假设，有左右为难、犹豫不决的意思。

⑥ 就拿去年来说吧，销售人员减少了，而公司的利润却增加了。

⑦ 就算你对吧，那也不能骂他呀！

⑧ 去吧，要花很多钱；不去吧，别人又会说闲话。

（5）用在“动词＋就＋动词”的句尾，表示同意、认可或没关系、不要紧。如：

⑨ 多住一天就多住一天吧，反正回去也没事做。

⑩ 不来就不来吧，我们三个人也够了。

（6）带有号召和祝愿的味道。如：

⑪ 走自己的路，让别人去说吧。

⑫ 让我们携起手来，共同创造美好的明天吧。

2. 再看“呢”。

（1）指明事实而略带夸张或赞美。如：

1）可＋形容词＋呢

⑬ 这塘里的鱼可大呢！

⑭ 他们的汉语水平可高呢！

2）才＋动词＋呢

⑮ 电影八点才开始呢！

⑯ 飞机十二点才起飞呢！

3）还＋动词＋呢

⑰ 他还会作诗呢！

⑱ 亏你还是个大学生呢！

（2）用在叙述句的末尾表示持续的状态。常和“正”、“正在”、“在”或“着”等搭配。如：

⑲ 外面下着雨呢！

⑳ 他还在睡觉呢！

（3）用在句中停顿处。

1）用于主语之后，含有“至于”、“要说”和“关于”等意思。多用于列举或对举。如：

㉑ 我们几个都挺忙：老王呢，在帮女儿带孩子；老李呢，在忙着写自传；我呢，帮儿子照顾生意。

㉒ 高兴呢，就出去散散步；不高兴呢，就待在家里睡大觉。

2）用在假设小句的末尾。如：

㉓ 你要是饿了呢，就自己做点儿吃。

㉔ 你要是困了呢，就趴在桌子上歇一会儿。

3）用在其他成分之后。如：

㉕ 其实呢，他不来也好。

㉖ 还是在我这儿住几天吧，一来呢，咱们俩可以聊聊天，二来呢，也让儿女们方便点儿。

4）表转折。如：

㉗ 老板告诉我们等他回来，而他呢，却跟朋友喝酒去了。

㉘ 说是来买，钱呢，一分也没见。

原刊标题："吧"和"呢"的非疑问用法（作者：张少云）
原载《学汉语》1999 年第 8 期（总第 145 期）

002 把

解析重点 量词"把"的语义特征

在现代汉语中，名词都有特定的量词，不能随意组合。但是，有的量词用法比较多，掌握起来很难，如果能找出它的一些规律，学起来就容易多了。"把"字就是其中的一个。

1."把"作为个体量词，多用于有把手的器具或物品。最常用的有：一把椅子、两把伞、三把刀子；像叉子、勺子、茶壶、剑、手枪、锁、钥匙、牙刷、梳子、扇子、剪子、铲子等都用"把"作量词。

2."把"也可以作不定量的量词，表示一部分物品，大约能用一只手抓起或拿得了的量，跟手有密切的关系。糖的量词是"块"，我们说"一块糖"，如果说"他从糖盒里抓了一把糖"，那么这"一把糖"可以是十块，也可能是更多一些。所以我们说"把"表示不定的量。我们常用"一大把"表示多，"一小把"表示少。

这类物品的体积都比较小，又容易拿，像米、面、花生、瓜子、沙子、土、枣、豆子等。而有的物品比较大，又不好拿，就不能用“把”了。不能说“一把苹果”、“一把梨”、“一把西瓜”。

口语中还有一些抽象的事物，也用“把”作量词来表示不定的量。这种量比“一点儿”表示的程度要强。请看下列对比：

加点儿劲　出点儿力　用点儿力气
加把劲　　出把力　　用把力气

有时在比喻句中，这种强调作用就会更明显了。如：

① 妈妈一把屎一把尿把我养大，多不容易。

② 她一把鼻涕一把眼泪，哭得很伤心。

3. “把”还可以表示动作的次数或量。大部分用于手的动作，如：拉、帮、推、拽、搭、抓等，用法跟“次”、“下”、“回”相近。

可是，在现代汉语中，表示动作的量的意义有所扩展，这些动作与手关系不大。如：表现一把、玩一把、练一把等，最流行的一个词就是“过把瘾”。这个词是电视剧《过把瘾》上映后流行起来的。

原刊标题：量词“把”的用法（作者：永顺）
原载《学汉语》1995 年第 5 期（总第 94 期）

003 帮忙

解析重点　离合词“帮忙”实际应用案例

米兰娜和玛丽是一对非常要好的朋友，这是她俩一段有趣的对话。在她们的对话中，每次都离不开“帮忙”二字，只是表现形式略有不同，请你认真读一读，也许对你进一步加深对这个词的理解和运用会有所帮助。

米兰娜：玛丽，请你帮帮忙，好吗？
玛　丽：帮什么忙？
米兰娜：我买的东西太多了，请你帮忙送我一趟。
玛　丽：那我可帮不了你什么忙。
米兰娜：为什么？你我都是老朋友了，这么一点儿忙也不肯帮呀？
玛　丽：你看，我买的东西比你还多，怎么能帮得了你的忙呢？

米兰娜：你不是有汽车吗？请你帮个忙，开车跑一趟。

玛　丽：那我也请你帮一帮忙，把我的汽车修一修，它出毛病①了。

米兰娜：你骗人！昨天还好好的呢，今天怎么就坏了？这个忙你到底帮不帮？

玛　丽：开个玩笑嘛！老朋友了，哪能见死不救呢！你放心，这个忙我是帮定了！

米兰娜：这还差不多。总之，这个忙你一定得（děi）帮，帮得（de）了得（děi）帮，帮不了也得（děi）帮！

（到了米兰娜宿舍楼前）

米兰娜：谢谢你，玛丽，今天你可帮了我的大忙了！你还有事，快开车走吧！

玛　丽：不！帮忙就要帮到底，我帮你把东西送到楼上去。

米兰娜：你瞧你，毛手毛脚②的，把我的香水弄翻了，这下可帮了倒忙③了！

注释：

① 出毛病：指汽车发生了故障。

② 毛手毛脚：做事粗心大意。

③ 帮倒忙：本来要帮忙而实际上反添了麻烦。

原刊标题：谈“帮忙”（作者：汪宗虎）
原载《学汉语》1993年第5期（总第70期）

004 不

解析重点 否定副词“不”的非否定用法

“不”这个词我们几乎每天说话都离不开它，写文章也一定少不了它。初学汉语的人，一看到它会马上想到它是个表示否定意义的副词。这是很自然的，因为“不”在绝大多数情况下都包含否定意义。例如“小王不去看电影”“这件衣服不太漂亮”等等。但“不”也有不表示否定的时候。例如：

① 我等了不一会儿阿里就来了。

② 休息了不一会儿，我们又继续赶路。

③ 他俩说了不一会儿就睡着了。

④ 灯亮了不一会儿又灭了。

显然，这几个句子里的“不”都没有否定的意思，“不一会儿”和“一会儿”一样，都表示时间短暂，只不过用上“不”有些强调的意味罢了。再如：

⑤ 国庆节那天，天安门广场好不热闹！

⑥ 读了儿子的来信，老两口好不开心。

⑦ 那天，我病了，心里好不难受。

⑧ 她无儿无女，靠讨饭生活，好不可怜。

这几个句子里的“不”同样没有否定的意思，只表示强调，加强肯定的语气。由“好不……”构成的句子都表示肯定，只有“好不容易”表示否定的意思，“好不容易”和“好容易”都是“不容易”的意思。

原刊标题：不的非否定用法（作者：王世生）
原载《学汉语》1988 年第 1 期（总第 6 期）

005 不大

解析重点 “不大”作为副词的用法

“不大”常用作形容词性偏正短语，与“大”相反。例如：

① 房间不大，可是布置得挺雅致。

② 今年的柿子长得不大，也不甜。

“不大”也可以用作副词，作状语。此时，它既可以修饰形容词，也可以修饰动词或动词短语。

先说修饰形容词的。看例句：

③ 这样做不大好吧。

④ 他的字写得不大清楚。

⑤ 我觉得这种说法不大正确。

这种用法的“不大”，意思是说程度低。例如：“不大清楚”是指清晰度低，“不大正确”是指正确度低。“不大清楚≠不清楚”，“不大正确≠不正确”。

但是从语用角度看，说“不大 A”往往就是指“不 A”。因为要语气委婉，才加个“大”。比如说：“你这样做不大好吧。”其实说话人根本就是认为这样做不好。由此可见，在理解“不大A”时，要注意说话人的心态：是真的“不大A”呢，还是用“不大A”代替“不A”呢？比较：

⑥ A. 这里的冬天不大冷。
B. 这样说不大好。

例⑥A不涉及人际关系，所以是真的“不大A”；例⑥B表现出说话人的委婉心态，这是因为批评人时总要注意方式方法，所以此处的“不大A=不A”。

副词“不大”修饰动词有几种情况。

一种是修饰表示心理活动的动词，因为这种动词表示的意义有程度之别，所以这样用的“大不”也是表示程度低。例如：

⑦ 他不大喜欢体育锻炼，所以体质不强。

⑧ 人家不大欢迎你去，我看就不要去了。

⑨ 这个人不大爱惜时间，太贪玩。

另一种是修饰助动词。例如：

⑩ 我请他吃饭，他竟不大愿意来。

⑪ 虽然他有意见，却又不大敢说。

⑫ 小王比较自私，不大肯帮助别人。

这样用的“不大”仍表程度低。

第三种是修饰一般动词或动词短语。例如：

⑬ 爱农不大喝酒了，也很少有工夫谈闲天。

⑭ 最近他不大（常）来这里了。

⑮ 星期天他不大看书，一般是帮助妻子做家务。

这种用法的“不大”表示量少。“不大喝酒”是指喝酒的次数少，喝酒的量也少；“不大（常）来”是指来的次数少，等等。

此外，“不大”还可以用在时间词前，表示时间短。例如：

⑯ 不大一会儿，他就把饭端上来了。

⑰ 我出去不大工夫，他竟把一瓶酒喝完了。

这样用的“不大”，仍为形容词短语。

原刊标题：说“不大”（作者：楠凯）
原载《学汉语》1996年第4期（总第105期）

006· 不但

解析重点 "不但"与连词搭配的情况归纳

连词"不但"，在汉语口语和书面语中经常使用。从留学生学习情况来看，有不少学生用起来不得法，所造句子常有毛病。其中最主要的问题是没弄清楚："不但"和不同的词语或格式相配合，所表达的意思也有差异。此外，有些学生对于"不但"及其呼应词语在句中的位置、前后分句的相互关系等把握不准。要全面掌握并恰当运用它，可从以下几方面去认识：

1. "不但"用在递进复句的前一分句中，后一分句常用"而且"、"并且"、"还"、"也"等呼应，表示意思更进一层。

① 他的房间不但整洁，而且很亮。

② 这条路不但要修，而且一定要修好。

③ 安娜不但提高了汉语水平，还了解了中国人的生活情况。

④ 不但全班同学都来了，老师也都来了。

⑤ 你看，不但风停了，雨也停了。

⑥ 现在，全村人不但不愁吃穿，并且还有富余。

2. "不但"同"连……也……"、"即使……也……"、"甚至……也……"配合使用，强调程度更深一层。

⑦ 吴老师对学生的作业看得很认真，他不但指出了语法错误，连一个标点也不放过。

⑧ 这种产品不但在国内是最好的，即使在国际上也是很有名的。

⑨ 这个村子里的人都爱游泳，不但小伙子喜欢在水里玩儿，甚至七八十岁的老人也常下水。

3. "不但"跟"反而"等配合使用，进一步强化前一分句否定的意思。它的表达形式是：前一分句是否定句，后一分句是肯定句。

⑩ 学习上的困难不但没有吓倒她，反而使她越来越有信心了。

⑪ 春天到了，这几天不但不暖和，反而更冷了。

除了上述三点以外，还要特别注意两个问题：

（1）使用“不但”时，一定要看前后分句主语的异同：

如果两个分句主语相同，“不但”多在主语后，请见例①②③⑥⑦⑧⑩⑪；如果两个分句主语不同，“不但”多在主语前，请见例④⑤⑨。掌握了这个规律，就可以判断这一句的错误：“阿里不但喜欢音乐，他妹妹也喜欢音乐。”（“不但”应该移到“阿里”之前）。

（2）“不但”与其呼应词语配合用于递进复句中，在使用时，千万不要颠倒（diāndǎo）递进关系。

有些学生造出这样的句子：“玛丽不但改正了错误，而且接受了批评。”这句话错在哪儿呢？错就错在把递进关系颠倒了。应该说：“玛丽不但接受了批评，而且改正了错误。”这样，才能准确而得体地表示出“更进一层”的意思。

原刊标题：“不但”及其呼应词语（作者：方言）
原载《学汉语》1998 年第 12 期（总第 137 期）

007 不是

解析重点 “不是”在否定句和疑问句中的用法

“不是”一般有下列几种用法：

1. 表示否定

“不是”常表示一般否定，如：他不是中国人。此外，还有两种特殊用法：

（1）用来解释自己的言行，以免听话人误解或不满。说话人在前一小句，用“不是……”否定自己的言行具有某种性质，在后一小句说明做出这种否定的理由或事实根据。“不是……”有时也可用在后一小句。如：

① 不是对着您吹牛，我修了五十二年车啦！（《东方少年》1989.6）

② 不是我不叫你们进去，陆大夫得的是心脏病，不能激动。（《谌容小说选》）

③ 这件事确实是你做得不对，不是我说你。

（2）“不是”等同于“如果不是”，表示某种假设。如：

④ 不是你提醒，我早就把现代人无比重视的“贞洁”这个词汇给忘了！（《剧本》1989.2）

⑤ 不是我呀，您开车厂子？您剩六十辆车？您也配？（话剧《骆驼祥子》）

2．用在疑问句中。

（1）“不是”用在是非问句中，表示探询、推测。如：

⑥ 你不是我们鹰部落的人吧，我怎么不认识你？（《剧本》1989.2）

⑦ 刘小发：这不是打北京来的火车吧？
刘忠厚：不是，是龙烟铁矿的。（《丁玲戏剧集》）

（2）构成反问句，表示肯定。

1）在形式上，可以用“不是……”，也可以用“不是……吗”；可以把它们用在句子开头的部分，有时也可用在句尾（例⑨⑩）。

在语义上，可以是肯定确实存在的事实（例⑨），也可以是肯定说话人思想上认为存在的事实（例⑧）。

⑧ 你不是远走高飞了吗？还回来干什么？（《剧本》1989.3）

⑨ 那么好的衣服，让你买你不买，现在卖完了不是？

⑩ 咱们自由了，……这是大好事，不是吗？（《剧本》1987.5）

2）“不是”后边可带副词“才”“又”“也”“就”等，表示肯定某种明显的道理或事实。“是”有时可省略。如：

⑪ 写一个剧本不才几百块钱稿费吗？（《剧本》1985.5）

⑫ 中学生喜欢“侃大山”，瞧，那边不又侃上了？（《东方少年》1989.6）

⑬ 干这事就得有些胆儿，我不也冒着风险吗？（《剧本》1989.3）

⑭ 这不是就行了吗？

3）“不”和“是”中间可插用“也”“又”，肯定与某种情况类似。如：

⑮ 条件为什么不重要？当初你不也是考虑我哥哥有钱才嫁过来的？（《电影创作》1985.4）

⑯ 这不又是一个好例子！

（3）在反问句法中，还形成了几种自成一型的固定短语。

1）“不是说”、“不是说好（过）了”，表示有过某种说法或某种决定。如：

⑰ 不是说“生命在于运动”嘛！

⑱ 不是说好了，这几天再不提起那件事吗？（《剧本》1989.2）

2）“不就是”，有两种用法：

A 表示“不过是”“只是”，表示没有什么了不起的。“是”有时可省略。如：

⑲ 不就（是）两毛钱吗？给他就是了。

⑳ 横什么横，你？不就是个破主任吗？（《北京文学》1989.2）

B 用于增强肯定语气。如：

㉑ 这不就是你丢的笔吗？

3）用在“不是A，就是B”格式中，表示A或B两种情况必定有一种是事实。“是”有时可省略。如：

㉒ 不是老王去，就是小李去。

㉓ 不（是）刮风，就（是）下雨。

4）“不是”有名词性用法，表示错过、过失，可构成固定短语。如：“赔不是”（表示赔罪）、“落不是”（被人认为有过失而受责难）、“派不是”（指摘别人的过失）等。如：

㉔ 这样做，就是你的不是了，你应该去向他赔个不是。

㉕ 白跟他早起晚睡忙了半天，不但没得到什么好处，反落一身不是。

㉖ 他自己从不认错，总是派别人的不是。

原刊标题：说“不是”（上）（下）（作者：常玉钟　赵雷）
原载《学汉语》1990年第11、12期（总第40、41期）

008 差点儿　难免

解析重点　“差点儿”和“难免”各自的用法说明

留学生丽妮在用“差点儿”和“难免”造句时遇到一些问题。课间休息时，她便带着这些问题去请教王老师。

丽　妮：王老师，我有两个有关汉语方面的问题现在可以向你请教吗？

王老师：不必客气，你说吧。

丽　妮：我们在一年级学基础汉语语法时，曾学过肯定句，也学过否定句，都好懂，后来又学过双重否定等于肯定的句子，如“非他去不可”，表示“必须他去才可以”；“我不能不来”表示“我一定来”。这种句子也不难理解。但是还有一类表示肯定或否定的句子就比较难理解。比如用“差点儿”作状语的句子，不管是肯定句还是否定句，它们的意思都一样，例如“他今天上课差点儿迟到了”和“他今天上课差点儿没迟到”。这两句的意思都表示“没有迟到”。这和过去学的又不一样了。王老师，请你讲讲这个问题好吗？

王老师：这个问题比较复杂，不过只要掌握这类句子的特点或规律，是不难理解的。这里的“差点儿”是副词，用在动词前面作状语表示某种事情接近实现或勉强实现。但用“差点儿”表示肯定或否定时有两种情况要注意：

一种是如果说话人不希望实现的事情，“差点儿”有“几乎”的意思，说“差点儿”怎么样或“差点儿没”怎么样，都是指事情接近实现而没有实现。如你所举的例句就是不希望出现的事情，所以“他上课差点儿迟到了”和“他上课差点儿没迟到”都是指“几乎迟到而没有迟到”的意思。

但是另一种情况就不同了，如果是说话人希望实现的事情，那么“差点儿”是表示惋惜希望的事情没有能够实现；而“差点儿没”则表示庆幸所希望的事情终于勉强实现了。例如：“那本好书我差点儿买到了”就表示为“那本好书没买到”而惋惜。比如说“那本好书差点儿没买到”则表示为“那本好书终于勉强买到了”而庆幸。

丽　妮：王老师，您一讲我们就明白了。我还有一个问题，“难免”这个词作状语的句子，例如“我们做练习时难免会出错误”和“我们做练习时难免不出错误”，这两个句子一个是肯定句一个是否定句，但两个句子的意思一样，都表示“难免出错误”。这和“差点儿”作状语表示肯定或否定的句子有什么不同？

王老师：“难免”表示“不容易避免”的意思。当“难免”在动词前作状语时，不管这个句子是肯定式还是否定式，都表示会出现不好的情况。例如上面你所举的例句：“我们做练习时难免会出错误”和“我们做练习时难免不出错误”，前句是肯定句，后句是否定句，但都表示很难避免出现各种错误。“差点儿”表示肯定或否定有两种情况，而“难免”表示肯定或否定却只有一种情况。

与“难免”这个词用法相似的还有“好不容易”与“好容易”，例如：“这本书好容易才买到”和“这本书好不容易才买到”两个句子，前句是肯定句，后句是否定句，但两个句子都表示“不容易”的意思。而“大街上好热闹”和“大街上好不热闹”，前句是肯定句，后句是否定句，但都表示“很热闹”的意思。看来学好汉语并不容易，必须具体问题做具体分析才能看清问题的实质，不能只从句子的表面去看问题。

丽　妮：王老师，这些问题经您具体分析，我明白了，谢谢您。

王老师：不用谢。今后有问题可以尽管问，我很高兴和同学们一起讨论问题。

原刊标题：差点儿和难免的用法（作者：杨简）
原载《学汉语》1989 年第 8 期（总第 25 期）

009 此

解析重点 “此”的几种指代用法

古代汉语里常见的代词“此”，在现代汉语中也很常见。“此”是个代词，它的主要意思是“这”、“这个”，与它相对应的词是“彼”（“那”、“那个”）。

我们知道“这”和“这个”在现代汉语里是代词，那么，在具体语境里的“这”和“这个”代表的又是什么呢？我们通过几个例句看一看。

① 一直自认无罪的钱志明闻此判决，顿时收敛笑容，当堂变得毫无表情。

例句 ① 意思比较明显，“此”就是“这个”，“闻此判决”，就是“听到这个判决”的意思。

但是，在更多的时候“此”所代替的就不那么直接，需要读者通读全句甚至整个语段，才能确定“此”所代替的具体人、物或事件。我们看看下面的例句。

② 我喜欢读书，喜欢学习，有许多工友管我叫“先生”。我不知道他们用意如何，而我却为此自豪。

例句②中“我却为此自豪”，“此”究竟指的是什么呢？如果我们不看前边的句子，就很难知道，看了前边的句子，我们就会知道原来“此”代替的是“有许多工友管我叫‘先生’”这件事。“我却为此自豪”就是：我却为有许多工友管我叫“先生”自豪。

我们再看看例句③：

③ 当今人们在生活中有一种常见的疾病——“时间病”。指人为时间所迫而感到烦躁、紧张，甚至因此而旧病复发，如冠心病、中风等。

用同样的方法，我们很快就能判断出例句③中的“此”指的是“人为时间所迫而感到烦躁、紧张”。最后一句话可以理解为：甚至因为时间紧迫导致的烦躁、紧张而旧病复发，如冠心病、中风等。

通过对上面几个例句中“此”的指代物的分析，我们就会发现一条规律：当你在阅读一个含有“此”的语段或一个较长的句子时，如果你不能一下子判断出“此”所代替的究竟是什么，就该回过头来往前看，从它前面的句子中寻找。“此”所代替的往往是它前面提到的人、物或事件。

“此”的使用，使现代汉语的句子更经济、简练。试想，如果例句②③不用“此”，而是重复前面的词语，那句子会显得啰唆冗长，这也是“此”字从古代沿用到今天的重要原因之一吧。

“此”不但使用频率较高，而且具有一定的构词能力，常见的由“此”构成的词就有：此外、从此、因此、由此、此刻、彼此等。

原刊标题：谈“此”（作者：陈田顺）
原载《学汉语》2005年第3期（总第201期）

010 动不动

解析重点 “动不动”的用法

日本学生不明白什么叫“动不动”，也不会使用它。其实，不止日本学生如此，许多外国学生都有这种现象。因此有解说之必要。

首先应该明白的是，这里说的“动不动”是一个词，而不是“V不V”这种动词短语格式。像“去不去”“来不来”之类，是“V不V”这种动词短语格式。“动不动”

当然有时也可以这样理解，如：

① A：今年暑假你在哪儿过？还动不动？
B：我不想动了。

这时的“动”是个动词，当然可以造成“V 不 V”格式。

但是，作为副词的“动不动”却是一个整体，不能按“V 不 V”去理解。那么，什么叫“动不动”呢？《现代汉语词典》的释义是：“表示很容易发生某种行动（多含厌烦意），常跟‘就’连用。”这个解释不能说不对，但从语用角度看，却不够周延。请看以下例句：

② *他学习成绩不好，动不动就得个不及格。

③ *最近天气不好，所以他动不动就受雨淋。

以上两句所述都是容易发生的动作，而且是令人厌烦的；然而这两个句子显然都是不能成立的，即不合语法的句子。那么，它们错在哪里呢？

原来，“动不动”的使用有一个语用条件限制，即：“动不动”后面所跟的动词所表示的动作，一定要是主语表示的人发出的，即主语应为“施事”。例如：

④ 最近他的脾气越来越坏，动不动就发火。

⑤ 那个人很不讲道理，还动不动就动手打人。

⑥ 两口子吵架本来是常有的事，可他动不动就摔家具。

由此可见，例②③之所以不能成立，是因为这两句的主语都不是施事，而是受事。例②中的“他”得个不及格，显然动作不是由他主动发出的；例③中的“他”更明显地是“受雨淋”，当然是受事。

此外，“动不动”后边的动词还应该是表示动作行为的动作性动词，而不能是非动作动词，否则句子也不能被接受。请看：

⑦ *他学习态度不端正，动不动就在家。

“在（家）”是表示存在而非表示动作的非动作性动词，所以例⑦不能成立。应该改为：

⑦ 他学习态度不端正，动不动就不来上课。

原刊标题：“动不动”的意义和用法（作者：福星）
原载《学汉语》1996 年第 3 期（总第 104 期）

011 倒

解析重点 “倒”同形异音异义词

“倒”字的发音有两种（dǎo 和 dào），词性也有两种（动词和副词）。实际上，一个“倒”字的字形包含四种意思。

1. dǎo（动词：）

（1）一看到这个字，就好像“倒”字摔倒了一样，横躺着。这就是“倒”（dǎo）的意思：（人或竖立的东西）横躺下来。例如：

① 昨晚的大风把宿舍前面的小树刮倒了。

② 下雪的时候骑车，很容易滑倒。

（2）用来比喻事业好像人一样摔倒了，不能正常发展。例如：

③ 现在韩国正处于经济危机之中，许多公司都倒闭了。

④ 九十年代初，苏联政府倒台了。

2. dǎo（动词：倒）

从一个地方转移或转换到另一个地方。例如：

⑤ 从五道口坐 331 路公共汽车不能直接到前门，应该在北太平庄倒 22 路。

⑥ 今天，我们班第四节课与第一节课倒换一下。

3. dào（动词：）

（1）一看到这个字，就好像“倒”字的头在下边，脚在上边，头与脚颠倒了。这就是“倒”（dào）的意思：上下颠倒或前后颠倒。例如：

⑦ 我坐在教室的倒数第一排。（从后向前数第一排）

⑧ 倒车的时候应该十分小心，否则会撞伤后边来的人。（向后开车。注意：“倒 dǎo 车”是换车的意思；“倒 dào 车”是向后开车的意思。）

（2）倾斜容器使里面的东西出来。例如：

⑨ 王老师倒了一杯茶给我。（从上向下倒）

4. 倒 dào（副词：倒）

基本意思是：颠倒，所以，作为副词的“倒”（dào）也多表示“相反”的意思，此时，也可说成“倒是”。作为副词的“倒”（dào）的用法十分复杂，这里只举几种最常见的用法供同学们学习。

（1）表示跟所希望的相反。例如：

⑩ 本来想节省时间，最后倒浪费了时间。

（2）表示跟一般的、常见的情况相反。例如：

⑪ 老师倒比学生年轻。

（3）表示让步，即退一步说。用于前一小句，后一小句常用“就是、可是、但是、不过、只是”等与之呼应。例如：

⑫ 这件衣服质量倒是挺好，就是价格贵了点儿。

原刊标题：倒 dǎo/dǎo/dào（作者：方欣欣）
原载《学汉语》1998 年第 2 期（总第 127 期）

012 得

解析重点 “得”的同形异音异义词

对外汉语教材和教学中，“得”的出现频率不算低，它的读音和用法又比较多，有时一个句子出现两个不同的“得”。归纳分析一下，对教和学都是有益的。

1. dé（动词）

① 王老汉还得了件羊皮袍。

② 如果二者兼得，茶又胜于烟。

③ 小惠阻拦道：“得，得，您好好歇着吧。”

④ 为了给虎妞请医生，祥子不得不把新车又卖了。

⑤ 她那么迷恋他，却又得不到他的心。

①② 的“得”，前者带宾语；后者受事在前，不能再带宾语。③ 的“得”单用，有劝阻之意和厌烦情绪。④ 中的“不得不”是双重否定，表示“必须”或“一定”，也隐含出于无奈的意思。⑤ 的“得不到”是“得到”的否定式。

2. děi（助动词）

“得”用为助动词，主要是修饰后边的动词或形容词，表示说话人对动作情态的必要性或可能性的估计。

⑥ 她的小叔子也得娶老婆。

⑦ 小瓦片得一垄一垄地摆。

⑧ 屠老头还得负责人家的医药费。

3. de（助词）

⑨ 有的说得更神。

⑩ 他听得清清楚楚。

⑪ 沈家灯铺早已装饰得流光溢彩。

⑫ 他吓得面色如土。

这四个句子的“得”为结构助词，其后为补语，构成补语的材料，有词、词的重叠形式、联合短语和主谓短语。

⑬ 如果吃得了，我早就冲茶吞到肚里去了。

⑭ 使我至今总记不得。

⑮ 一个大学生以为了不得。

例 ⑬“得”用于动词之后，带补语，表示可能、可以、允许，动词多为单音节，如：“看、穿、买”。⑭“记不得”是“记得”的否定式。⑮“了不得”为习惯用语，表示不寻常，是“了得”的扩展。

4. 得（dé）（de）构词成分

⑯ 他得意非凡，又接着画了许多。

⑰ 这通胡言乱语不但要得罪部长……

⑱ 李白觉得很奇怪。

⑲ 于是什么都显得是有缺陷的。

构词成分可分两类，例⑯⑰的“得”为实语素，读dé；例⑱⑲的“得”为虚语素，读de。

原刊标题：“得”的读音和用法（作者：王丽娟）
原载《学汉语》2000年第6期（总第155期）

013 的

解析重点 “的”的几种特殊用法

外国学生一般都知道“的”是结构助词，作定语的标志。像“伟大的祖国”“今天的天气”这类结构他们容易理解。但是，遇到下面这样的句子，他们往往感到不好理解：

① 请你帮帮我的忙。

② 谁开的窗户？

③ 今天这个会，我的主席，你的司仪。

④ 报纸杂志的，堆满了一桌子。

这是因为，这些“的”都不是结构助词“的”，它们的用法比较特殊。

例①“帮帮我的忙”是“给我帮忙”的意思。单说“我的忙”很难成立。类似的例子：

⑤ 别开他的玩笑了。（=别对他开玩笑了。）

⑥ 不要造人家的谣言。（=不要给人家造谣言。）

例②这句问话问的是已成的事实，也就是说“开窗户”是过去的动作。所以这个“的”是表示过去时的虚词。比较：

⑦ A. 你什么时候回来？
B. 你什么时候回来的？

例⑦A被问的人还没回来，例⑦B被问的人已经回来了。

这样的句子，前边往往可以加上“是”。例如：

⑧ 是谁开的窗户？

⑨ 你是什么时候回来的？

例③“我的主席”是“我当主席”的意思，“你的司仪”是“你当司仪”的意思。再如：

⑩ 选举的结果：老张的支部书记，老李的宣传委员。

⑪ 王助理员说：“谁的介绍人呢？”燕燕说：“我。”

例④“报纸杂志的”意思是“报纸杂志之类”，这个“的”有“之类”“等等”的意思。有时也说“什么的”，如：

⑫ 黄瓜、豆角的，买了一大堆。

⑬ 买个菜呀什么的，叫孩子们去就可以了。

⑭ 沏茶倒水什么的，我都可以干。

原刊标题：“的”的几种特殊用法（作者：南凯）
原载《学汉语》1996年第5期（总第106期）

014 都

解析重点 重音对“都”语义的影响

“头发都白了”这句话可以有两种理解：一种是说所有的头发全白了，另一种是说“连头发都白了”，说明年纪确实大了。

这两种理解在语音形式上有所区别。作第一种理解时，全句的重音放在“都”上。作第二种理解时，“都”不读重音，而作轻声。此时全句重音在“头发”上。

上述例子说明，在现代汉语中，副词“都”有两种作用：一种是表示范围，一种是表示语气。

表示范围的“都”，语义是指全部。例如：

① 参会的人都来了。

② 今天上午所有列车都停开。

③ 他门门功课都得优秀。

这样用的“都”总括它前面的成分，所以它前边一定有某种成分出现。上述例句“都”前皆为主语。也有不是主语的，例如：

④ 他每天晚上都要洗脚。

⑤ 王先生对什么事都很认真。

⑥ 我把所有的书都卖了。

例④“都”总括状语“每天晚上”，例⑤“都”总括介词“对”的宾语“什么事”，例⑥“都”总括介词“把”的宾语“所有的书”。

“都”也能总括后边的成分，但只能出现在疑问句里。例如：

⑦ 这次去北京，你都见到谁了？

⑧ 文娱活动，你都喜欢哪几种？

表示语气的“都”前边可以有成分，也可以没有成分。例如：

⑨ 连这件事你都不知道？

⑩ 我都快被他气死了。

⑪ 都大学生了，却连个通知也写不好！

例⑪中的“都”除表示语气以外，还含有“已经”的意思。

原刊标题：从“头发都白了”谈起——“都”的两种作用（作者：宋玉柱）
原载《学汉语》1995年第12期（总第101期）

015 非＋常

解析重点 “非＋常”的意义与用法

有一次和留学生一起去看电影，片名《非常大总统》。一位日本留学生问我说：“老师，按照汉语的规律，副词是不能修饰名词的。那么这个电影怎么叫《非常大总统》呢？‘非常’不是个副词吗？怎么修饰起‘大总统’这个名词来了呢？”我就告诉他：这里的“非常”不是一个词，“非”是否定副词，“常”是形容词，两者组成偏正词组，意思是：不是平常的。所以能跟“大总统”相连，说明这个大总统是特殊时期的总统。

经过这样一番解释，他才明白了这“非常大总统”的意思和这个名词词组的构成方式。这个例子说明一个道理：学习汉语，不能只看字面相同，就以为是同一个语言单位，还要注意它的具体用法，从而发现其语法性质上的区别。上面说的“非常”就有两种用法。试比较：

非常高	非常大总统
非常美	非常时期
非常聪明	非常会议
非常漂亮	

左边一行中的“非常”是副词，表示程度特别高的意思，它用来修饰形容词，是开放性的（即不受限制，凡有程度可言的形容词都能进入这种结构）；右边一行中的“非常”，如上所述是个偏正词组，表示“并非平常的”意思，它用来修饰名词，是习惯性的（即不是什么名词都可以进入这种结构，例如：有“非常大总统”却没有“非常总理”，有“非常时期”却没有“非常时间”）。因此，这两个“非常”表面相同，实际上并不是同一种语言单位。

原刊标题：从“非常大总统”谈起（作者：宋玉柱）
原载《学汉语》1987年第4期（总第4期）

016 过

解析重点 重音对“过”语义的影响

① 早饭我已经吃过了，您不必麻烦了。

② 杭州我去过，确实美极了。

上述两句中的“过”，表意有所不同。例①中的“过”表示动作已经完成，大致相当于“完”。例②中的“过”表示一种经历，主要是说明过去的。

从语音上来看，例①中的“过”（$过_1$）要重读：吃过了，去过了，来过了。例②中的“过”（$过_2$）则轻读：去过，来过，吃过，喜欢过。

从结构上来看，“过$_1$”所跟的动词前面经常加“已经”，后面要加“了”。例如：

③ 这本书我已经读过了，你拿回去吧。

④ 防疫针已经打过了，不用再打了。

“过$_2$”所跟的动词前面经常加“曾经”，后面不能加“了”。例如：

⑤ 这本书我曾经读过，但大都忘记了。
（*这本书我曾经读过了，……）

⑥ 杭州我曾经去过，风景的确很美。
（*杭州我曾经过去了，……）

此外，“过$_2$”有否定形式，即在动词前加“没/没有”（不加“曾经”）。例如：

⑦ 这本书我没读过，不知道怎么样。

⑧ 杭州我没有去过，不知道那里有多美。

“过$_1$”没有否定形式，例如不能说：

⑨ *早饭我没有吃过了。

这句只能说成：

⑨ 早饭我还没吃呢。

原刊标题：“过$_1$”和“过$_2$”（作者：宋玉柱）
原载《学汉语》1997年第3期（总第116期）

017 好

解析重点 常用词“好”的多种用法归纳

现代汉语中，根据“好”字的语法特征，将它划归形容词。其常见的用法是修饰名词、动词，如：“好人好事”、“好听”、“好看”等。修饰名词通常表示优点多、令人满意之意；修饰动词，常表示让人满意的性质是在哪个方面。

除上述基本用法外，“好”字还有不少其他用法，分别略谈如下：

1. 虽同样修饰名词和动词，但表示别的意思。

① 她父亲是个生产的好手。

例中，“好”相当于“能”的意思。

② 这个道理好懂。

例中，“好”相当于“容易”，其作用类似助动词。

2. 用于后一小句，表示前一小句中动作的目的。相当于关联词语“为的是”“以便”等。

③ 他一只手高高举起纸盒子，一只手用力拍打着水，好使自己不沉下去。

④ 我父亲每当看电影时，都惦着去约周伯伯，好让他也休息休息。

3. 修饰形容词，相当于副词“很”或“多么”的意思。

⑤ 好香！你们吃什么点心呀？

⑥ 庭院里挂着几个好大的葫芦。

4. 修饰数量词组，主要有两种作用：

（1）数量词组是说明时量的，“好”表示所说的时量要“久一些”。如：

⑦ 他轻轻地划着水，游了好一会，觉得有些累了，便走上岸来。

⑧ 大会开始好半天了，他才来。

（2）数量词组仅表数量，“好”表示所说的数量要“多一些”。如：

⑨ 盛夏酷暑，防空洞的进口道中有好几十人纳凉。

⑩ 他挑起四百多斤的豆饼，一口气走了好几里路。

5. 在疑问句里，“好”字前，如有疑问代词“怎么”、“什么”等，起强调语气的作用，相当于“可”或“可以”的意思。

⑪ 不动人民一草一木，一针一线——你怎么好烧人家的煤？

⑫ 为了革命他不怕坐牢杀头，还有什么好怕的？

6. 在表示条件的句子里，“……也好，……也好”表示“列举的条件”。

⑬ 只要是有个准信，死也好，活也好，我就死了这条心了。

⑭ 不论是莫斯科也好，布拉格也好，或是爱尔兰也好，我都领略过欧洲式的气候。

7. 充当动词的补语，表示动作的完成或结果。

⑮ 他俩悄悄地把行李放好，走上前去。

⑯ 一定要把党风党纪整顿好。

例⑮中“好”表示动作的完成。例⑯表示结果。

8. 表示“友爱”、“相好”的意思。

⑰ 他俩青梅竹马，从小就好。

⑱ 志祥和志新昨天吵了架，今天又好起来了。

9.“好”字单用，能表达好几种语气，类似叹词。

（1）表示同意。如：

⑲“好！”将军高兴地回答。

（2）表示作出决定。如：

⑳ 翠父:（对团长、政委）好！我豁着这条命也要带你们去！

（3）用来煞住上边的话，下边转入另一话题。如：

㉑ 我想你们会理解我说的意思的，好，现在大伙儿来谈吧！

（4）表示赞叹。如：

㉒ 好！涉猎的知识范围越广，越有利于以后的工作。

（5）表示不满或憎恶。常用来说反话。如：

㉓ 好，让他们烧去吧！

㉔ 好，你咬人？该死的东西！

10. 可重叠成“好好”，充当句子成分，起强调作用。常见有如下几种情况。

（1）作动词、形容词的状语。如：

㉕ 今后要多引导学生好好学习。

㉖ 今天就让你们好好地高兴高兴。

此种用法中，前一个“好”字，相当于程度副词“很”。

（2）作名词的定语。如：

㉗ 好好的孩子叫你们教坏了。

㉘ 一篇好好的序文，排印错了许多，太遗憾了。

此用法，从全句看，表达一种惋惜、遗憾的心情。前一个“好”字表程度，仍相当于“很”。

此外，“好”字还有一个比较特殊的用法，它与“不”组合起来，用于双音节形容词前面表示程度深，兼表感叹语气。如：

㉙ 一路上，锣鼓喧天，好不热闹。

㉚ 他哭得好不伤心。

两例中，“好不”意同“多么”，均表示肯定的意思。但是，值得注意的是，“好容易”和“好不容易”却都表示“很不容易”的意思。跟例㉙㉚相反。如：

㉛ 一路几乎遇不见人，好不容易才雇到一辆人力车。

㉜ 素兰是个残疾人，好不容易找了个对象，咱们得成全人家呀！

原刊标题：“好”字的其他用法（作者：汪树福）
原载《学汉语》1996 年第 2 期（总第 103 期）

018 好　不错

解析重点　“好”与“不错”表达赞许的用法

“好”与“不错”在表示赞许时都是“不坏”。只是“好”前常常带有程度副词“挺、很、非常”，而“不错”一般喜欢独用。

1. “好”表示赞许无可质疑，但它前面常常出现“比较、挺、很、非常”等词，这样在表示“不坏”时就有区别了。

“比较好”，就是还有不足之处。例如：

① 木村的听力比较好。

② 琼斯的口语比较好。

这两句中的“比较好”一定是相对其他学生或他们本人的其他课程而言的。

“挺好”是口语中使用频率比较高的一个词。它可以是“很好，非常好”，也可以是“比较好”，甚至不是“比较好”，但出于礼貌或不可明说的原因不得不表示赞许时说出的。因此我们可以说这是一个“很狡猾”的词。如：

③ 我在这里生活得挺好。

④ A：小王你看我这身衣服怎么样？
B：挺好。

第一句中的“挺好”是“很好”之意。第二句中的“挺好”可能是“这身衣服真的好”，也可能是一般，也可能不好或显得俗气。

“很好”和“非常好”容易理解，它指的就是很肯定的赞许。

2.“不错”是人们口语中经常使用的一个表示赞许的词。它包含的意思很广。可以是“挺好”也可以是“非常好”，也可以是“比较好”。因此它比起“挺好”来更“狡猾”。在使用与理解时一定要根据语境来作出判断。例如：

⑤ 这里的风景不错。

⑥ A：不好意思，没有什么招待你们。
B：你太客气了，这么丰盛的晚餐，我觉得不错。

第一句中的“不错”是肯定“这里的风景很好”。第二句中客人说“不错”可能真的觉得主人很热情，主人做的饭菜很好吃，也可能客人不满意，但出于礼貌还是要感谢主人的。

原刊标题：“好”与“不错”（作者：邵英）
原载《学汉语》1996年第5期（总第106期）

019 好 对了

解析重点 “好”“对了”在话语中的“话题”作用

“好”在汉语里是一个常用词。根据北京语言学院语言教学研究所编著的《现代汉语频率词典》的统计，它在使用度最高的前8000词中列第40位。其意义在《新华字典》和《新华词典》中列有6项，《现代汉语词典》中列有14项。大致上表示人的优点多，物品的质量优，感情和睦，身体健康，数量多，程度深，或表示对对话人意见的赞赏，等等。除此之外，在日常生活中，我们还可以发现“好”的另一种用法。比如老师在上课时，点完名以后，常常这样说：“好，我们现在开始学习新课。”当老师完成了本堂课的教学任务，下课铃响的时候，常常说："好，现在下课。"又比如当电视台音乐节目主持人对某一音乐作品作了介绍，让观众欣赏其演奏时，也会说："好，我们现在就来欣赏一下这个曲子。"在这些场合，"好"常常表示前述话题的结束，而接下去又常常是宣布某一行为立即开始的指令。"好"在这里既不表示对事物的评论，又不表示对对话人意见的赞许，而是表示话题的转换。

形容词"对"也是一个常用词，在上述8000词中列第406位。它的意思是"正确"，口语中"对了"表示对对话人意见的肯定。可是，当两人在说话过程中，由于某种原因使一人想起了某件事，需要告诉对方时，常常说："对了，我想起了一件事。……""对了，我昨天看见了咱们的老同学，他让我问候你。"等等。在这里，"对了"用在话语中突然插入的话题前面，它不表示对对话人意见的肯定，而是表示说话人另有话说。它对新话题的突然插入起着提示的作用。

从这里可以知道，话语中有些词语我们不能以它的词汇意义来理解，而应该研究它在话语环境中的具体作用。

原刊标题：好和对了（作者：施光亨）
原载《学汉语》1987年第1期（总第1期）

020 好 好不

解析重点 "好"与"好不"的相似用法

汉语中的"好"、"好不"都可以放在形容词前起修饰作用，表示程度深，和"很"、"真"、"多么"的意思差不多，并带有感叹语气。它们都表示肯定的意思。如：好痛快—好不痛快，好热闹—好不热闹，好凉快—好不凉快，好漂亮—好不漂亮，好清楚—好不清楚，好勇敢—好不勇敢，好厉害—好不厉害，好费劲儿—好不费劲儿。后面往往带有语气词，如：

① 这个战士好勇敢啊！

② 今天晚上好不凉快啊！

"好"与"好不"也有些不同的地方。"好"的使用范围比"好不"宽，它几乎可以修饰所有的形容词，还可以修饰动词。"好不"只能修饰某些双音节形容词，不能修饰单音节形容词，也不能修饰动词。好香、好臭、好冷、好热、好甜、好快、给他一顿好打、害得我好找，这些地方只能用"好"，不能用"好不"。

特别要注意的是“好”和“好不”放在形容词“容易”的前面是否定的意思。

③ 今天的作业我好容易才写完。

④ 今天的作业我好不容易才写完。

③ ④ 两句都是不容易的意思。

原刊标题：程度副词“好”“好不”的用法（作者：李炜）
原载《学汉语》1989 年第 9 期（总第 26 期）

021 好 难

解析重点 “好”与“难”的构词分析

如果有人提问，“好”的反义词是什么。一般人大概都会回答，说：“坏”。这是很自然的，因为我们说到“好”时，首先想到的是它的原义，不会想到它在构词时常用的其他意思。而“好”在构词时常常有“容易”这个意思，而且是很常用的。比如我们有时想托人替自己办一件事，对方常回答：“这好办，我一定替你办到！”这个意思的“好”其实用得很多。如：

① 汉语对欧美人说来，很不好学。

② 这个汉字笔画很多，不好写。

③ 炒鸡蛋这个菜很好做。

④ 这个床单并不很脏，很好洗。

⑤ 这些玻璃窗就是有点土，好擦！

这些“好”的反义词就不是“坏”，而是“难”。能和这个意思的“好”结合的动词，真是无穷无尽：买、卖、修、当、教、解决、理解、组织、编排，等等。

用“好”的原义和动词结合成词的有：“好看”、“好听”、“好闻”、“好吃”、“好喝”，都和人的感觉相关的。而这种“好”的反义词也是“难”：“难看”、“难听”、“难闻”、“难吃”、“难喝”。《现代汉语词典》中“难”字下有这个义项：“不好”，举的例子就是“难听”、“难看”。我想知道的是，这个意思的“好”和“难”还能和什么动词结合呢？“好使”、“好用”可以用于任何工具，但是“难使”、“难用”却不常见，多半说成“不好使”、“不好用”。另外，“好玩儿”这个词是否也属这一类？恐怕不是，没有“难玩儿”与之相配。

原刊标题：“好”和“难”（作者：王还）
原载《学汉语》1998年第5期（总第130期）

022 很

解析重点 “很”表示程度与表示数量的不同用法

在现代汉语中，副词“很”用来修饰动词性结构时有两种不同的性质：一种表示程度，如“很有学问”、“很讲礼貌”、“很受欢迎”等；一种是表示数量的，如“很读了几本书”、“很喝了几杯酒”、“很写过几篇文章”等。我们把前一种称为A式，后一种称为B式。它们在用法上有如下几点区别：

1. A式和B式的构成成分不同。

A式的“很”修饰的是“动+名”，B式“很”修饰的则是“动+数量+名”，也就是说B式的动词结构中都有数量词语，而且这些数量词语都是不定指的，如只能说“很读了几本书”、“很喝了几杯酒”，而不能说“很读了五本书”、“很喝了十杯酒”。

A式的动词后一般不能加动态助词“了”、“过”，如“有了学问”、“很讲过礼貌”。因为现代汉语的程度副词一般不与表示动态意义的语言成分同现。而B式却恰恰相反，其动词后必须加上“了”、“过”，不能说“很读几本书”“很写几篇文章”。

2. A式和B式中动词结构的性质不同。

A式中的名词都是抽象意义的词语，如“学问”、“礼貌”等，与动词一起描写人或物的性质、状态，用“很”来修饰则表示动词结构所描写的性质、状态的程度高出一般，如“很有学问”表示“有学问”的程度高，“很受欢迎”表示“受欢迎”的程度高。而B式的名词则是具体意义的词语，如“书”“酒”“文章”等，“动+数量+名”构成叙述语，用来叙述具体的事件，如“看了几本书”“喝了几杯酒”等，“很”修饰这样的动词结构，是用来表示数量多，具有强调的作用。

3. A式和B式用副词替换的情况不同。

A式中的“很”可以用其他表示程度意义的副词替换。如：

① 最/非常/十分/相当/比较有学问

② 最/非常/十分/相当/比较讲礼貌

而B式中的“很”则不能用其中的任何一个程度副词替换。如：

③ *最读了几本书　　*非常读了几本书

④ *十分喝了几杯酒　*相当喝了几杯酒

4. A式和B式加否定副词的情况不同。

程度副词“很”的用法之一就是表示程度减弱时，可以在“很”前加“不”，A式可以，B式不能。如：

⑤ 不很有学问　*不很读了几本书

⑥ 不很讲礼貌　*不很喝了几杯酒

表示否定意义时，程度副词“很”可以用在否定副词“不……”或“没……”之前，A式可以，而B式不能。如：

⑦ 很没有学问　*很不/没读了几本书

⑧ 很不讲礼貌　*很不喝了几杯酒

原刊标题：“很有学问”和“很读了几本书”（作者：李敏）
原载《学汉语》1997年第12期（总第125期）

023 怀疑

解析重点 “怀疑”表示“不相信”与表示“猜测”的用法

“怀疑”一词有两个意义：（1）表示“不很相信”，（2）表示“猜测”。在具体的语句中，“怀疑”体现出哪一种意义，对外国学生来说，并不是一件很容易的事。请看下面的例句：

① 小王这些话真使人怀疑。

② 小王这些话并不使人怀疑。

③ 我怀疑小王这些话。

④ 我不怀疑小王这些话。

⑤ 我怀疑小王已经走了。

⑥ 我不怀疑小王已经走了。

⑦ 我怀疑是小王走了。

⑧ 我怀疑小王是不是已经走了。

确定上述句子中“怀疑”的意义关键在于句子的结构：

当“怀疑”前面没有否定副词，后面的宾语是主谓短语或谓词性的短语时，“怀疑”是“猜测”的意思。例如，例⑤等于“我猜测小王已经走了”。例⑧“怀疑”的意思和例⑤一样，宾语中有个肯定否定形式（是不是），语气更委婉些。“怀疑”表示“猜测”意义的句子还有例⑦。

当“怀疑”前面有否定副词，或者后面的宾语是名词性的或没有宾语时，“怀疑”则表示“不很相信”的意思。例如，例③等于“我不很相信小王这些话”，例②、例④、例⑥中“怀疑”前面均有否定副词，此时“不怀疑”=“不”+“不很相信”=“相信”。例如例④等于“我相信小王这些话”。“怀疑”表示“不很相信”意义的句子还有例①。

值得一提的是，当“怀疑”的宾语是个肯定否定形式（如例⑧）时，或宾语前有个表示强调意义的“是”（如例⑦）时，“怀疑”前不能有否定副词，例如不能将例⑧变成“我不怀疑小王是不是已经走了。”

原刊标题：“怀疑”的意义（作者：明华）
原载《学汉语》1989年第9期（总第26期）

024 还是

解析重点 “还是”在单复句中的几种用法

1. 连词“还是”，表示选择，既可以用在单句中，也可以出现在复句里。

① 你喝咖啡还是喝茶？

② 他喜欢喝咖啡或者喝茶。

③ 明天无论下雨还是刮风，课都不能停。

④ 明天无论下雨或者刮风，课都不能停。

如例①例②，"还是"只适用于疑问句，"或者"只能用于陈述句。然而，例③、例④则不同。这两个复句中的"还是"与"或者"完全可以互相替代。

2. 副词"还是"表示动作、行为、状态等保持不变，有仍旧义。

⑤ 今天还是张先生来接我的。

⑥ 对不起，现在我还是没有时间。

⑦ 打扫了半天，房间里还是乱。

⑧ 即使困难再大，我们还是要知难而上。

从以上例⑤、⑥、⑦可以看到，"还是"不仅可修饰动词、形容词，还能放在主语前，修饰整句。

随着学习的进一步深入，学生会问，难道"还是"表选择义时，真的只能用于疑问句中吗？如果是，那么下列句子如何解释呢？

⑨ 你还是坐飞机去吧。

⑩ 还是他比较有经验。

例⑨、⑩与例①有所不同。例⑨、⑩句中的"还是"首先是副词，而不是连词，其二，它们是经过比较、考虑之后，决定了选择其中之一。例⑨表示：经过比较坐飞机和其他交通工具哪种合适之后，最后选择了前者。例⑩表示：经过对他与别人的对比之后，认为他比较有经验。而例①只是将几种选择（候选）摆在面前，等你作决定。

3. 还有一类"还是"，既不表示动作、行为保持不变，也不表示经过比较有所选择。

⑪ 他还是来了。

⑫ 我相信你还是能胜任这项工作的。

⑬ 我们还是可以体谅他的难处的。

这类句子不论表已然行为，还是未然行为，语气都相当肯定，副词"还是"在此强调的是："到底"、"终究"、"最终"，有的句子还有"好不容易"的意思。

例⑪可理解为："虽然有种种不便，他到底还是来了。"

例⑫可理解成："最终你能胜任这项工作。"

例⑬也同样可解释成："我们终究还是能体谅他的。"

由上面的分析可以看出，“还是”作为副词和连词，单句和复句使用上有差异，区别其不同，分清具体意义，才能正确运用。

原刊标题：谈谈“还是”的几种用法（作者：褚佩如）
原载《学汉语》1995年第7期（总第96期）

025 还是

解析重点 “还是”的几种用法

“还是”一词在初级汉语教材中经常出现，许多同学对它的意义和用法提出了疑问。为了便于留学生学习，本文以《初级汉语课本·阅读理解》1—20课中出现的句子为例，对“还是”的意义和用法作一简单总结和说明。

“还是”有两个词性：连词和副词。

连词“还是”，常用在问句中，表示选择，意义同“或者”。如：

① 是学习上的需要还是工作上的需要？

② 吃过晚饭，小伙子也没想好，是去呢，还是不去呢？

③ 对女主人也不能简单地说她是好人还是坏人。

副词“还是”的意义和用法比较复杂，主要有以下几点：

1. 表示比较、考虑后有所选择。

④ 这儿离我家太远，走着去什么时候才能回来，算了，还是另找一个日子吧。

2. 有“仍然”的意思，表示动作、行为、状态保持不变或不因情况的改变而改变。

（1）用在动词、形容词或主语前

⑤ 塞翁的儿子从马上摔下来，摔坏了腿。邻居们听说了这件事，又都来看塞翁。塞翁还是不着急，不生气。

⑥ 当然我还是有办法。

（2）虽然（尽管、即使）……但是＋还是

⑦ 虽然他知道自己并没有真的在看书，可还是在床上躺着。

⑧ 孟郊快五十岁了才通过国家的考试，虽然晚了点儿，他还是非常高兴。

⑨ 元宵节虽然不放假休息，但人们还是要过这个节日的。

⑩ 她果然说了，声音很小，但我还是从听到的一句半句中知道了她的意思。

⑪ 女主人虽然已经四十三岁了，但还是很漂亮，还是那样爱说爱笑。

⑫ 二十多年过去了，我们都已经是中年人了，但青年时的事，还是不能都说出去的。

⑬ 尽管当时由于几十年的战争，杭州被破坏得很厉害，但他还是认为杭州是世界上最美丽的城市。

有时前一小句可以没有“虽然”等词，如例⑩、⑫，后一小句可以没有“但是”等词，如例⑧。

3. 有“仅仅”、“只是”的意思。

⑭ 几万年以前，这里还是一片海。

总之，“还是”是一个很常用的虚词，它除了用作连词表示选择外，更多地是用作副词，意义和用法也与它作连词时有很大不同。

原刊标题：“还是”的意义和用法（作者：牟世荣）
原载《学汉语》1999 年第 5 期（总第 142 期）

026 还是　还不是

解析重点　“还是”与“还不是”的非相反意义

“还是”和“还不是”表示的意义并非相反，现将它们的用法分述如下。

1. “还是”可表示以下几个意义：

（1）用在句子中间表示选择疑问。例如：

① 是步行呢？还是把小崔叫过来，作他的暂时的包车夫呢？（《四世同堂》）

② 你是帮过割把豆子，还是帮过砍棵高粱？（《大青骡子》）

用在句子中间，不表示疑问时，须有“无论”、“甭管”、“不管”等连词配合使用。例如：

③ 他的衣服，无论是中山服还是西装，都尽可能的用最好的料子……（《四世同堂》）

④ 甭管借盐，还是借醋，我不准你在这儿瞎胡扯！（《四世同堂》）

⑤ 不管冬天，还是夏天，他都坚持锻炼身体。

（2）表示仍旧、依旧的意思。例如：

⑥ 他还是很和蔼很镇定，……（《四世同堂》）

⑦ 他还穿着那身制服，还是巡长！（《四世同堂》）

⑧ 我看哪，……还是照往年那么办。（《四世同堂》）

（3）表示思考、比较后的意愿或结果。例如：

⑨ 他又有什么办法呢？还是得先打出日本鬼子去吧？（《四世同堂》）

⑩ 他想还是先到祁家打听一下好。（《四世同堂》）

⑪ 依我看能说通还是说通了好！（《登记》）

（4）表示劝告或建议。例如：

⑫ 闺女到那里管保受不了气！你还是不要打错了主意！（《登记》）

⑬ 这件衣服漂亮，还是穿这件吧！

2．“还不是”用作反语，表示肯定、强调。有时还有不满意或讽刺的意思。

⑭ 打得过来，打得过来！小飞娥那时候，还不是张木匠一顿锯梁子打过来的？（《登记》）

⑮ 这事还不是他说了算！

⑯ 屋子里弄那么脏还不是你的功劳！

“还不是”用作否定的时候，“还”主要是修饰“不是”，表示缓和的语气，和“还不是”的词组意义不同。例如：

⑰ 我看还不是这种情况吧！

⑱ 他还不是那种人。

原刊标题：“还是”和“还不是”（作者：黄祥年）
原载《学汉语》1990年第3期（总第32期）

027 看

解析重点 “看”的几种引申义

动词“看”是个会意字，一只手搭在眼睛（目）上，表示在望什么东西。随着语言的发展，“看”除了表示眼睛的动作之外，还可以表示大脑的活动。前者是本义，后者是引申义。在现代汉语中，“看”的引申义主要有以下几种。

1. 估计，预料。

① 都这么晚了，我看他不会来了。

② 小张看参军不成才当了工人。

③ 今年农作物收成看好。

2. 认为，以为。

④ 你看这事该怎么办就怎么办吧。

⑤ 这个问题我看不难解决，你看呢？

⑥ 别看他年纪小，志气可不小。

3. 认识，理解。

⑦ 看问题可别犯主观主义。

⑧ 不能拿老眼光看新事物。

⑨ 他好像把人生一切都看透了似的。

4. 感觉，觉得。

⑩ 他看这里待不下去了，才要求调动工作的。

⑪ 老罗看说话没人听，也就不再说了。

⑫ 刮了一夜风，李大娘看天气冷起来了，不禁挂念起在外地做工的儿子来。

5. 希望或担心事情的结果。

⑬ 小明别的功课都考得很好，最后就看外语了。

⑭ 这个建议别人都赞同，就看你的意见了。

⑮ 去年这里发大水，看今年怎么样吧。

以上“看”都不是眼睛发出的动作，而是表现大脑思考、判断、认识的活动。这些活动都是由感官的感受，特别是视觉引起的。从“看”到“想”正是这个动词衍生新义的过程。所以一个词的引申义总是与其本义有着密不可分的内在联系。

原刊标题：“看”不只是眼睛的动作（作者：王志武）
原载《学汉语》1987年第5期（总第5期）

028 可惜

解析重点 “可惜”用法例释

“可惜”的词义很简单。即：值得惋惜。而“惋惜”的词义是：对人的不幸遭遇或事物的变化表示同情。例如：

① 半途而废，实在太可惜了！

② 现在条件好了，可惜他不在人世了！

③ 可惜精装本已经卖完了。

这三句中的“可惜”都是“值得惋惜”的意思。也就是表示同情。但在特殊的语境中，“可惜”就不能简单地套用它的原义了。例如：A骗B做一件对B不利的事儿，但是B识破了A的诡计。B对A说：可惜我没上你的当。在这里，显然不能直接理解为“值得惋惜，我没上你的当。”因为这从情理上是讲不通的。那么，B为什么要用“可惜”呢？这是B庆幸自己没有上A的当，同时也是讽刺A并不聪明。我们再看以下几个例句：

④ 他想打我，可惜没打着。

⑤ 他以为我死了，可惜我还活着，他高兴得太早了。

⑥ 他希望我们失败，可惜我们成功了。

这三句中的“可惜”也不是它原有的意思了，它也是表示了说话人讽刺、挖苦的语气。这样的语气增强了表达效果。

原刊标题：说“可惜”（作者：单师）
原载《学汉语》1996年第9期（总第110期）

029 可以

解析重点 “可以”用法例释

“可以”这个词学过一段时间汉语的人都会用。

① 我可以进来吗？

② 这儿可以坐两个人。

不仅如此，很多学生能很快把“还可以”的用法也掌握得十分地道，比如：

③ A：那儿的条件怎儿样？
B：还可以。

除此以外，《现代汉语词典》、《现代汉语八百词》都认为“可以”还有其他用法。《现代汉语词典》释义为“厉害”，例如：

④ 你这张嘴真可以。

⑤ 天气实在热得可以。

《现代汉语八百词》对这种用法的注释是“表示程度相当高（多指说话人所不愿意的）；厉害。前面不能加‘很’，可以加‘真’”。例如：

⑥ 天气热得真可以。

⑦ 这孩子真是调皮得可以。

细细体味汉语的实际使用情况，总觉得这两本辞书的解释都不尽善尽美。如例④，在不同的语境中它代表的语义其实是不相同的。如，可能是厉害，也可能是说话难听，还可能是说话不文明……到底是什么，要根据语境，看双方当时在谈论什么。那么，依语言实际，对“可以”的用法这样解释也可能更为妥贴：

1. 当表达形式为“动 / 形 + 得 + 可以”时，“可以”一般表示程度高。

⑧ 他被打得可以。

⑨ 你已经报复得可以了。

⑩ 把他高兴得可以。

⑪ 考题难得可以。

就是说，当“可以”在“得”字后面出现时，它是程度补语。

2. 当“可以”出现在谓语位置时，他的意义是不确定的，如例④，再比如：

⑫ A：哎哟！
B：哎，哎哟，对不起，我好像撞着您了。
A：你好像还挺有劲儿。
B：嘿嘿，我觉得，你也挺可以。

⑬ 老钱，你可以呀，开门见喜呀！

例⑫看了上文就知道，这里的“可以”是说对方力气也不小；而例⑬光看文字就不行了，要了解当时他们在干什么，或者谈什么。原文中这话是一伙人正在打麻将时说的，意思不言而喻，是说对方运气好，赢了第一把。

也有时有了对话人，也有语境，说话人的意思仍有多种可能性，如：

⑭ 你吃的可以呀！

⑮ 你住的可以呀！

例⑭的“可以”可能是讲究，可能是质量高，也可能是丰富。例⑮的“可以”可能是宽敞，可能是豪华，也可能是舒服，因此，听话人仍有可能问“怎么了？”这时说话人就要继续说明自己的“可以”代替的到底是什么。

原刊标题：说“可以”（作者：么书君）
原载《学汉语》2000年第6期（总第155期）

030 来

解析重点 动词“来”的基本用法

按照词典里的解释，趋向动词“来”的基本语义是从别的地方到说话人所在的地方。举几个例子来看：

① 鲁贵：哼，我们两间半破瓦房居然来了坐汽车的男朋友，找我这当差的女儿啦！（曹禺《雷雨》）

② 鲁大海：你给我问他一声，说矿上的工人代表来了。（同上）

③ 前院子里曾霆的声音：袁圆，快来，有风了。（曹禺《北京人》）

④ 你看，他从那边来了。

前两例，“来”的动作已经完成。不过也有不同：例 ① 是周萍来到说话人鲁贵所在的地方，说话人位置没有改变；例 ② 鲁大海从别处到了他说话的地方。后两例，“来”的动作尚未完成。例 ③“来”的动作尚未开始；例 ④“来”的动作已经开始，正在持续，尚未结束。

不过，从语言用例来看，趋向动词“来”的基本意义不限于上面说的这一点，下面再举些例子来说明。

“来”还可以表示说话人从原来所在的地方向听话人所在的地方运动。

⑤ 曾文彩：泰！
江　泰：我就来！（《北京人》）

⑥ 袁任敢的声音：圆儿！圆儿！
袁　圆：来了，爸。（同上）

⑦ 蘩漪的声音：四凤，你来，老爷的雨衣你给放在哪儿啦？
鲁四凤：（大声）我就来。（《雷雨》）

⑧ 愫　方：（凄然）不，你先走！
曾瑞贞：（惊异）怎么，你？
愫　方：我就来，我只想再见他一下。（《北京人》）

例 ⑧ 的“来”要去的是听话人所在的地方，是说话人预想的。

“来”可以表示说话人要求听话人跟随着，一起走向另一个地方。

⑨ 陈奶妈：把那“刮打嘴”放下，跟奶奶来！（同上）

⑩ 曾思懿：（仿佛感到什么，立刻低声）张顺，这边来说，让他来喊去。（同上）

这样用的“来”都出现于祈使句中。

“来”也还可以表示说话人、听话人以外的某个对象从别处向听话人所在的地方运动。

⑪ 外面思懿的喊声：愫表妹！愫表妹！
曾瑞贞：她来了！（同上）

⑫ 小王，当心哪，小李从你背后来啦！

有些用例中“来”表示的运动方向，严格地说既不是说话人所在的地方，也不是听话人所在的地方，也不是说话人、听话人要去的地方。

⑬ 把笔放到笔筒里来

⑭ 把手伸到开水里来

"来"表示的动作是可以延续的。上面这些例子中的"来"有一个共同点：表示动作尚未开始，或者已经开始，正在持续，尚未结束；都不表示动作的完成。

"来"这种动作总括起来可以涉及三个对象（说话人、听话人、另外一个对象）、三个地点（说话人所在的地方、听话人所在的地方、另外一个目的地）。因此，"来"的基本语义可以这样来描写：说话人，或者听话人，或者另外某个对象，向某一个参考点运动，从这个参考点看，对象物的运动叫"来"；而这个参考点是说话人根据特定表达需要选择的，可以是说话人所在的地方，可以是听话人所在的（包括预想中所在的）地方，也可以是另外一个目的地。

原刊标题：趋向动词"来"的基本语义（作者：朱景松）
原载《学汉语》1988年第5期（总第10期）

031 来

解析重点 "来"的替代用法

动词"来"一般表示由远到近的趋向动作，但在口语中也常常用来替代其他动词，表示某个具体的动作。"来"的这种用法，其意义是不固定的，在不同的上下文里它所替代动词的意义就是它的临时意义。比如一位歌唱家演唱完了之后，观众鼓掌，要求"再来一个"，意思就是"再唱一个"；请客吃饭时常说"来白酒还是来啤酒"，这里"来"就是"喝"的意思；去商店买水果，对售货员说"来三斤苹果，再来二斤香蕉"，其中"来"的意思就是"买"。

"来"的这种多样用法，使语言表达显得更为活泼、生动。请看下面的句子：

① 有人提议，下月我们班来一次演讲比赛。（举行）

② 你们下棋，我们来牌。（玩或打）

③ 你提那只箱子，这只我来。（提）

④ 糖醋鱼让张佳来，这是她的拿手好菜。（做）

⑤ 我们去全聚德来顿烤鸭怎么样？（吃）

⑥ 这辆车我开不了，还是你来吧。（开）

"来"的这种替代用法，虽然在口语中经常出现，但不能乱用，是有一定限制的。

（1）只能替代某些有形的动作，意义抽象的动词一般不能替代。如两个人买鞋，可以说“你买双皮鞋，我来（买）双布鞋”，但不能说“你喜欢皮鞋，我来（喜欢）布鞋”。

（2）在严肃庄重的场合不能使用这种替代法。如与客人谈话，没听清对方的意思，可以说“请再说一遍”，不能说“请再来一遍”，不然就显得很不礼貌。

（3）其否定形式，一般否定所替代的动词，而不是否定“来”，如有人请吸烟，说“来一支”。在表示谢绝时，应该说“谢谢，我不抽”，不能说“我不来”。

（4）动词“去”不能用“来”替代。如“你再去一趟”，若把“去”换成“来”，那就闹笑话了。

原刊标题：“来”的替代用法（作者：王志武）
原载《学汉语》1990年第4期（总第33期）

032 老

解析重点　“老”的不同词性与用法

什么叫“老”？你一定首先想到“年纪大”的意思。比如：“我老了，不中用了。”这个“老”是形容词，是“老”最常见的词性。形容词“老”除了像上例那样做谓语以外，还可以作定语。这时，它可以表示年纪大（如“老先生”“老人家”“老姑娘”等），也可以表示陈旧的（如“老机器”“老手表”）、早已存在的（如“老规矩”“老朋友”）、原来的（如“老地方”“老脾气”）。

如上所述，“老”最常见的词性是形容词，但这却不是它唯一的词性。“老”的词性很多，用法也较多样。

1. 副词“老”。

① 你怎么老不来看我？

② 这几天他老想去看姥姥。

这个“老”是表示时间长久或“经常”之意，只能作状语。

2. 动词“老”，意思相当于“死”，是委婉的说法。

③ 他家老了人了，正在办丧事。

④ 她什么时候老的？怎么没听说呀！

这个“老”可以带宾语，也可以不带。

3. 前缀“老”。

有的前缀“老”没有什么语义，只表示该词是名词，如：老鼠、老虎、老婆、老公、老鹰。

有的表示排行，用于表示人，如：老大（注意：不能说“老一”）、老二、老三、老四。

有的“老”表示排行在末了，如：老儿子、老闺女、老妹子。这个“老”是否算前缀，可能有不同的认识，因为它可以读重音，如“这是我老闺女。”有点像形容词。但一定要注意和表示年纪大的“老”区别开来。比较：

老闺女：老姑娘

前者“老”表示排行在末了，后者“老”表示年纪大。

原刊标题：“老”的词性和用法（作者：宋玉柱）
原载《学汉语》1995年第8期（总第97期）

033 两

解析重点 “两”的实指与虚指

曾有一位中国学生对他的外国朋友说：“过两天我再来看你。”那位朋友马上很认真地回答：“噢，对不起，后天我有事，我下周六有时间，那时你来，好吗？”

这位外国朋友把“过两天”中的“两”理解成实指的数目了。在这里，“两”是虚指的，表示不定的数目，和“几”差不多。

那么，“两”什么时候实指，什么时候虚指呢？

1. 轻重音的区别：

① 离春节还有两天呢。（实指）

② 离春节还有两天呢。（虚指）

重音在“两”上时，是实指；在“两”前的动词上时，则是虚指。

2. 语气不同：

③ 咱们也买两张年画贴在屋里吧。（虚指）

④ 同志，我买两本信纸。（实指）

用于商量的语气时，为虚指，具体数目要商量以后再定；用于确指的语气时，为实指，要求对方确认无误，这时也可伴以手势。例如：

⑤ 男生12个，女生10个，男生多两个。（实指）

⑥ 男生多去两个可以吗？（虚指）

用于比较时，也是要求对方确知的，所以在比较句中不虚指。

3. 对动词有选择性：

⑦ A. 过两天、等两分钟、添上两笔、客气了两句、打了两下……（多虚指）
B. 结过两次婚、保存了两件展品、购买两台仪器、叙述过两遍……（实指）

A类动词都可有短暂之义，语气轻松，用于口语；B类动词则含有郑重意味，常用于书面语。

4. 有无副词限定：

⑧ 三个人才两瓶酒，不够！

⑨ 一篇3000字的文章只两处错误，挺不错了！

⑩ 就两个人可抬不动。

⑪ 光这两本书就花了他十年工夫。

“两”前有限定范围的副词修饰时，说明少，为实指义。因有语境，这些副词也可以脱落，但语义不变。

5. 对句式有选择：

⑫（票）一人两张。

⑬（药）每天两次。

⑭ 苹果五斤，桔子两斤，都在桌子上。

在“两＋量＋（名）”的结构充当谓语时，组成名词谓语句；或在句中构成主谓关系时，是实指义。

在以上各例中，凡是虚指义的，都可换成“几”；凡是实指义的，则不能换。外国学生常用“几”来虚指，或干脆用具体数字来实指，而回避用“两”。要想学地道的汉语，还是多用几次“两”吧。

原刊标题：“两”和“几”（作者：刘元满）
原载《学汉语》1994年第9期（总第86期）

034 两下

解析重点 “两下”的四种用法

一看到“两下”，就知道它是数量词，例如：

① 钟敲了两下，到两点了。

这个“两下”就表示数量，说明钟实实在在地响了两声。其实，这只是“两下”的一种用法。根据具体语言环境的不同，这个词还有其他的用法。

1. 表示时间概念，“两下”有快、迅速的意思。

② 他两下就把饭吃完了。

“两下”在这里是副词，表示动作的时间短，它是虚指，而不是实实在在的“吃了两口”，只说明吃得快，很快就吃完了。这种用法经常和“就”连用，比“很快”更口语化。

2. 表示“能力、办法、本事”的意思。

③ 这件事你这么快就办完了，你可真有两下。

上面例句中的“两下”是名词，说话人对对方表示称赞、羡慕，认为对方有办法、有能力。

“两下”有时也表示“轻视、嘲笑”的意思，用它说明对方没有能力、没有本事。

例如：

④ 就你那两下，还不如我呢。

这种用法，在说话人的语气上反映得很明显，是称赞还是轻蔑，一听就知道。经常用“两下子”来代替。

3．“两下”还有“双方、两方面”的意思。

⑤ 他们和我两下说好了，明天开会解决这个问题。

这里的“两下”既没有“快”的意思，也没有“能力强”的意思，而是指“他们”和“我”当事人双方。也可以用“两下里”来代替“两下”。

原刊标题：“两下”的几种用法（作者：李勇）
原载《学汉语》1988年第10期（总第15期）

035 了$_1$ + 了$_2$

解析重点 “了$_1$+了$_2$”的两种用法

我在给留学生讲语气词“了”（即了$_2$）的用法时，曾提到：“如果句中动词后用了动态助词“了”（按，即了$_1$），句末又用了语气词“了”，一般表示动作还要继续下去。例如：

① 我学了两年汉语了。（还要学下去）

② 我在这里住了三年了。（还要住下去）

③ 我们听了两节课了。（还要听下去）

有两位留学生听了以后，提出下列问题：

④ 我准备了行李了。

⑤ 我做了饭了。

这两个句子中也都有了$_1$和了$_2$，但只表示动作完成，却没有继续下去的意思，这是为什么？

这个问题提得很有意义。它提醒我们：单说动词后有了“了$_1$”、句末又有

"了 $_2$" 即表示还要继续下去，这种提法是不完备的。那么，条件是什么呢？经过研究，我认为动词的连带成分（宾语或补语）是否包含数量词是个关键。试看：

⑥ 我准备了行李了。

⑦ 我准备了两件行李了。

⑧ 我做了饭了。

⑨ 我做了三顿饭了。

例⑥、⑧都表示动作已结束，例⑦、⑨都表示动作还要继续下去。

具体地说，例⑦表示行李还没准备完呢，例⑨表示还要继续做饭。

由上可见，"了 $_1$ + 了 $_2$" 实际有两种情况：

（1）如果动词后的连带成分包含数量词，则暗示动作还要继续下去；

（2）如果动词后的连带成分不包含数量词，只表示动作完成，并无继续下去之意。

原刊标题："了 $_1$+ 了 $_2$" 的两种情况（作者：宋玉柱）
原载《学汉语》1994 年第 6 期（总第 83 期）

036 那

解析重点 "那"的非指代用法

现代汉语中的"那"一般都作指代词，不过，它还有不作指代词的用法。如果不注意，很容易混淆。随便找几个例句吧：

① 我说："如果需要，我们还可以订协议。我愿意再订一次协议。"
毛泽东笑了，说："好，那好。我们重新定约。"（李银桥：《走向神坛的毛泽东》）

② 一向沉稳的孙勇瓮声瓮气地说："我在枯水季节游过黄河，还可以试一试。"
毛泽东紧接他的话头大声说："那好极了！来，咱俩不用坐船，游过去吧！"（同上）

③ A：你不认识他家，我跟你一起去。
B：那太好了。

“那好”“那好极了”“那太好了”，是口语中常出现的表达方式，表示对说话人的建议、意见或提供的情况的赞许。语法上该怎么分析呢？把它分析作代词，指代这些建议、意见和情况，在句子里作主语，好像也说得通。

不过，我们再看一个句子：

④ A：听说小张病了，我想我们应该去看看他，你明天有事儿吗？
B：明天我们厂休，没事儿。
A：那明天我们一起去吧。

这里的“那”指代什么呢？“明天我们一起去吧”句子已经很完整，“那”作什么成分呢？似乎已无“容身之地”了。可见，①②③中的“那”可以分析作主语，只是一种巧合：“好”、“好极了”、“太好了”本来是口语中常用的无主句。这种分析方法在例④中就说不通了。

其实，这几个句子中的“那”都不是指代词，而是连词，连接两个句子或分句。意思是：既然 / 如果有了上文提供的情况（“明天我们厂休，没事儿”），既然 / 如果对方有此建议、意见（“我愿意再订一次协议”等）。也就是把上文作为前提，接下去申述自己的意见（“明天我们一起去”），表示自己的态度（“好”等）。它大体上相当于“那么”，语气上较“那么”更轻一些。

“那”的这种用法有较强的口语色彩，书面语中用得少一些。

⑤ 没有广大知识分子的积极参加，革命和建设都不可能取得胜利。

⑥ 如果商标图样很小，全部加注汉语拼音字母有困难时，可以只在商标名称上加注拼音字母。

上面的例子中，在语义上都允许用“那”，但在文体上就不协调了。

原刊标题：不作指代词的“那”（作者：方人）
原载《学汉语》1989 年第 7 期（总第 24 期）

037 千万

解析重点 “千万”用法例释

副词“千万”是留学生进入汉语学习中高级阶段比较难掌握的词语之一。

《现代汉语词典》在“千万”条目下注为：务必（表示恳切叮咛）。有的汉语教科书译为 be sure 或注释为“一定”等等。学生根据这些中文注释和英文译词来造句子，由于理解不甚准确，往往容易出差错。如：

① * 阿里，听说有足球比赛，你千万告诉我。

② * 对不起，今天我朋友要来，我千万不能去你那儿。

显然，学生在这里犯了一个类比的错误，将“千万”同“务必”“一定”混为一谈了，说明他们并没有弄清“千万”的用法。

“千万”常用在祈使句中，表示叮咛、嘱咐等语气。不能用于第一人称单数，虽然有时也用于第一人称复数，但这只是一种委婉的说法，是说话人将自己也摆到了听话人的一边，目的在于使话语和缓些，增加亲切感，便于对方接受，从而加强话语的说服力。如：

③ 看样子，这洪水还要往上涨，今儿晚上我们千万得警醒点儿。

这里的“我们”显然是指的听话者一方。

有时说话者为了加重叮咛的语气，“千万”可以重叠，成为 ABAB 式，并可单独在句子中。如：

④“噢，千万千万！”大利伸出了两只手，一边一个抓住了他们俩，“千万千万，你们记住你说过的这句话，即便就是我死了，你们也要相信我是无罪的。”（《小说月报》1989 年第 7 期《玫瑰房间》）

“千万”在肯定句中有如下三种形式。

1. 跟能愿动词“要”“得”连用，构成“千万 + 要 / 得 + 动”格式。这一类句子多数是表示叮咛、嘱咐的。如：

⑤ 你千万要好好地干啊！（《黎明的河边》）

⑥ 你千万得想一想这样做合适不合适。

2. “千万”跟少数几个表示心理活动的动词或形容词连用，如“当心、小心，注意”等组成句子，在此类句子里，说话人先提出需要引起听话人重视的存在某种危险的事物，以此提醒对方注意。如：

⑦ ……如果杀不死，小心那畜牲挣扎起来乱咬人。一猪二熊三老虎，千万当心。（简嘉:《女炊事班长》）

⑧ 前面有冰，你千万小心。

⑨ 这儿路滑，你千万注意着点儿。

3. “千万”跟动词短语连用。在这类句子里，“千万”前必须带有状语或其他成分，或者“千万”后带宾语，否则句子不能成立。试比较：

⑩ * 你千万来信。
到那儿以后，你千万要来信。

⑪ * 你千万记着。
你千万记着那件事。

“千万”常用在否定词中，修饰“不要”“不能”“不可”等，否定词“别”是“不要”的意思，也常与“千万”连用。如：

⑫ 天气已经转暖，你可千万不能再去河上滑冰了。

⑬ 那都是骗人的，你千万别上当。

“千万”用在否定句里时，否定词后面的事情多为不如意的，是说话人所不希望发生的，因而也是说话人所极力要劝阻的事情。

由此可见，在肯定式中，除了“当心”等一类词以外，其他句子都必须在“千万”后加“要”或加上状语成分。句 ① 改成“你千万要告诉我”，句子就对了。句 ② 说的是“我”，是第一人称单数，不符合句子成立的条件，因此这个句子也错了，只能去掉“千万”句子才成立。

“千万”除了前边说的表示叮咛、嘱咐的语气外，还可表示劝告、阻止、哀求、请求、警告、提醒等语气，限于篇幅，仅举两例为证：

表示劝告的：

⑭ 芝秀，听爹一句良言相劝……爹虽说给解放了，可是还留着尾巴，千万不能跟永世不得翻身的黑牌户沾边。（刘绍棠：《小荷才露尖尖角》）

表示请求的：

⑮ “和好哥，求求你，”马蹦蹦满脸堆笑说，“你这出戏一定得多让我上两场，千万别只给我一句台词。”（刘绍棠：《小荷才露尖尖角》）

从上述例句可看出，带有副词“千万”的句子常出现在家人、朋友、熟人间表示叮咛、劝告、请求等语境里。这是因为中华民族的传统文化重视人际关系，强调群体依存，互相关心。“千万”所在的语境正是反映了中国人这种特有的文化心理。

原刊标题：“千万”的用法（作者：王碧霞）
原载《学汉语》1992 年第 6 期（总第 59 期）

038 人家

解析重点 “人家”的指代对象

有学生问：“人家”这个词有时指别人，有时指自己，到底指谁？应该怎么理解呢？这个问题问得好。下面我们就来谈谈这个词。先看几组例句：

A组：

① 虽然汉语有点儿难，不过，人家能学会，我也一定能学会。

② 人家都说你的太极拳打得很棒，你能教教我吗？

B组：

③ 照相机是小王的，我用完就还给人家了。

④ 这次演讲比赛安娜和桥本又得奖了，我们应该向人家学习。

C组：

⑤ A：人家找你半天了，你去哪儿了？
B：对不起，我去医院看小张了。怎么，你找我有事？

⑥ A：咱俩一起唱首歌吧？
B：你知道人家不会唱歌的，你自己去唱吧！

从上面的三组例句可以看出，A组例句中的“人家”是“别人”的意思，指说话人自己或某人以外的人；B组例句中的“人家”指代第三人称，即指某个人或某些人，相当于“他”“她”或“他们”；C组命名句中的“人家”意思又有不同，指的是说话人自己，相当于“我”，一般限于关系亲密的人之间使用。所以，我们说“人家”是一个很特殊的代词，常用于口语，它可以指代第一人称、第三人称以及说话人自己或某人以外的人，后两种情况单复数都有；它的意思究竟是“我”还是“他（或她、他们）”或“别人”，要根据整个句子或上下句的意思而定。

另外，还有两点需要注意。

1. “人家”作代词有时可以省略“家”，意思、用法不变。

⑦ 听人（家）说山本回国了，是吗？（别人）

⑧ 老王是这方面的专家，你要多征求人（家）老王的意思。（他）

⑨ 人（家）要是知道早告诉你了，还会等到现在？（我）

2. “人家”读为 rénjiā 时就不是代词，而是名词了，意思是住户、家庭。

⑩ 那个小山村一共有十多户人家。

⑪ 现在，中国人家一般都只有一个孩子。

下面有一段对话，其中的“人家”是什么意思呢？应该怎么念？

王大华：李明、小红，你们看，远处那座山上好像有一户人家$_1$。

李　明：（朝王大华手指的方向看）真的，我看见了。

王小红：在哪儿呢？我没看见。

王大华：人家$_2$都看见了，你怎么看不见呢？

王小华：你知道的，人家$_3$是近视眼嘛！

王大华：人家$_4$李明也是近视眼呀！

李　明：我是用望远镜看的。小红，给你望远镜。

王小红：谢谢！

答案　“人家$_1$”念 rénjiā（重读）；是“住户”的意思。“人家$_2$”“人家$_3$”“人家$_4$”都念 rénjia（轻读），但意思不同，分别是 A 组、C 组、B 组的意思。

原刊标题：“人家”是谁？（作者：何立荣）
原载《学汉语》2001 年第 11 期（总第 172 期）

039 上　下

解析重点　趋向补语“上”“下”的用法

趋向动词是现代汉语中的一个小类，用来表示动作趋向，分单纯的趋向动词（如：“上”“下”“来”“去”等）与合成的趋向动词（如“起来”“上去”等）。趋向动词可直接作谓语，如“我上楼”“小李昨天从上海回来了”。趋向动词更多情况下是在句子中做补语。这里，我们来介绍一下趋向动词“上”“下”做趋向补语的情况。

1. 上

（1）“上”的基本含义

表示通过动作，使人、物体在空间上从低的位置到高的位置。

① 他很勇敢，登上了这座高山。

② 大卫爬上树，把落在上面的风筝取了下来。

（2）“上”的引申意义

1）接近、靠近、合上、闭上等。

③ 快点开，我们一定要追上前面那辆车。（靠近）

④ 太冷了，关上窗户吧。（关闭）

⑤ 别说了，闭上嘴！（合拢）

2）物体附着、存在于某个地方或添加进去。

⑥ 邮票和信封粘上了，揭不下来了。（附着）

⑦ 你应该在客厅里再摆上一个景泰蓝花瓶，就更漂亮了。（存在）

⑧ 加上他，我们班一共有10名韩国同学。（添加）

3）达到目的（很不容易地）。

⑨ 通过群众表决，他被选上了当厂长。

⑩ 改革开放以后，中国人才过上了好日子。

4）动作开始并继续下去。

⑪ 这孩子就是这样，才吃一会儿饭就看上了电视。

⑫ 中学时，他就喜欢上了唱歌。

2. 下

我们再来介绍一下趋向动词“下”做趋向补语的含义。

（1）“下”的基本意义

“下”的基本意义表示通过动作使人、物体在空间上从高的位置到低的位置。

⑬ 我走下楼去，给朋友开门。

⑭ 树上掉下一个苹果。

（2）“下”的引申意义

1）使固定。

⑮ 我们在山上种下了许多小树苗。

⑯ 快停下，快停下，前面有危险！

2）使物体脱离或离开某个地方。

⑰ 奶奶摘下眼镜，抬起头来看着我。

⑱ 爸爸脱下外套，挂在衣帽架上。

3）可容纳一定的数量。

⑲ 这个箱子这么小，能装下你所有的东西吗？

⑳ 他的家很大，能住下 10 个人。

原刊标题：趋向补语“上”和“下”（作者：夏慧敏）
原载《学汉语》2003 年第 6 期（总第 191 期）

040 少

解析重点　“少”的三种用法

汉语中的“少”有三种用法：

1. 用作形容词。

① 苹果太少了。

② 盐要少吃。

③ 少说几句吧。

④ 面条做少了，再吃点儿馒头吧。

2. 用作动词。

⑤ 少了三个钉子。

⑥ 少他四张报。

⑦ 书包里的书，一本也没少。

⑧ 我比他少两条黄瓜。

3. 用作否定副词。

⑨ 你少骗人！

⑩ 你少听他胡说八道！

⑪ 你少气我！

⑫ 你少来这一套！

⑨至⑫中的“少”都不表“数量小”而表否定。例如⑨的意思是“你别骗人”，而不是“骗人的事你要做得少一些”。否定副词“少”的意思相当于普通话中的“别”，但语气要强烈得多。副词“少”多用于“你＋少＋动词性成分”的格式中。

原刊标题：谈“少”的三种用法（作者：杜永道）
原载《学汉语》1993 年第 3 期（总第 68 期）

041 什么

解析重点 “什么”的五种非疑问用法

“什么”是个疑问代词，但有时在句中却不表示疑问，这就是“什么”的非疑问用法。“什么”的非疑问用法有多种，下面介绍其中的几种。

1．对于某事物知道得不清楚，加上“什么”，表示说话人所说的话不一定准确。

① 刚才有一个人找你，他叫什么李明玉。（也许不叫李明玉）

② 他去的那所大学是个什么技术大学。（也许不是技术大学）

这种“什么”在句子中属于辅助表达的词语，不表示实在的意义，所以要读轻声。

2. 要说几样东西，但不能连贯地说出，需要一边想一边说。在这种情况下，在数说东西时中间加上“什么”，来表现这种说话的情态。

③ 今天买的东西有什么磁带、耳机、稳压器。

④ 这班学生有从湖南、湖北来的，还有什么武汉的、四川的。

这种“什么”在句子里也属于辅助表达的词语，不表示实在的意义，所以要读轻声。由于是一边想一边说，“什么”后往往有停顿或稍稍拉长声音。

3. 把“什么”用在否定句或反诘句中，可以用来表示坚决的否认，或强烈的不满情绪。

⑤ 他根本就不是什么老师。（否定句，表示坚决的否认）

⑥ 这是什么饭？（反诘语气，表示对饭不满意）

在反诘语气中，由于形式上和疑问语气一样，所以句中的“什么”及全句的语调要读出特色来，以免和疑问语气混淆。疑问语气的读法是：“什么”及句子的语调都是上升的。反诘语气中的“什么”及句子的语调都要读成下降的。

4. 把对方的话变成自己的话说出来时，加上“什么”，表示不同意对方要做的事情。

⑦ A：我再看看衣服吧！
B：还看什么衣服呀！（不同意看衣服）

⑧ A：咱们吃完饭再走吧！
B：还吃什么饭呀！（不同意吃饭，马上就要走）

这种句子中的“什么”及全句的语调也要读成下降的。

5. “什么”帮助表达委婉语气，为了不把话说得太绝对，太肯定。

⑨ 我现在没有什么时间帮助你。（比“我现在没有时间帮助你”委婉）

⑩ 他每天没有什么事情干。（比“他每天没事情干”委婉）

这种“什么”的读法同第一种用法。

学汉语的外国学生在阅读时，切不可一看到“什么”就以为是表示疑问，而应该根据上下文仔细分辨“什么”的实际作用。在交谈中，用到“什么”的非疑问用法时，一定要把“什么”的轻重缓急，高低升降及句子的语调念准；否则，会使别人产生误解。外国留学生一定要细心体会正确的读法，多加练习，才能运用自如，不出差错。

原刊标题：“什么”的几种非疑问用法（作者：李绍林）
原载《学汉语》1993年第7期（总第72期）

042 什么

解析重点 “什么”的句法、语义、语用分析

“什么”、“甚么”是一个词的两种书面形式。一般写作“什么”。

1. “什么”用作宾语，问事物。

① 那是什么？紫萝兰。

② 你看什么？小说。

③ 买什么？书。

2. “什么”用作定语，问事物或事物的属性。

④ 什么书？《红楼梦》/ 小说。

⑤ 什么学校？师范大学 / 夜校。

⑥ 什么单位？塑料工厂 / 百货公司。

用于“人”前，有不同语义，如：

⑦ 什么人？可以回答人名，如“李向前”。可以回答职务，如“厂长”。可以从某一角度回答性质、属性，如“新来的干部”。

3. “什么”用作状语，问事物。

(1)“什么”用在形容词前。

⑧ 什么好？

一般有预设的范围，如问衬衣，可以回答“白色的”或“长袖的”等。

⑨ 什么便宜？

一般也有预设的范围，如问鞋，可以回答“布鞋”。

(2)“什么”用在动词前。

⑩ 什么飞了？鸽子

⑪ 什么摔了？盘子。

4.“什么”用作主语，问事物。

⑫ 什么最有价值？理想。

⑬ 什么跑了？骡子。

5.“什么”作动词“做”、“干”的宾语。

有歧义：一种是问事情、活动，一种是表示不满意。

⑭ 干什么？

⑮ 做什么？

与“看什么”、“买什么”不同。“看什么”、“买什么”可以只回答事物（什么），如“（看）小说”、“（买）书”。“干什么”、“做什么”不能只回答“什么”（事物），必须回答事情、活动（“干什么”、“做什么”），如“找人”、“我要过去”。还有时表示不满，如“推人干什么？”“横冲直撞做什么？”

6.“什么”虚指事物。一般用作宾语。

⑯ 有点儿饿了，得吃点儿什么了。

⑰ 我很想对他增加了解，你随便说点儿什么吧！

7.“什么”任指事物。一般用作主语。

⑱ 什么便宜买什么。

⑲ 他什么都不在乎。

例 ⑲“什么”作主谓短语的主语。

8.“什么”用以否定。

（1）用作宾语，否定动作、活动。

⑳ 哭什么！

㉑ 笑什么！

㉒ 得意什么！

意思是“不要哭”、“不要笑”，“有什么值得哭的”、“有什么好笑的”。

（2）用在动宾结构的熟语中间，否定动作活动。

㉓ 装什么蒜？（对“装蒜”不满，否定。）

㉔ 摆什么谱儿？（对“摆谱儿”不满，否定。）

㉕ 打什么官腔？（对“打官腔”不满，否定。）

其他如“耍什么贫嘴”、“卖什么关子”、“斗什么闷子”等。

（3）用在一般的动宾结构中间。可表示两种意思，一是问这一动作活动，一是否定这一动作活动。

㉖ 读什么书？（可以是一般问话；可以是否定“读书”，可接着说“还不如去卖馅饼”。）

㉗ 学什么外语？（可以是一般的问话；可以是否定“学外语”，可接着说“还不如去练摊”。）

（4）用在名词前，否定事物。多自问自答。

㉘ 什么科长？饭桶。

㉙ 什么电视剧？瞎侃。

㉚ 什么企业家？倒爷。

（5）用在形容词后，否定性质、状态。

㉛ 老实什么？（意思是“不老实”。）

㉜ 客气什么？（意思是“不要客气”。）

㉝ 谦虚什么？（意思是“不要谦虚”或“不谦虚”。）

（6）带“什么”的习惯语。有特殊语义。

㉞ 什么话！（意思是“不像话”。）

㉟ 什么东西！（意思是“不是好东西”、“不是好人”。）

㊱ 什么玩艺儿！（意思是“不是玩艺儿”、“坏蛋”。）

（7）单用“什么”。表示不以为然。

㊲ 什么？你让我给他道歉？

㊳ 什么？别异想天开了。

（8）用在单用的转折连词后，否定转折的内容。一般是接对方的话而说。

㊴ A：事情虽然不难办，可是……

B：“可是”什么？

㊵ A：这么说是有道理，但是……

B：“但是”什么？

9. 习惯用语“为什么”。问原因。

㊶ 为什么你不来看我？

㊷ 为什么突然去了上海？

10. 习惯用语“为了什么”。问目的。

㊸ 上大学为了什么？

㊹ 山本学汉语到底是为了什么？

原刊标题：“什么”、“怎么”、“怎么样”、句法语义、语用分析（一）（作者：史锡尧）
原载《学汉语》1995 年第 5 期（总第 94 期）

043 什么*

解析重点 “什么”的句法、语义、语用分析（补充）

《学汉语》的 1995 年第 5 期中有史锡尧同志一篇文章：《“什么”、“怎么”、“怎么样”句法、语义，语用分析（一）》（见上文）。其中有些地方我有不同的意见。现在写出来，大家可以讨论。

在该文第 3 条下面是这样写的：

3.“什么”用作状语，问事物。

（1）“什么”用在形容词前。

⑧ 什么好？

一般有预设的范围，如问衬衣，可以回答“白色的”或“长袖的”等……

所谓“状语”是指形容词或动词的修饰语，而“什么”这个疑问代词只能代表事物，或作定语用来修饰人或事物，如“什么人？”“什么书？”上面的例句“⑧ 什么好？”是个主谓结构，而不是状谓结构。“什么”除了用于所谓虚指，如“这有什么

* 对照本书第 42 篇。

好！”，永远不能修饰形容词。另一例句“什么便宜”也是个主谓结构，所以回答可以是名词“布鞋”，因此也不是修饰形容词。

原刊标题：“什么”不能修饰形容词（作者：王还）
原载《学汉语》1996年第5期（总第106期）

044 什么

解析重点 “什么”的虚指

课文中出现这样两句对话：

① 朱老师：你到北京才一个月，（汉语）就说得这么好，总觉得你有什么经验。
中　村：谈不上有什么经验。

朱老师问话中的“什么”一词，可以用疑问代词的虚指用法来解释。所谓虚指用法是指疑问代词表示不知道、说不出或不需说明的人、事物或地点的一种用法。例如：

② 这件事好像谁跟我提起过。

③ 你想吃点什么吗？

④ 我好像在哪儿见过你。

朱老师问话中的“什么”就是表示说不出、不知道的事物的，与例②中的“什么”用法相同。

但中村的答话中的“什么”却不好这样解释。显然不能用“不知道、说不出或不需说明”来解释这里的“什么”，说“谈不上有什么经验”等于说“没有什么经验”、“没有什么经验”和“没有经验”，意思虽然基本相同，但在语气上却不大一样。说“没有经验”是彻底否定有经验，语气非常干脆；说“没有什么经验”则并非彻底否定有经验，而是表示一种谦逊的说法。

“什么”的这种用法，在语用上很有作用。当我们要表达谦逊的说法时，往往要用到这个“什么”。请看：

⑤ A：你有什么秘诀，给我们说说。
B：我哪里有什么秘诀，只不过比别人多用点傻力气罢了。

⑥ A：听说你最近又取得了重大科研成果？

B：哪里有什么重大成果，只不过发表了几篇小文章而已。

以上两句中的“什么”也可以不用，意思基本相同，但在语气上却显得太直，不够委婉，用上“什么”则显得得体多了，就是因为语气表达委婉了。“什么”的这种用法，值得外国留学生注意学习运用。

原刊标题：“什么”的一种特殊用法（作者：岗文）
原载《学汉语》1996年第4期（总第105期）

045 死 臭 破

解析重点 “死、臭、破”的引申用法

“热死了！”刚跨进宿舍门，我就嚷了起来。“咦，我看你不是还在说话嘛！怎么死了？”有人打趣我。其实，日常生活中类似的玩笑，说法太多了。每个人都免不了有“烦死了”“高兴死了”之类的话挂在嘴边。骂人呢，则是“死丫头”“臭小子”等。刚刚买回的新茶杯，也会有人嘴一撇：“谁稀罕这破杯子！”

在上述情况下，“死、臭、破”一般没有人真的把它们理解为：失去生命、气味不好、东西破碎。原因很简单：这三个词都已产生了义变，是口语中的习惯用法。

死，一是程度副词，指一种程度的加深，即达到了极点。“热死了”当然指天气热到极点，和平时说“热得要命”是同一意义，这里也暗含了说话人夸张的口气。至于“烦死了”“高兴死了”依此类推。二是形容词，指“坏”。“这死丫头”可能是这个姑娘做了些让人不高兴的事情才招来骂，但也可能是说话人亲切的戏谑，用反语来表示亲近、喜爱。

“臭小子”和“死丫头”的用法如出一辙。“臭”用得更多的是用在下边情况：紧张的球赛中，一球未射进门，球迷们顿足骂道：“臭！”不言而喻，这一脚踢得不好。《高山下的花环》中勇敢的北京战士死于一发臭弹，引起多少读者的遗憾和愤慨。“臭弹”即失效的子弹，也隐含了“坏”的意思。

“破”呢，我们也可以体会出：它也是在对什么东西表示不满的口头语。

正是由于有了这些引申的意义，我们才会用它们作开玩笑的基础：明知说话者是引申义，偏要曲解为原义，倒为生活添了不少色彩。

原刊标题："死、臭、破"的口语用法（作者：朱少红）
原载《学汉语》1992年第2期（总第55期）

046 位 个 部分

解析重点 量词"位""个"的区别；"部分"的两种意义

在汉语里，数词一般不直接与名词连用，中间要用量词。在学习怎么选用合适的量词的时候，不但要注意量词和名词在意义上的联系，还要注意量词在用法上的特点。这里举几个例子。

1. "位"、"个"的用法

《现代汉语词典》中关于"位"的用法：

位：量词，用于人（含敬意），如：诸位 / 各位 / 家里来了几位客人。

量词"位"跟指人的名词搭配，但恰恰不能用于"人"这个词。比较：

三个师傅	三位师傅
三个外国朋友	三位外国朋友
三个病人	三位病人
三个人	* 三位人

对于前三个名词，都可以把"个"换成"位"，以示敬意。但不能说"三位人"。

2. "部分"的用法

《现代汉语词典》对"部分"的解释：

部分：整体中的局部，整体里的一些个体。

"部分"作量词时，前面数词一般用"一"。"一部分"出现在名词前还是名词后有时意思是不一样的。"一部分 N"表示总体中的一些个体，N 一定表示事物的总体。"N 的一部分"既能表示总体中的个体，也能表示整体里的局部；N 既能表示事物的总体，又能表示某一个整体的事物。如：

① 一部分月饼　　② 月饼的一部分

只有当存在许多月饼时才能说 ①，而 ② 既可以表示许多月饼中的一些，也可以表示一个月饼的其中一块。在前一个意思上，说 ① 或 ② 都行。同样的道理，我们不能说：一部分太阳，只能说：太阳的一部分，因为“太阳”只是一个整体。只有在有许多太阳的世界上才有可能说“一部分太阳”。

“部分”跟英语“part”意义相当，但用法不完全一样：

③ Part of it was spoilt.
这东西的一部分已经坏了。

④ Part of the books have arrived.
一部分书已经到了。

句子 ③④ 英语都是“part of ”，但句 ④“books”是指事物的总体，可以用“一部分N”的格式，说成“一部书”，句③的“it”只是一个整体，只能用“N的一部分”的格式，只能说“这东西的一部分。”

原刊标题：量词名词搭配三题（作者：吴中伟　黄灵红）
原载《学汉语》1992 年第 11 期（总第 64 期）

047 要紧

解析重点 “要紧”的义项区分

在朱自清先生的著名散文《背影》中，有这样一句话：“其实我那年已二十岁，北京已来过两三次，是没有甚么要紧的了。”

“要紧”是个形容词。一般讲两个义项：

1. 有重要的意思。例如：

① 我们知道这个山头是制高点，要紧得很，我们在山头在！

② 你传递的这个消息非常要紧，一定要传到。

2. 有严重的意思。例如：

③ 孩子得的不是什么大病，只是一点儿小毛病，不要紧的，吃点儿药就好了。

④ 他的伤势严重吗？只伤点表皮，不要紧，请放心！

学生用“要紧”一词的造句中，就出现了这样的句子：

⑤ * 他妈妈住医院了，病得很要紧。

这个句子，中国人一看就可判断是个错句，然而语法上并没错，错只错在词语搭配不当上。如果这样一改，就对了。

⑥ 他妈妈住医院了，病得很严重。

因此，在下一次讲解这个词语时，就必须加以限定说明：要紧有严重的意思，但多用于否定形式，“不要紧”等于“不严重”的意思。

另外，要紧也常用于疑问句中。例如：

⑦ 这件事，要紧不要紧？

若回答是肯定的。还是不能说“要紧”而要说“严重”。再举一个具体的例子加以说明。例如：

⑧ A：他被抓起来了，他的问题要紧不要紧？
B_1：他的问题很严重。（肯定形式）
B_2：他的问题不要紧。（否定形式）

而“不要紧”，还有一个义项，是没关系的意思。例如：

⑨ 你在朋友家做客，不小心失手打碎了一个酒杯，这时你感到很不自在，并说了声：“真对不起！”你朋友立即回答：“不要紧，岁岁（“岁”与“碎”谐音）平安！旧的不去，新的不来！”很快就缓和了令你尴尬的局面。

原刊标题：教学拾零（一）（作者：邢昌伦）
原载《学汉语》1995 年第 9 期（总第 98 期）

048 也

解析重点 "也"字用法详解

（课间休息时，丁老师和同学们在聊天儿。）

丁老师：齐木，你哪天去西安呀？

齐　木：还说不好。去西安的人太多了，昨天下午我没取到预定票。今天下午我也要去。

丁老师：是啊，去西安旅行的人一直都很多。齐木，你刚才说"今天下午我也要去"，这个"也"字用得不合适。"也"的基本作用是表示类同。比如：

① **我要去西安旅行，原田也要去西安旅行。**

② **我是今年一月来北京的，她也是今年一月来北京的。**

上面两个句子中"也"都用来强调后者与前者相类同。例①中，原田和我要去的地方相同，都是"西安"；例②中她和我来的时间相同，都是"今年一月"。你刚才的意思是，你昨天去取了一次预定票，因为没取到，所以你打算今天下午还去一次，也就是说取预定票这一件事今天要重复发生。这种情况下应该用"还"；"也"不表示动作、行为的重复。

齐　木：那么，可不可以说"我昨天没取到票，今天我再去看看。"

丁老师：当然可以啦。因为"还"和"再"一样，都可以用来表示未实现的重复；所不同的是疑问句里多用"还"。

齐　木：老师，我好像在哪本书上看见过这样一个句子："他昨天来了，今天也来了。"这个句子对不对呢？

丁老师：对。这个句子里，用"也"表示"他来了"这件事是类同的，所不同的是来的时间。

齐　木：老师，这我又不懂了。为什么我说"昨天我去了，今天我也要去"就不对了呢？这和我看见过的那个句子不是差不多吗？

丁老师：差一点儿也不行啊！"他昨天来了，今天也来了"句末都有"了"，说的都是已经实现了的事，因此可以比较。比如我可以说"昨天我去了，今天我也去了，两天都没取到票。"当然我希望你今天能取到票。（听到这儿，齐木笑了）"昨天我去了，今天我也要去"句中，前者是已实现了的事，后者是尚未实现的事，怎么进行类同比较呢？再说，"他昨天来了，今天也来了”是客观陈述的语气，所以用“也”比较合适；你说“昨天我去了，今天我也要去”想表示重复做某事的愿望，语气也是不同的。

齐　木：老师这么一说，我就清楚了。“也”可真难啊！

丁老师：在现代汉语里，“也”是一个比较难的虚词。不过，今天我们讲的这点还是最简单的。（铃声响了）上课了，关于“也”的问题我们下次再接着谈。

原刊标题：聊天儿谈“也”（作者：叶子）
原载《学汉语》1989年第4期（总第21期）

049 也好

解析重点　“也好”与“也＋好”的用法详解

“也好”从构成和性质上看有三种情况：

1.“也好”是一个助词。

2.“也好”是副词“也”＋副词“好”组成的词组。

3.“也好”是副词“也”＋形容词“好”组成的词组。

1. 也好”作为助词的用法。

（1）“也好”单用。表示说话人所提到的某种情况、办法或意见虽然不是最理想的，但也还可以，或暂时只好照所说的那样去做。例如：

① 不买也好，反正现在也不急着用。

② 这件事暂时不告诉他也好，免得他着急。

③ 带孩子去也好，让他开开眼界。

④ 老张身体不太好，他不参加也好。

⑤ A：实在对不起，我今天一定得回去。
B：也好，你一定要走，我们也就不留你了。

以上各例中，“也好”前所说的某种做法，如例①的“不买”，例②的“这件事暂时不告诉他”，例③的“带孩子去”等，在说话人看来都不是最理想的做法，因而说话人并不十分情愿那样做，但是那样做了也还可以，或出于种种考虑也只好那样。例⑤“也好”用于句首，多出现在对话中或承接上文。以上各例的“也好”有“（很勉强的）还可以”或“（不得已的）算了”的意思。还应指出的是，以上①—⑤例中的“也好”都可以换成另一个语气助词“也罢”，而句子的基本意思不变。只是“也好”多用于口语，语气也比“也罢”轻些。

（2）“也好”分别连用在列举的几种情况或几个方面的后边，表示无论是哪种情况或哪个方面，其结果或结论都一样。结论部分常有“都”“也”等出现。构成“S_1也好，S_2也好，S_3也好，……”（其中……代表结论部分）的格式，例如：

⑥ 你同意去也好，不同意去也好，我们照样去。

⑦ 工人也好，农民也好，医生也好，教师也好，不论是做什么工作的都得认认真真才行。

⑧ 五元也好，十元也好，能买到就行。

⑨ 姑娘乐也好，妈妈恼也好，小伙子每天照来不误。

其中所列举的项S_1、S_2、S_3，可以是相关相反的关系，如例⑥；也可以相关并列的关系，如例⑦。S_1、S_2等可以是词，也可以是词组。在具体的表述中一般要求S_1、S_2等各项词性相同，结构长短相近（参看⑥—⑨各例）。需要注意的是，⑥⑦⑧⑨各例中的“也好”都可以换成“也罢”而句子的基本意思不变，只是语气略重了些，如例⑥可以说成“你同意也罢，不同意也罢，我们照样去。”有时“也好”和“也罢”还可以对举并用。如：

⑩ 你去也好，不去也罢，今天必须说定。

⑪ 伟人领袖也好，平民百姓也罢，谁离开了空气也活不了。

2.“也好”是副词“也”和副词“好”的连用形式，其中“好”表示“便于”，“也好”相当于“也便于……”或“也有利于……”。

⑫ 到底行不行你得告诉我，我回去也好向领导有个交代。

⑬ 哥哥在外地工作，我就留在了父母的身边，也好照顾一下父母的生活。

⑭ 刘娜想一个人去承德玩几天，也好换换环境，放松放松，调节一下生活。

从表达上看，⑫⑬⑭这类句子中的“也好”表示怎样做将有利于或便于某种目的的实现。如例⑭，“去承德玩几天”便于实现换换环境、放松放松、调节一下生活的目的。

3. “也好”是副词“也”和形容词“好”的连用形式，其中“好”表示“优点多，使人满意”，跟“坏”相对。

⑮ 他汉语说得好，你的汉语说得也好。

⑯ 王先生的课讲得好，我很喜欢听；杨先生的课讲得也好，我也喜欢听。

⑰ 山好，水好，人也好。

需要注意的是第2、3两种用法的“也好”都不能用“也罢”来替代，换句话说，“也罢”只和作助词的“也好”意思和用法相当。另外，第2种用法的“也好”有时也可以只用“好”来替代（表“便于”的“好”）；第3种用法的“也好”中间可以插入别的词，如“也”和“好”中间插入“很”等。

原刊标题：“也好”的几种用法（作者：李泉）
原载《学汉语》1992年第5期（总第58期）

050 也是

解析重点 固定搭配“也是”在口语中的特定含义

“也是”是一个偏正结构，其意义和用法是初学汉语的人从字面上很容易理解的。

口语中还有一个“也是”是一个固定搭配的短语，常单用，或放在句末，意义跟一般的“也是”有所不同，主要有：

1. 表示对某种见解、意见和态度的肯定。

① “可我是（丢钱的）当事人呀！丈夫好说话，真被盗假被盗没个啥，要是弟弟怀疑我假报实情攒私房钱，岂不是老鼠钻风箱，两头受气，冤死无人知？”“啊！也是。”（楚良：《女人国的污染报告》）

② 傅连山稍许跳到老上级的立场上，立即又觉得自己丝毫没有设身处地地为他想一想：他的话哪一句不对呢？
“他娘的，也是！公说公有理，婆说婆有理，讲不清楚！”（水运宪：《祸起萧墙》）

③ 她不知咋办才好，常常看他脸色好些的时候，小心翼翼劝慰几句：没甚事了，就出去转转，散散心吧！也是，旺泉想，转转就转转，省得心里没着

没落的，好赖不还得活下去吧？（郑义:《老井》）

说话人原来没有想到，或原来所持的是另一种意见，听了别人的意见，认为也是对的，也可以同意、接受。这样的情况下，就用“也是”来表示肯定。有的时候（如例②、③），这种肯定带有一定的勉强性。对事实的叙述或道理十分明显的意见不用“也是”来肯定，如：“五月四日是中国的青年节。”“明天可能要下雨。”肯定时就不说“也是”。

2. 表示对某种感慨有同感。

④ A：时间过得真快！
B：也是，来北京已经一个多月了。

⑤ A：老张辛苦了一辈子，日子刚好一些，又得癌症死了。
B：可也是，他的命真不好！（采自口语）

说话人表示自己同对方有同样的感情，也是一种肯定。

以上两种“也是”常单用，前面加“可”更有强调的意味。有时也可以说“这话也是”、“说的也是”，这里的“也是”是谓语，主语是被肯定的对象。

3. 表示埋怨、不满。

⑥ A：我请她再去风月那里跑一趟，帮你们把关系沟通沟通。
B：嫂嫂，你也是！我和她谈不拢的，你们莫操空心了。（谭谈:《山道弯弯》）

⑦ A：你妈又到车站接你舅舅去了
B：我舅舅也是！来个电报，光说日期，不说车次，让我妈一天跑了三趟车站。（采自口语）

这里的“也是”表示不合适、不应该的意思。

表示不满、埋怨的“也是”一般都作谓语，不单用；它的主语是不满、埋怨的对象。

原刊标题：口语中的“也是！”（作者：余锡人）
原载《学汉语》1988年第7期（总第12期）

051 一点儿 有点儿 A一点儿

解析重点 "有点儿""一点儿"和"形容词＋一点儿"的用法

"有点儿"后边可以加上形容词或动词，如：

① 天气有点儿凉。

② 我现在有点儿喜欢游泳了。

这里的"有点儿"是个副词。"有点儿"后边还可以加上名词，如：

③ 这个菜里有点儿肉和辣椒什么的。

④ 小心！地上有点儿水。

这里的"有点儿"其实是动词"有"加上数量名词组"一点儿＋名词"组成的，只是其中的"一"常常省略。

"一点儿＋名词"这个词组一般不能单说，它常常在句子中作动词的宾语，如：

⑤ 我只出了一点儿汗。

或者在"一点儿＋名词＋也不／没＋动词"这个句式中作主语，如：

⑥（我）一点儿汗也没出。

"一点儿"的后面不能马上加形容词（比如不能说：*这本书一点儿难），但前面却可以加，如：

⑦ 这本书比那本书难一点儿。

⑧ 快（一）点儿！

句子⑦的意思表示比较，⑧是个祈使句，可以用在要求或者命令别人做什么。"形容词＋一点儿"还有一个形式是在形容词后边加"了"，如：

⑨ 这本书比那本书难了（一）点儿。

⑩ 这辆车旧了一点儿。

其中句子⑨的意思和上面的句子⑦一样，都表示比较。

特别要注意的是，句子⑩的意思是句子没有"了"的时候不具备的，它表示"不符合某种标准"，因此这类句子都带一些不满意的语气，而且都没有祈使或命令的意思。这类句子里的形容词都是表示不如意的，比如不能说"*这辆车新了一点儿"，除非是电影厂拍摄旧时代故事的电影，一定要找辆足够旧的车。另外，句子⑩这样的形式，一般都能换成“有点儿＋形容词”，而且它和“形容词＋了＋一点儿”有个共同的要求：形容词应该是表示不如意、反面的，如可以说：“我觉得有点儿难受”，而绝不能说：“我觉得有点儿舒服”。

还有一种“形容词＋一点儿”的形式是在最后加“了”，如：

⑪ 我觉得今天比昨天好一点儿了。

⑫ 他的想法现实一点儿了。

这里的句子都表示比较，但都强调现在和过去比的意思，更重要的一点是，这种句式强调发生了一种好的变化，因此句子中的形容词一定要含有如意的、正面的意思。所以千万不要说：“* 我的身体比以前糟糕一点儿了。”我们从下面这段小对话里，可以看出这几种句式的使用情况：

⑬（A 往墙上贴一张画儿，让 B 看看高度合适不合适）
A：这样可以吗？
B：高了一点儿 / 有点儿高。
A：（把画儿往下移动了一点儿）现在怎么样？
B：低了一点儿。高一点儿，再高一点儿就行了。
A：（把画又移动了一下）现在行了吧？
B：现在好一点儿了。

我们可以用一张表把以上讲的总结一下：

	形容词＋一点儿	形容词＋了＋一点儿	形容词＋一点儿＋了
表示一般比较	＋	＋	＋
用于祈使句	＋	－	－
表示不符合某种标准	－	＋	－
强调发生了好的变化	－	－	＋

原刊标题：“有点儿”“一点儿”和“形容词＋一点儿”（作者：何宛屏）
原载《学汉语》2001 年第 6 期（总第 167 期）

052 一时

解析重点 "一时"的用法特点

"一时"可以作名词，也可以作副词，表示行为、状态出现或存在的时间短。

作名词，如：

① 困难只是一时的，我们不要被困难吓倒。

② 看一个人不能只看他的一时一事，而应看他的全部历史和全部工作。

作副词时，用法有个特点，即常用于否定句，如：

③ 这本参考书我一时还用不着，你先拿去用吧。

④ 当他来到那家咖啡屋所在的街道时，一时不敢相信自己的眼睛：咖啡屋不见了……

⑤ 那本书的名字我一时没想起来，就没买。

有些句子虽没有否定词出现，但"一时"所修饰的词语也多为贬义或消极意义，如：

⑥ 这个问题看来一时解决不了。

⑦ 我一时生气，批评了他几句，他就不高兴了。

如果不明了"一时"用法上的这个特点就会做出下面这样的错句子：

⑧ * 他们一时准备好了一顿饭给客人吃。

⑨ * 我一时做完了作业就跟朋友出去玩了。

原刊标题："一时"的用法（作者：王世生）
原载《学汉语》1997年第1期（总第114期）

053 一时

解析重点 "一时"的用法说明

李　尔：王老师，昨晚不知怎么回事，八点多钟，我们的宿舍一时停电了。

王老师：噢，这个情况我知道，八点钟突然停电是因为用电线路一时出了问题。

李　尔：王老师，刚才我注意到您改了我的句子，“一时停电”改成了“突然停电”，“一时”不是表示很短暂的时间内的意思吗？

王老师：对，这里虽然是短暂的停电，但这是一个突然出现的情况，应该用“突然”，停电不是长时间的，是短暂时间内的，所以我说“线路一时出了问题”。

李　尔：噢，明白了。唉，昨晚停电太突然了，一时想想也不知该怎么办。

王老师：是呀，当一种情况突然发生时，一时想不出来一个应对的办法，这也是常有的事情。

李　尔：王老师，您为什么把“一时想想”改成“一时想不出来”呢？

王老师：“一时”用在动词前时，它后面的动词通常多以否定形式出现，比如，我们常说一时没记住、一时没明白、一时不知道该怎么办、一时想不起来、一时习惯不了、一时改不了这个毛病，等等。

李　尔：可是，王老师，我听到过“一时高兴”这样的说法。

王老师：对，当“一时”后面是表示心理活动的兼属形容词、动词的兼类词时，这个兼类词通常以肯定形式出现，但此时“一时”所在的句子多表示消极的语义。比如说：

① 一时高兴，把要办的事给忘了。

② 一时激动，说错了话。

③ 这件事没办成都怪我一时糊涂。

李　尔：想不到“一时”的用法还挺复杂，老师，我试着用用，您听听看：

④ 这个词我学过，可是一时不知道怎么念了。

⑤ 昨天碰见了中学同学，多年不见，一时想不起来他的名字了。

⑥ 老师问了我一个问题，我一时回答不上来。

王老师：你说的都不错，看来你已经会用了。

李　尔：王老师，谢谢您的帮助。

王老师：不必客气。

原刊标题：关于“一时”用法的对话（作者：王健昆）
原载《学汉语》2001年第7期（总第168期）

054 一天

解析重点 短语“一天”与词“一天”的区别

“一天”这两个汉字，有时记录短语“一天”，有时记录词“一天”。

记录短语“一天”时，有两个义项。A 义指“一个昼夜”，如“坐火车从武汉到福州，不过一天工夫。今天 9 点多出发，明天 9 点多就能到达。” B 义指“一个白天”，如“坐火车从武汉到福州，得一天一夜。”看来，武汉到福州所花时间，说是“一天”，对；说是“一天一夜”，也对。但应该认识到，其中“天”的意义，不同于“一天”的 A 义，有相比照的“不吃不喝哭了三天”，“八十天环游地球”等说法。“一天”的 B 义则既有和“一天一夜”比照的“两天两夜”一类说法，又有和“一（个白）天”相比照的“连续三天都见不着太阳”一类说法。“睡了三天”和“睡了三天懒觉”中动量词有差别，就在于“睡了三天”指“睡了三个昼夜”，70 多小时；而“睡了三天懒觉”却是指“三个白天起床较晚”。

记录词“一天”时，泛指某个日子。通常情况下，“一天”单用，多用于专指过去的某个日子；如“一天，我正要出门，电话铃响了。”其中“一天”，必然是过去的某天。加上“有”构成“有一天”时，就可兼用于指过去或将来的某天；如“有一天，我正要出门，电话铃响了。”指过去的某天，“有一天，你会接到我的电话的。”指将来的某天。不过，“有一天”如果能和“有三天”“有五天”比照，其中“一天”就又成了短语，例如“试验进行了有一天了。”这里的“有一天”表示时间达到“一个白天”或“一天一夜”的数量。此外，“总有一天”和“有一天”也不一样。“总有一天”用来指将来的某个日子，如“不听我的话，总有一天你会后悔的。”因此，指过去的某天，最好用“一天”；指将来的某天，尽量用“总有一天”，当然，测度语气弱时，也能用“有一天”。

《现代汉语词典》里把短语“一天”和词“一天”视为一个词条而分为三个义项，还认为词“一天”只“泛指过去某一天”，是不够妥当的。

原刊标题：“一天”小释（作者：易洪川）
原载《学汉语》1993 年第 12 期（总第 77 期）

055 有

解析重点 "有"所表示的"富有"含义及其宾语语义特征

"有"是现代汉语中常用的动词之一，意义比较复杂。本文拟简要探讨的是它的富有义及其宾语（即同现成分）的特点。先看下面的句子：

①咱们工人有力量。

②小李点子多，有办法。

③老王有学问，而且待人和蔼。

④小伙子一表人材，又有身份。

⑤这诗有哲理，耐人寻味。

⑥赵大叔经商有本事，如今已成了有钱人。

⑦黄老师辅导学生有耐性。

⑧谁不说他家有钱，吃的穿的样样都有。

上述例句中的"有"，以解释成"富有"为妥，它们不仅表示主语所表示的人或事物具有宾语所表示的事物或属性，而且还表明了这些事物或属性的数量之大或程度之深。譬如，①是说："咱们工人力量大"，②是说："小李办法多"，③是说："老王学问多"，④是说："小伙子……身份高"，⑤是说："这诗哲理深刻"，⑥是说："赵大叔……本事大"，⑦是说："黄老师耐性强"，⑧是说："……他家钱多"。由于这个"有"具有表示数量或程度的语义特点，因而可以受程度副词修饰，比如例①："咱们工人很有力量。"例②："小李特有办法。"（以上例句亦然），而不含有"富有"意义的"有"字一般不能受程度副词修饰。

上述例句中的主语，都是表示人或事物的名词或名词性短语，这一点与单纯表示领属义的"有"字句相同，但是，从宾语来看，其语义上有下列特点：

1. 宾语所表示的事物或属性都是抽象的，如上述例句中的"有力量""有办法""有学问""有身份""有哲理""有本事""有耐性"这些作宾语的词语所表示的事物都是抽象的事物，即使原来的事物不是抽象的，到了这种"有"字后也变得抽象了，比如："他有钱。"这是一个歧义句，如果其中的"有"字所表示的仅是单纯的领属关系（即：我拥有或占有钱），那么后面的"钱"显然是指具体的有确定数目的钱；如果其中的"有"字所表示的是"富有"义（表示他有很多钱），那么后面的"钱"则是抽象的。

2. 这些抽象的事物或属性都是积极的事物或属性，因而这些词语带有褒义色彩。除上述例句外，再如："有魄力""有毅力""有胆略""有见识""有耐心""有水平""有魅力"等。这些宾语，或本来就是褒义的，或作宾语后具有了褒义色彩，它们同表示"富有"义的"有"结合成动宾谓语，不但对主语表示的人或事物进行积极评价，并且还揭示人或事物所具有的事物或属性的量或程度。从以上分析上可以看出，"有"字的"富有"意义和所携宾语的语义特点有着密切关系。

原刊标题："有"的"富有"义及其宾语（作者：张军　徐建华）
原载《学汉语》1996年第2期（总第103期）

056 有关

解析重点 "有关"的不同词性与用法

有一位日本同学问我，"有关"是什么词，怎么用。我考虑了一下，觉得"有关"有三种词性。也就是说，现代汉语里有三个"有关"，自然用法不同。

1. 动词"有关"。

① 这件事与你有关。

② 考试成绩跟用功的程度有关。

动词"有关"都是作谓语中心语，它前边都带介词词组作状语，如例①的"与你"、例②的"跟用功程度"。

2. 区别词"有关"。

所谓区别词就是只能作定语、不能作谓语的形容词，也叫"非谓形容词"。例如：

③ 有关部门应该抓紧解决这个问题。

④ 请你和有关同志商量一下，尽快解决。

如上所述，这样的"有关"只能作定语。

3. 介词"有关"。

这里的"有关"和"关于"的用法相同，两者可以互相代替。例如：

⑤ 有关这个问题的研究成果，目前尚不多见。

⑥ 有关招生问题，请与研究生院直接联系。

以上的“有关”都可以换作“关于”

从上面的分析可以看出，“有关”是什么词这个问题不能笼统地回答，要根据它的具体用法分别定性。当然如果从词义上来看，这三个“有关”在词义上是有联系的，都是“（与 ×× ）有关系”的意思。但是，不能根据词义来划分词类。所以，尽管以上三个“有关”的词义有联系，但由于它们的用法不同，所以仍然是三个词。

原刊标题：关于“有关”的词性和用法（作者：宋玉柱）
原载《学汉语》1999 年第 4 期（总第 141 期）

057 再*

解析重点 “再”表示继续而非重复的用法

看了《学汉语》1990 年 3 期中的《“再说”和“再说吧”》（见本书第 127 篇）觉得有必要再补充一些。

首先要弄清楚“再”。我们一般看到“再”总想到重复。其实重复只是“再”的意义之一。另外还有几个意义。这自然影响到“再说”会有不同的意义。更何况像施光亨同志说的“再说”有时像个词，另有三个不同的用法。这三个用法我都同意。现在让我们看看他所说的词组的“再说”的四个例子。这四个“再”表示了三个不同的意思，并不都表示重复。

例 1“他不好再说什么”和例 4“再不说了”，这两个“再”表示的是继续，而不是重复。这两个例子显然都是一个人原来在说什么，而现在都不继续说了，而不是不重复什么话。比如我们家里来了客人，客人要走了，主人常说：“再坐会儿吧”，就是请客人不忙走，继续坐下去，没有重复的问题。例 2“你再说一遍”显然是重复。例 3“明天在出工的路上，我再对你细说”，这里的“再”和“再说”表示推迟考虑，其实是一样的，就是推迟到将来一定的时间做某事，而不在那个时间以前做，自然也不一定只能用在“说”前面。我们可以说：“这问题等大家讨论以后再解决。”重复、继

* 对照本书第 127 篇。

续、等到以后一定时间这三个意思的“再”，只要意义允许，可以用在任何动词前。

作为重复的“再”和“又”又发生了纠葛。在《学汉语》1990年6期上王世生同志还分了一下，是正确的，但也需要补充。已经发生的事，本应用“又”，但如果不独立成句或是否定句，则用“再”不用“又”，比如：

① 上个月我去看了他一次，这个月我再去看他，他已经走了。

② 那里我只去了一次，以后就没再去过。

原刊标题：说说“再”（作者：王还）
原载《学汉语》1990年第11期（总第40期）

058 再*

解析重点 “再”用在能愿动词前的例证

《学汉语》1991年2期《“还”和“再”》（见本书第157篇）一文中提出；如果一个句子里有能愿动词（要、能、应该、必须、需要），那么“再”出现在能愿动词后。

从“再”和这些能愿动词的位置排列来看，这样的情况的确是多数。但是，这种提法容易使留学生误认为“再”只能放在能愿动词后。事实上，“再”位于能愿动词前的用法也是有的。下面仅介绍常见的几种情况；

1. “再”可用在表示善于做某事的能愿动词“能”或“会”之前。

① 我再能说，也说不过你呀。

② 即使他再会拍马屁，碰到我也没用。

2. “再”可用在表示可能，或有条件做某事的能愿动词“能”、“会”或“要”之前。

③ 我很高兴地告诉母亲，我当右派啦！……母亲傻了，说，孩子，你再不能作曲了。（蔡侧海：《楚滩巴猜想》）

④ 那个锐利的男人知道我逃走后就再不会回来了。（海男：《出发》）

⑤ 我只希望从明天开始，股市行情再也不要下跌了。（斯月：《老师脸上有股市》）

* 对照本书第157篇。

3.“再”可用在表示必要或应该的能愿动词“要”之前。

⑥ 关于公司的那件事，以后再不要找他问他了。（于德才:《苦热》）

⑦ 我这不是埋怨你，是告诉你以后再不要老是这么以成败论人。（同上）

4.“再”可用在表示意愿的能愿动词“想”、“愿（意）”或“肯”之前。

⑧ 何况展销会都是打一枪换一个地方的，货出了门，你再想退可就找不着人了。（谌容《第七种颜色》）

⑨ 她走开了，难过得钻进花丛中去了，再不想见他了。（《学汉语》1992年第3期第6页）

⑩ 可是自从那一天她当着我们的面把亚雄剥得精光之后，我们就再也不愿理睬她了。（戴厚英:《真人》

⑪ 上星期我给他买了一件毛衣，可是他只穿了一次就再也不肯穿了。

5.“再”可用在表示勇气或胆量的能愿动词“敢”之前。

⑫ 他指着右手说，小时候这只手老去抢妹妹的饭，给爹打脱了，就再不敢用了。（陈知柏:《远离想象》）

⑬ 这么一想，他不禁脊背上冒出冷汗，再不敢抬头偷望庄妃了。（姚雪垠:《李自成》）

从句法形式和语义表达上看，“再”位于能愿动词前，还有以下几个特点：

1.“再”常与其他关联词（如“就、都、也”）搭配使用，表示承接、假设或让步、转折的假设关系。

2.“再”常和否定词“不”一起使用，表示对现在或将来的行为动作、心理状态、意愿爱好或可能性的否定。

3.“再”可以出现在“不”的前或后，但两者的语义表达不尽相同。“不再”表示动作不重复或不继续下去，“再不”（中间有时加“也”）的语义与之相似，但否定意味更强，含有“永远不”、“坚决不”的意思。

原刊标题：“再”也可以用在能愿动词前（作者：张新明）
原载《学汉语》1993年第7期（总第72期）

059 再*

解析重点 “再”在能愿动词前的用法质疑

《学汉语》1993 年 7 期《“再”也可以用在能愿动词前》(见上文)一文(下简称《“再”文》),对 1991 年 2 期《“还”和“再”》(见本书第 157 篇)文中关于“‘再’出现在能愿动词后”的提法表示异议,认为“事实上,‘再’位于能愿动词前的用法也是有的。”

读后有三点疑问:

1.“再”在能愿动词前,还是在“不”前?

《“再”文》中以“‘再’与能愿动词的排列位置”为准,将“常见的几种情况”共列举 13 例。但其中有 10 例“再”在“不”(或“也不”)前,而不是直接位于能愿动词前;且此 10 例结构类型相同,均为“再 + 不 + 能愿动词 + 动词 + 了。”这类结构,如果取消“再”,句子仍然有意义;如若取消“不(也不)”,句子则变得没有意义了。请看:

原例	取消“再”	取消“不”
例③ 我很高兴地告诉母亲,我当右派啦!……母亲傻了,说,孩子,你再不能作曲了。	……你不能作曲了。	……* 你再能作曲了。
例④ 那个锐利的男人知道我逃走后就再不会回来了。	……不会回来了。	……* 再会回来了。
例⑤ 我只希望从明天开始,股市行情再也不要下跌了。	……不要下跌了。	……* 再要下跌

《“再”文》中例⑥、⑦、⑧、⑨、⑩、⑪、⑫、⑬结构同上,分析从略。

这类句子语义重点在于否定,“再”起强调否定的作用。在这种情况下,“再”只能在“不”前,而不是在能愿动词前。

2.“再”在能愿动词前,还是在偏正词组前?

除去上 10 例,《“再”文》中 13 例的另 3 例是:

---

* 参照本书第 58 篇。

例 ① 我再能说，也说不过你呀。

例 ② 即使他再会拍马屁，碰到我也没用。

例 ⑧ 何况展销会都是打一枪换一个地方的，货出了门，你再想退可就找不着人了。

其中例 ① 与 ② 同类，是汉语中常用的“再……也……”格式，表示让步。例 ⑧ 是“再……就……”格式，表示假设。这类结构，从位置上看，“再”处于能愿动词前，但实际的结构层次是“再”修饰后边的整个用来表示一种能力或情况的偏正词组：

例 ①“再能说”

例 ②“再会拍马屁”

例 ⑧“再想退”

若单抽其中的“再”与能愿动词来谈，则离析了原结构。

3.“再”在“不”前，还是在“不”后?

《“再”文》结语第 3 点说：“‘再’可以出现在‘不’的前或后，但两者的语义表达不尽相同。‘不再’表示动作不重复或不继续下去，‘再不’(中间有时加‘也’)的语义与之相似，但否定意味更强，含有‘永远不’、‘坚决不’的意思。”此分析曾见于《现代汉语八百词》“再〔副〕4”条目，用于动词前，是对的；但沿用于含能愿动词的偏正结构之前，则不适合。《现代汉语八百词》例句为：

唱了一个，不再唱了。(表示动作不重复或不继续下去)

唱了一个，再不唱了。(语义相似，否定语气更强。)

《“再”文》例句及转换分析：

……再不能作曲了。(原例，表示动作不重复或不继续下去；语气强，含“无论如何不”的意思。)

……不再能作曲了。(按《“再”文》观点，“再”可置“不”后。若如此置换，语义随之改变，“不再”不限定动作，而是表示某种可能性不复存在了。)

……不能再作曲了。(“不”在能愿动词前，“再”在能愿动词后、动词前，才表示动作不重复或不继续下去，语义与原例相似。)

由此看来，“再”的这两种用法是：

(1)“再”用于“能愿动词 + 动词”的偏正结构前，与“也、就”配合，表示让步或假设。

（2）“再”用于否定词前，与“了”配合，表示强调。

语言是线性结构，其出现形式为依次排列位置，相邻的表层词位并不一定是相关的深层结构位。形态显著的语言如此，形态不彰的汉语亦然。

原刊标题：“再”在哪儿？（作者：刘宁）
原载《学汉语》1995年第7期（总第96期）

060 再三

解析重点 “再三”用法说明

我们先来看一组含有“再三”这个词的句子：

① 我虽然再三请求，但她还是不批准。

② 经我们再三挽留，他才同意多住一天。

③ * 我再三去那家饭馆吃饭，因为那儿的饭菜又便宜又好吃。

④ * 他再三给我写信。

现在要讨论一下以上这四个句子哪个是正确的，哪个是错误的？

很显然，在这四个句子中，前两句是正确的，后两个是病句。

那么，前两个句子为什么对，后两个句子又为什么错呢？

我们认为要说出对错原因，必须弄清两个问题。第一，要弄清“再三”这个词是什么意思。大家一定会说“再三”是“一次又一次”的意思。第二，要弄清它修饰的动词应该是哪些词，这是句子能不能成立的关键。从上边前两个句子看，动词是“请求”、“挽留”，而“请求”、“挽留”都含有用话说的意思。所以跟“再三”修饰的动词都应该含有“说”（口头或书面）的意思，才能使句子成立。例如：

⑤ 她再三提醒我要注意安全。

⑥ 父母再三嘱咐要好好学习。

⑦ 经妈妈再三说好话，她才把药吃了下去。

⑧ 我再三申请，学校才算批准了。

另外，在特殊情况下“再三”也可以作补语。这时使用的动词是“考虑”、“思考”等。例如：

⑨ 我考虑再三，觉得还是不去为好。

⑩ 孙绮思考再三，决定先找李季交换交换意见。

总之，在运用“再三”这个词时，既要正确理解词义，又要注意词语间的搭配关系。只有这样，才能少出现或不出现病句。

原刊标题：“再三”的用法（作者：李增吉）
原载《学汉语》1992年第5期（总第58期）

061 怎么

解析重点 “怎么”在问方式和问原因时的区别

疑问代词“怎么”有时可问动作行为的方式，有时可问动作行为的原因。它的这两种不同用法的主要区别是：

1. 问方式时，“怎么”直接用在动词前；问原因时，“怎么”与动词之间，通常插入其他词语。如：

① 下雨了，我们怎么回去？（问方式）

② 对你提的问题，我怎么说呢？（问方式）

③ 问题查清楚了，你看怎么解决吧？（问方式）

上例中，“怎么”分别直接用在动词“回去”、“说”、“解决”之前。

④ 敲了半天门，你怎么不开？（问原因，中间插入副词“不”）

⑤ 你怎么几个月不写信？（问原因，中间插入偏正词组“几个月”和副词“不”）

⑥ 上课一刻钟了，你怎么现在才来？（问原因，中间插入时间名词“现在”和副词“才”）

2. “怎么”问方式，重音要落在“怎么”上（如例①②③）。当它问原因时，重音却落在“怎么”后面的动词上。（如例④的“开”，例⑤的“写”，例⑥的“来”。）

原刊标题：“怎么”在问方式和问原因时的区别（作者：汪树福）
原载《学汉语》1989 年第 1 期（总第 18 期）

062 怎么

解析重点 “怎么”的句法、语义分析

1. “怎么”一般用作状语。

（1）“怎么”用在一般动词前。

1）问方式、方法；

① 怎么办？

② 这个字怎么写？

③ 问题该怎么解决？

2）问原因。

④ 怎么还不懂？

⑤ 你怎么不听话？

⑥ 这是怎么搞的？

（2）“怎么”用在形容词前。

1）表方式、方法。

⑦ 怎么方便怎么办。

⑧ 不能怎么痛快怎么干。

2）表情况。

⑨ 怎么不好，你说说。

⑩ 怎么不舒服？

3）表原因。

⑪ 怎么这样拖拉？

⑫ 怎么这么不爽快？

问原因时，“怎么”后面形容词前一般有“这样”、“这么”、“如此”之类的词。

4）“怎么”语义相当于“多么”。

⑬ 怎么难，也得把孩子带大。

⑭ 怎么辛苦，也甘心情愿。

（3）有“怎么”的习惯语。

1）“这可怎么好哇！”

“怎么好”，有“怎么办才好”的意思，笔者怀疑“怎么好”是一种省略的说法。

2）“怎么说？”

此例有歧义：一是问“说”的方式，一是表示否定，不同意。

2.“怎么”还可以用在句首，问原因，表示出乎意外。

⑮ 怎么他还没有结婚？

⑯ 怎么你没有收到我的信？

⑰ 怎么下雨了？

3.“怎么”用在能愿动词前，这一偏正结构有特殊意思，一般表示否定。

⑱ 怎么可能呢？（意思是“不可能”。）

⑲ 怎么会呢？（意思是“不会（那样）”，“不可能”。）

⑳ 怎么肯呢？（意思是“不会答应”，“不会同意”。）

㉑ 怎么敢呢？（意思是“不敢”，“不可能”。）

4. 两种有“怎么”的特殊结构形式。

（1）“不＋怎么＋形容词”

㉒ 这事弄得不怎么好。

㉓ 这个人不怎么老实。

（2）“不＋怎么＋动词短语”

㉔ 这孩子不怎么听话。

㉕ 这事不怎么好办。

这两种结构意思都是“不很”。“弄得不怎么好”就是“弄得不很好”，“这孩子不怎么听话”就是“这孩子不很听话”。

原刊标题：“什么”“怎样”“怎么样”句法、语义、语用分析（二）（作者：史锡尧）
原载《学汉语》1995年第6期（总第95期）

063 怎么样

解析重点 “怎么样”的句法、语义分析

1. “怎么样”用作谓语。问性质，问情况。

（1）问性质。

① 这种饼干怎么样？

② 这块橡皮怎么样？

③ 这篇文章怎么样？

（2）问情况。

④ 他近来怎么样？

⑤ 中东局势怎么样？

⑥ 这件事这么办，你看怎么样？

2. “怎么样”用作补语。问性质、情况。

⑦ 他的生活过得怎么样？

⑧ 这条幅写得怎么样？

动词和补语“怎么样”之间一般要有结构助词“得”。

作谓语、补语的“怎么样”可以换为“怎样”，如“这饼干怎样？”“他近来怎样？”“生活过得怎样？”

3. **有"怎么样"的特殊结构形式"不+怎么样"，表示否定。**

⑨ 他那个人不怎么样。

⑩ 他这字写得不怎么样。

原刊标题："什么""怎样""怎么样"句法、语义、语用分析（二）（作者：史锡尧）
原载《学汉语》1995年第6期（总第95期）

064 怎么样

解析重点　"怎么样"用法分析

先看下面一段对话：

A：我们明天上街去买衣服，怎么样$_1$？
B：好吧。

（第二天，在商店）

A：小王，你看这件衣服怎么样$_2$？
B：不怎么样$_3$，颜色太老气，我想价钱又高。
A：我看不会高。
B：那问问售货员。
A：小姐，这件衣服多少钱？
C：400块。
A：哇，这么贵！
B：怎么样$_4$，我说对了吧！
C：你买不买？要不买，就别嚷嚷。
A：你怎么这样说话？我不买还要嚷嚷，看你能把我怎么样$_5$？
C：我不把你怎么样$_6$，只是请你走！
A：
B：岂有此理！

上面对话中，出现了6个"怎么样"，现分别解释：

怎么样$_1$：一般单独使用，用在疑问句末，表示征求对方意见，相当于"好不好”、“行不行”、“好（行、可以）吗”等。例如：

① 我们今晚去看场电影，怎么样？

② 今天我去，明天你去，怎么样？

怎么样₂：用在疑问句中，作谓语，询问状况，这是“怎么样”最普通的用法。例如：

③ 你最近身体怎么样？

④ 你看我写的这首诗怎么样？

怎么样₃：用在否定句中，代替某种不直说出的表示否定的意见或动作，是一种委婉的说法。“**怎么样₆**”用法同此。例如：

⑤ 冬冬还是个小孩，打碎了玻璃，我也不会怎么样他。

⑥ 他那个人太不怎么样了！

怎么样₄：需着重说一说，因为这种用法许多辞书中均未谈及，但口语中又常使用。它一般用于对话中，常单独使用，放在句首或句末，表示某种现象或情况跟自己预想的一样，含有沾沾自喜、自我标榜的意味。例如：

⑦ A：我说他今天不去。
B：我看不见得。
（结果他确实没去。）
A：怎么样，我说对了吧！

⑧ A：这衣服怎么这么贵？
B：我早就给你说过，你还不信，怎么样！

怎么样₅怎么样与“怎么样₃”基本相同，都是一种委婉的用法，代替不直说出的某种动作或情况，其区别是：一是用于否定句，一是用于“把”字句的疑问句。两者可以合二为一。例如：

⑨ A：那天你把他怎么样了？
B：没把他怎么样，只让他道了个歉。

⑩ 领导能把你怎么样？你别怕。

原刊标题：“怎么样”例解（作者：关会民）
原载《学汉语》1994年第2期（总第79期）

065 这

解析重点 指示代词“这”作状语的用法

电影《开国大典》里有两段谈话，一是毛泽东和他女儿的谈话：

① “爸爸，我们这是去哪儿呀？”
“进城。”

另一段是蒋介石和他孙子的谈话：

② “爷爷，咱们这是去哪儿呀？”
“很远的地方。”

两段话里都有“这”。那么，这两个“这”在语法上应该怎样分析呢？是什么意思呢？

从形式上看，它很像主谓谓语句中谓语（这是去哪儿吗）的主语。可是，仔细一琢磨，不对了。因为，在主谓谓语中，整个句子的主语（大主语）和作为谓语的主谓词组的主语（小主语）必须在语义上有某种关系。这些关系是：

（1）小主语复指大主语：刚才从电影院出来的几个人，其实谁都没看电影。

（2）小主语隶属于大主语：他身体很好，脑子也很清楚。

（3）大主语前隐含“关于”、“无论”的意思：这次考试，他心里有数。

（4）大主语是谓语的一部分：那本书他看过。

①② 中的“这”和“我们 / 咱们”显然没有这样的关系，“这”不能看作是主谓谓语句的小主语。我们发现在上述两段谈话后面还有两句话，对我们的分析很有帮助：

③ “爸爸，咱们到底去哪儿呀？”
“进城。”

④ “爷爷，咱们到底去哪儿呀？”
“不是说了吗？一很远的地方。”

不难看出，①② 中的“这”和 ③④ 中的“到底”处在同一个位置上，“到底”是副词，在句子中作状语。这就给我们一个启发，①② 中的“这”既然不能看作主谓谓语句中的小主语，那么它就只能和“到底”一样，分析作状语。

“这”又是什么意思呢？在上面 ②④ 的谈话前，蒋介石跟他的孙子还有一段对话：

⑤“爷爷，咱们去哪儿呀？”

“去葛竹村。爷爷小时候在那里住过。”

从⑤②④主次对话的顺序看，②中用“这”是表示与前一个行程不同的眼前的行程。（④中的“到底”是因为②中的答语“很远的地方”不明确，表示追问。）

“这”有时也表示眼前的情景。在《开国大典》中还有一场毛泽东夜游北京街头的戏，他看到电线杆上“毛主席万岁”等标语时，对随从说：

⑥你们这不是给我挂……幌子么？

“这”有时指代“现在”，如口语中常说的：

⑦我这就去。

概括起来说，用作状语的“这”表示的是说话的时候，如例⑦；眼前发生的行为，如例②；眼前的情景，如例⑥。

指代词：“这”直接用作状语的情况不多，口语中常用的有关句子似乎也没有引起人们的注意。《开国大典》中刚好有几段话有助于我们对它的认识。

（《开国大典》中的例句均见《新华文摘》1989.9）

原刊标题：还有这样一个“这”（作者：方人）
原载《学汉语》1990年第1期（总第30期）

066 这么 那么

解析重点 指示代词“这么、那么”的用法。

指示代词“这么、那么”的用法有三点值得注意：

1.“这么、那么”修饰名词，中间必须有数量词。

①屋里就这么几个人。

②他就有那么一股傻劲儿。

2.“这么、那么”修饰动词时表示方式，修饰形容词时表示程度。

③你不应该这么做。

④ 他昨天在会上不该那么说。

这两例中，“这么、那么”用在动词前，是指称方式的。

⑤ 三年不见，他长这么高了。

⑥ 她把辫子打得那么长。

这两例中，“这么、那么”修饰形容词，是指称程度的。

3. “这么、那么”修饰数量词时，一般表示数量少。

⑦ 我就去那么几天。

⑧ 香烟就这么几根了。

这两例中的“那么几天”和“这么几根”都表示数量少。

可是，值得指出的，如果它们放在“半天”、“些”等数量词组或量词前，却表示数量多。如：

⑨ 等这么半天了，她还不来？

⑩ 怎么一下子就来了那么些人？

原刊标题：指示代词“这么、那么”的用法（作者：汪树福）
原载《学汉语》1991 年第 8 期（总第 49 期）

067 正在

解析重点 “正在”与“正＋在”分析

我们先看下面两组句子：

第一组

① 我们正在看杂技。

② 一个女同志正在洗衣服。

③ 谢力正在听收音机。

④ 我正在做练习。

第二组

⑤ 昨天他们看电视的时候，我们正在剧场里看杂技。(《基础汉语课本》第40课)

⑥ 小王到第四家的时候，一个女同志正在屋子里洗衣服。(《基础汉语课本》第40课练习)

⑦ 我们进去的时候，谢力正在床上躺着听收音机呢。(《基础汉语课本》第42课)

⑧ 我正在宿舍做练习的时候，丽达来了。(《基础汉语课本》第40课练习)

第一组中的这几个句子里的“正在”是用来表示动作的进行状态，是副词。

第二组中的这几个句子里的“正在”，编写者也是作为一个副词来看待的，同样是用来表示动作的进行状态的。

然而，这两组中的“正在”是一个词还是两个词，我们应该认真地讨论一下。搞清楚了，可减少病句。如果“正在”是一个词，我们可以暂把它抽出来，句子仍然应该成立，可是，不再表示动作的进行状态了；如果不能成立，出现了语病，则说明“正在”不是一个副词。例如：

第三组

⑨ 我们看杂技。

⑩ 一个女同志洗衣服。

⑪ 谢力听收音机。

⑫ 我做练习。

第四组

⑬ 昨天他们看电视的时候，我们剧场里看杂技。

⑭ 小王到第四家的时候，一个女同志屋子里洗衣服。

⑮ 我们进去的时候，谢力床上躺着听收音机。

⑯ 我宿舍做练习的时候，丽达来了。

这样一变化，第三组中的句子仍成立，说明第一组中的“正在”是一个副词；第四组中的句子不通了，说明第二组中的“正在”不是一个副词。

我们来进一步分析，“剧场里”、“屋子里”、“床上”和“宿舍”一般都是跟“在”构成介词短语，才能在句中作处所状语。所以，我们不应该把例⑤、例⑥、例⑦、例⑧中的“正在”看作一个词，而应该看作两个词：一个是副词“正”；一个是介词“在”。这样，介词“在”跟“剧场里”、“屋子里”、“床上”和“宿舍”构成介词短语作状语；“正”是副词，也作状语。

原刊标题：学会辨别“正在”（作者：李增吉）
原载《学汉语》1994 年第 10 期（总第 87 期）

068 终于

解析重点 “终于”的用法说明

今天的作业很多，你用了三个小时的时间才做完，这时候你可以长出一口气，说：

① 我的作业终于做完了！

上了四年的大学，真是非常辛苦，现在可以毕业了，这时候你也可以高兴地说：

② 我终于要毕业了。

“终于”是个副词，用来表示经过种种变化或等待后出现的情况。

大多数时候，这种情况是人们希望出现的，重音多在“终于”上。比如：

③ 我终于找到工作了。

④ 麦克，你终于回来了，我等你很长时间了。

有时候，这种情况是人们不希望发生的，但是估计它会发生，一段时间以后，这种估计变成真的，也可以用“终于”，重音多在“终于”后的动词或形容词上。比如：

⑤ 人们最担心的事情终于发生了。

⑥ 在病床上躺了十年之后，父亲终于去世了。

“终于”后加动词的时候，这个动词至少要有两个音节，比如：

⑦ 经过几次努力，这项研究终于成功了。

动词“终于”后加的形容词只限于表示状态变化的形容词短语，比如：

⑧ 天色终于暗了下来。

原刊标题：终于（作者：黄理兵）
原载《学汉语》2002 年第 6 期（总第 179 期）

069 着

解析重点 连动句中的“着”

“着”（zhe）可以用在连动句的第一个动词（V_1）前表示伴随的动作，这是“着”的一种很常见的用法。例如：

① 他看着电视吃饭。

② 我喜欢喝着茶看下棋。

③ 张三哭着说：“我不去！”

④ 弟弟拍着手喊：“真好！”

⑤ 小芳照着镜子梳头。

这类句子的第一个动词跟第二个动词有主次关系，第一个动词是第二个动词的伴随动作。而如果我们把两个动词看成并列关系，这类句子就可以变为另一种句式“一边……一边……”：

①' 他一边看电视，一边吃饭。

②' 我喜欢一边喝茶，一边看下棋。

③' 张三一边哭，一边说：“我不去！”

④' 弟弟一边拍手，一边喊：“真好！”

⑤' 小芳一边照镜子，一边梳头。

但这类句式并不是所有的句子都能变换成并列句式。如果第一个动词（有时可能是形容词）后加“着”，不表示伴随的动作，而是一种动作的方式或状态，这类句子就不能变换为并列句式。例如：

⑥ 妹妹闹着要去北海。
　* 妹妹一边闹，一边要去北海。

⑦ 他红着脸不说话。
　* 他一边红脸，一边不说话。

⑧ 小王喜欢躺着抽烟。
　* 小王喜欢一边躺，一边抽烟。

⑨ 张三开着灯睡觉。
　* 张三一边开灯，一边睡觉。

⑩ 老师站着讲课。

* 老师一边站，一边讲课。

这样，这类句式就出现了两种情况：第一种 V_1 是表示伴随动作的，第二种 V_1 是表示动作状态或方式的。而第一种句子中还可再细分。其中，一些句子的第一个动词与第二个动词位置可以互换，不过互换后的主次关系就改变了。例如：

⑪ 他看着电视吃饭。
他吃着饭看电视。

⑫ 我喜欢喝着茶看下棋。
我喜欢看着下棋喝茶。

⑬ 小芳照着镜子梳头。
小芳梳着头照镜子。

而另一些句子中的前一个动词与后一个动词的位置却不能换。如：

⑭ 张三哭着说："我不去！"
* 张三说着哭："我不去！"

⑮ 弟弟拍着手喊："真好！"
* 弟弟喊着拍手："真好！"

为什么这类句子的两个动词不能互换位置呢？分析一下动词的情况就不难发现：这类句子的第一个动词通常表示表情、姿势等，而第二个动词动作性较强。

明白了上述内容，可能有利于对"着"和连动句的教学。

原刊标题："着"和连动词（作者：刘苏乔）
原载《学汉语》1997 年第 12 期（总第 125 期）

070 着 呢

解析重点 "着"和"呢"表时态的用法

在现代汉语里，"着"和"呢"都可以表示时态。如：

① 看着 写着 听着 走着 想着
看呢 写呢 听呢 走呢 想呢

以上各例都表示动作正在进行，如果去掉“呢”和“着”，则没有这种时态意义。更有意思的是：“着”和“呢”可以搭配或连用来表示动作正在进行。如：

② 说着话呢　想着事呢　看着书呢
说着呢　想着呢　看着呢

但是，“着”和“呢”还是有区别的：

1. 动词带宾语时，“着”紧跟在动词的后面，而“呢”则必须放在宾语的后面。试比较：

③ 写着　写着文章
写呢　写文章呢

④ 考虑着　考虑着国家大事
考虑呢　考虑国家大事呢

2. “呢”在表示时态意义的同时，带有语气色彩，而“着”则不带有任何语气色彩。以上举的各例都能证明这一点。

原刊标题：“着”和“呢”（作者：鲁迪）
原载《学汉语》1990年第11期（总第40期）

071 着呢

解析重点 “着呢”用法说明 1

在现代汉语里，“着”、“呢”、“着呢”都可以表示进行态，这是人所共知的。如：

① 看着　看呢　看着呢
想着　想呢　想着呢（见《学汉语》1990年11月）

表示进行态，“着”、“呢”、“着呢”还都可以跟“正”搭配，放在动词或含动作意义的形容词后边：

② 正吃着　正写着　正聊着呢
正急着　正美着　正红着呢

“着呢”除表示动作的进行态外，还有种特殊的作用，即跟在形容词或类似形容词的短语后边表示程度，相当于副词“很”。如：

③ 累着呢　饿着呢　长着呢　高着呢
棒着呢　快着呢　急着呢　黑着呢
有趣着呢　难走着呢　好看着呢

这种用法多出现在口语中。形容词后跟“着呢”以后，不再用其他程度副词。

更有趣的是，“着呢”不仅可以跟在形容词后，有些特殊的名词后边也可以跟“着呢”，但此时名词基本失去了它本身的含义。如：

④ 这个人牛着呢。

⑤ 没关系，我们俩铁着呢。

⑥ 我跟他？没的说，磁着呢。

上述句子中的“牛”表示牛气，狂妄自大的意思；“铁”、“磁”表示关系密切。

了解了“着呢”的这种特殊意义和用法，就可以避免一见“着呢”就以为是进行态。

原刊标题：也说“着呢”（作者：朱庆明）
原载《学汉语》1991 年第 7 期（总第 48 期）

072 着呢*

解析重点　“着呢”用法说明 2

“着呢”作为一个整体，在现代汉语口语中除表示动作的进行态外，还可以跟在形容词、形容词短语及某些名词后表示程度，相当于副词“很”。如：累着呢、急着呢、难走着呢、牛着呢。（见上文）

此外，以下两点也值得我们加以讨论。

* 对照本书第 71 篇。

1．“着呢”在某些动词后边，也表示程度。

（1）“着呢”跟在表示能力的能愿动词后，表示某些方面能力的程度。如：

① 能着呢　会着呢

也可以在“能”、“会”加其他动词或动宾结构后再跟“着呢”，这样，“着呢”的作用更加明显。如：

③ 能说着呢　会写着呢　能干活着呢　会下棋着呢……

④ 能吃着呢　会算计着呢　能打岔着呢　会来事着呢……

这种用法既可表示褒义（③ 组），也可表示贬义（④ 组）。但如果“着呢”只跟在“能”、“会”之后，常表示讽刺。如：

⑤ A：这个人怎么样？
B：这个人能着呢！

此外，能愿动词“应该”等也可以跟“着呢”。

（2）“着呢”跟在表示心理的动词后，也表示程度深。如：

⑥ 想着呢　喜欢着呢　愿意着呢　乐意着呢　爱着呢
恨着呢　心疼着呢　爱惜着呢　懊悔着呢　悔丧着呢
崇拜着呢　悔恨着呢……

心理动词和能愿动词在用法上有相通之处，因此，“着呢”也可以跟在部分心理动词加其他动词或动宾结构之后，以表示程度深。如：

⑦ 想家着呢　喜欢看电影着呢　愿意旅游着呢　乐意聊天儿着呢……

“着呢”之所以能跟上述两类动词搭配用，很大程度上与它们跟形容词在某些用法上的一致性有关。如它们跟形容词一样，都可以受程度副词的修饰。了解这一点，对掌握“着呢”的正确用法定能起到帮助作用。

2．“着呢”与某些其他词搭配后多含贬义。

⑧ 劲儿着呢　事儿着呢　草着呢　花着呢

这里的“劲儿”指装腔作势；“事儿”一是说事多且自命不凡，二是指会来事，会阿谀奉承；“草”多指软弱无能；“花”指花心。此外如：

⑨ 牛着呢　油着呢　熊着呢　贼着呢　糖着呢

都含有贬义的成分。当然，这并不是绝对的，像“铁着呢、磁着呢、”等也含有褒义成分。但总的说来贬义用法更广泛。

汉语中的词向来有活用之说，因此我们觉得，与“着呢”搭配的名词，可理解为名词活用作形容词并使用其比喻义。“着呢”无论用在形容词、动词还是名词后，这些复合成分在句子中都只充当谓语。

原刊标题：“着呢”补议（作者：朱庆明）
原载《学汉语》1991年第12期（总第53期）

073 自己

解析重点 “自己”的四种用法

在现代汉语中，“自己”是常用代词。它的意思不难理解，但是用起来却比较复杂。那么，常见的用法有哪几种呢？我们可以先看看下面几组例句：

A组：

① 李华同学总是把别人的困难当做自己的困难。

② 安娜常常问自己：大家都看懂了，我怎么老看不懂呢？

B组：

③ 自己错了，但是却不想改正，这样做是不好的。

④ 学习汉语要靠自己努力。

C组：

⑤ 杯子自己不会掉下来，谁碰了它？

⑥ 房间我自己收拾吧。

D组：

⑦ 都是自己人，别客气。

⑧ 小马和老高都是自己弟兄，你有什么困难就对我们说吧！

同学们只要仔细看看、认真想想，就能发现上面四组句子表示了“自己”的四种用法：

1. A组的“自己”是专指句中某个人。例①的“自己”指李华，例②的“自己”

指安娜。

2. B组的“自己”都是泛指，是泛指某一些人或一般人，都不是具体代替某个人。

3. C组的“自己”是复指。具体地说，它用于名词或代词后面，并和名词、代词构成“同位词组”，复指它前边的名词和代词，起强调作用。例⑤的“自己”复指前边的“杯子”，例⑥的“自己”复指前边的“我”。

4. D组的“自己”是亲指，表示亲近的意思。这种用法常见的有“自己人”、“自己弟兄”、“自己姐妹”、“自己的同志”等。

原刊标题：你知道“自己”的用法吗？（作者：芳草）
原载《学汉语》1997年第4期（总第117期）

结构类

074 A不A　V不V

解析重点　"A不A""V不V"结构的非疑问用法

语法书上告诉我们，汉语的形容词可以用肯定形式与否定形式并列表示提问。

大不大？好不好？新鲜不新鲜？

但是，下面句子中的"好不好"是这种意思吗？

① 你不要再唱了好不好？

② 请不要拒绝我好不好？

③ 他来了以后你别言语，好不好？

显然不是"表示提问"。这种用法的"好不好"表面上是一种询问，实际上是一种请求、商量的口气。如例①，实际上是要求对方不要再唱了，其他也同样。

与"好不好"相似的还有一个"对不对"。请看：

④ 我们即使取得了一点儿成绩也不值得骄傲，对不对？

⑤ 昨天你已经买了那本书，对不对？

⑥ 她对这部电影很感兴趣，对不对？

一般来说，形容词正反并列的"对不对"是单纯表提问的。例如："这道题这样做对不对？"而例④⑤⑥中的"对不对"并非表示这种单纯的提问，而是要求对方对所述内容表态。如例④，实际上说话人已经肯定了所述内容，说"对不对"形式上是询问，实际上是要求对方表态表示承认这个内容。例⑤⑥，说话人也是有了肯定的判断，要求对方给以证实。

以上谈的是"A不A"的形式（A代表形容词）。下面再看"V不V"的形式（V代表动词）。"V不V"形式最常见的是"是不是"。例如：

⑦ 大孩子不要欺负小孩子，是不是？

⑧ 他还小嘛，只有十来岁，是不是？

⑨ 每个老师都特别喜欢好学生，是不是？

这样的形式也是只具有询问的形式，而实际上说话人已经作了肯定的判断，只要求对方承认这个内容而已。

其他动词构成的“V不V”还有，例如：

⑩ 没有根据就不要乱说，懂不懂？

⑪ 我一拳能把你打趴下，信不信？

以上所谈的这种问句，语法书上叫作“附加问”。这种附加问，有点像英语中的“反意问句”。例如：

You are a student, aren't you？

You are not a student, are you？

不过，英语的反意问句前后总是相反的：前一句用肯定形式，后一句则用否定形式；反过来也一样。汉语的“附加问”则不是如此，它总是在一个叙述以后，加上一个“A不A”或“V不V”。

原刊标题：“好不好”之类的用法（作者：宋玉柱）
原载《学汉语》1997年第10期（总第123期）

075 VP + V + 的

解析重点 “VP + V +的”结构用法说明

汉语口语里有这样一种用法：重复动词或动词性语素来表示动作的结果产生的原因。如：

① A 他全身都肿了，吃药吃的。
这孩子的腿瘸了，打针打的。
王老师嗓子哑了，讲课讲的。
李娜眼睛近视了，看书看的。

B 我浑身一点劲儿都没有，感冒感的。
张红连菜都不会买，学习学的。

② A 老班长的战斗经验很丰富，打仗打的。
王教练的胳膊上都是肌肉，练武练的。

B 爸爸的肺病好了，跑步跑的。
他真能熬夜，学习学的。

能这样用的，一般都是动宾短语，如 ① 和 ② 中的 A，或动宾结构的合成词，如 ① 和 ② 中的 B。有的虽不是动宾结构，如“学习”，但口语中常把它当作动宾结构使用，如“我两天洗一次澡”“两个星期，他一次澡都没洗”等等。

这种用法，可以表示不良结果产生的原因，如 ① 组，也可以表示好的结果产生的原因，如 ② 组。表示特长、本领或能力方面的结果产生的原因，还常常在后面加上“出来”一词，如

③ 王教练的胳膊上都是肌肉，练武练出来的。
爸爸能作蝇头小楷，写字写出来的。
他能写格律诗，背唐诗背出来的。

无论哪种情况，句末都要有一个语气助词“的”。

原刊标题：动宾结构的非常规用法（作者：鲁迪）
原载《学汉语》1991 年第 6 期（总第 47 期）

076 V 得

解析重点 “V 得”结构用法分类说明

汉语中，有这样一类动词：前一个构成词成分是动词性语素，后一个构成词成分是“得”，这就是我们常见的“V 得”动词。

在交际中，“V 得”动词出现的频率相当高。因此，了解这类动词的特点和用法，是很有必要的。

“V 得”动词大致可分为两类：

1．既能带谓词性宾语，又能带名词性宾语。

① A. 他不晓得你姓什么。
B. 他不晓得这个习俗。

② A. 孩子们都懂得遵守纪律。

B. 孩子们都懂得这个道理。

上述两组例句中，A 句带谓词性宾语，B 句带名词性宾语。属于这类的“V 得”动词还有“取得、博得、获得、舍得”等。

2. 只能带谓词性宾语。

③ 我觉得不舒服。
我觉得你应该去。

④ 这个问题不值得这么重视。
白求恩大夫的精神值得我们学习。
这本书值得一读。

⑤ 会场的气氛显得非常热烈。
王老师已经四十多了，可是还显得那么年轻。

上述例句中的“觉得、值得、显得”是第二类“V 得”动词。它们都有如下两个特点：

（1）它们在句中只作谓语中心语。

（2）不能带时态助词。如不能说：

⑥ *他觉得了很累。
*她显得了很年轻。

第一类与第二类“V 得”动词有一个共同点：它们都不能重叠。如“讨论、商量、研究、准备 ”等动词能重叠为“ABAB”式：“讨论讨论、商量商量、研究研究、准备准备”，而“V 得”动词却没有这种重叠形式。

这两类只是从带什么宾语的角度来分的。如果细分析起来，各类内部也有许多相异之处。以第二类“V 得”动词为例：“值得”能受程度副词修饰，可以说“很值得买 / 特别值得看 / 太值得去了。”而这一类里的其他“V 得”动词却不能受程度副词修饰。

从以上简单的分析和比较中，我们可以悟出这样一个道理：汉语的动词是一个重要而复杂的词类。它们对宾语的规定性和对修饰语的选择性，都值得我们细细观察和研究；在学习汉语的过程中要随时留心各类动词的这些特性。这样，就会逐渐准确、熟练、得体地运用汉语的动词。

原刊标题：说说“V 得”动词（作者：绎言）
原载《学汉语》1993 年第 2 期（总第 67 期）

077 V开

解析重点 "V开"结构用法分类说明

"V+开"的常见用法大约可分为六种：

1. 结果补语，表示人或事物随动作分开。

① 打开：打开门（窗）；打开书（本）……

② 睁开：请睁开眼睛看看几点了？！

③ 解开：请把衣服解开，让大夫听听。

④ 掰开：他一下子就把玉米掰开了。

⑤ 劝开：他们要打架，我把他们劝开了。

2. 结果补语，表示人或事物随动作离开。

⑥ 拿开：请把桌上的果皮拿开。

⑦ 躲（避）开：他尽量躲（避）开人多的地方，想一个人清静清静。

⑧ 闪（让）开：闪（让）开点儿，让我过去！

⑨ 走开：快走开，这儿没你的事儿！

⑩ 抛开：把这些烦恼都抛开吧！

⑪ 跑开：一看见他进来，孩子吓得跑开了。

3. 结果补语，表示事物随动作展开。

⑫ 传开：这个消息很快在村子里传开了。

⑬ 蔓延开：这种病很快在这个地区蔓延开了。

⑭ 迈开：迈开大步朝前走。

⑮ 打开：不打开局面不行。

⑯ 展开：把画儿展开给大家看看。

⑰ 拉开：拉开距离，别跟太紧。

⑱ 排开：把队伍一字排开。

4. 结果补语，比喻事情清楚、明白等，动词只限于“说、想、看”等的少数组合，此时“开”不轻读。

⑲ 说开：这事儿还是说开了好，免得闹误会。

⑳ 想开：您还是想开点儿吧，别急坏了身体。

㉑ 看开：把什么事都看开点儿，也就不生气了！

5. 结果补语，表示动作的开始，兼有放开不受约束的意思（不能加“得 / 不”）。

㉒ 哭开：一见到亲人，他就哭开了。

㉓ 闹开：这孩子，父母一走他就闹开了。

㉔ 哆嗦开：冻得他哆嗦开了。

㉕ 议论开：老王的话还没讲完，大家便议论开了。

6. 可能补语，一种特殊的“V 得 / 不开”情况，只限于几个特殊动词。

（1）吃得 / 不开：表示人或事物是否受欢迎，或是否讨人喜欢。例如：

㉖ 他这种性格的人，到哪儿都吃得 / 不开！（人）

㉗ 这种方法在我们那儿吃得 / 不开。（事物）

（2）放得 / 不开：常指人的行为是否受约束，精神是否紧张。例如：

㉘ 在那么多人面前讲话，我还真有点儿放不开。

㉙ 你真行，在那么多人面前讲话，一点儿都不紧张，真放得开！

注意：“放得 / 不开”还有一种意思应归属于前面所提到的第 3 种用法，如：

㉚ 这么点儿地方，哪里放得开三张床？

㉛ 你唱歌时怎么总放不开嗓子？

原刊标题：“动词＋开”的用法（作者：刘苏乔）
原载《学汉语》1996 年第 9 期（总第 110 期）

078 V起来

解析重点 “V起来”用法说明

“起来”是动词，但也可以用在动词的后面做补语，可以表示向上运动的方向，也常意味着动作已经开始，含有事物的变化以及表示对动作的完成和对动作所涉及对象的制约和限制的作用。（本文不谈及“动词＋起来”表示提起一个话题的意思）由于“起来”具有多个义项，所以与之相搭配的动词在使用时也有选择性，以下简单归纳几项：

1. 动作和行为动词如果本身具有向上运动的性质，常加“起来”，如：

①举　挂　升　顶　端　扛　飘　飞　翘　吊

而表示横向运动或表示单纯向下方向的动词不加“起来”。如我们铺地毯不说“铺起来”而说“铺开来”。可以说“在桌子上把地毯展开来”，而不说“展起来”。一般不加“起来”的有：

②走　往　来　拉　推　洒　喷　沉
降　垂　控　掉　落　垮　塌　倒

2. 一般的表示动作或行为的动词与“起来”结合可表示动作的开始。如果后边有“了”表示已经开始；如果没有“了”，表示提示或呼唤一个开始。如：

③汽车开起来了。
④大家跳起来唱起来吧！

但是表示“停止”、“结束”的动词不能加“起来”。还以汽车为例，“红灯亮了，汽车停下来了”，不能说“停起来”。与停止有相似意义的有：

⑤完成　结束　了结　制止　完　终了　终结

3. 有的动词与“起来”结合，对这个动词所涉及的人或物有束缚和制约作用。我们说“关上门”，也说“把门关起来”，却不说“把门开起来”。由此看来，有限制和控制力量的可以加“起来”，如：

⑥包　装　盖　捆　系　封　锁　抓　藏　缠　绕
包装　捆绑　封锁　控制　看守　监督

与此意义相反的不能加“起来”，如：

⑦松　开　扩　解　流　溜　拆　张　放
敞开　解开　脱离　挣脱　揭露

4.“起来”与双音节词组合搭配。“起”、“来”可以分开，如“跳起舞来”、“游起泳来”。但这种组合一般说来，只有这个双音节词的结构是“动宾”结构时可以这样搭配，其他的结构则不可，如我们不能说“头起疼来”(“头疼”是主谓结构)。另一例子“完成”、“建立”是动补结构，说“建起立来”、“完起成来”也是不能接受的。至于“动+动”结构的动词，偶尔我们可以说“学起习来”，但这种结构基本上不能拆开与“起来”结合，因此初学汉语者想使用这种搭配时，一定要首先分清这个动词的结构，再考虑搭配，避免犯错误。

原刊标题：“起来”与动词的搭配（作者：马燕华）
原载《学汉语》1999年第9期（总第146期）

079 V上

解析重点 “V上”结构用法分类说明

“V+上”，常常表示动作的结果，作结果补语。这时，它失去了原来的词汇意义，只表示引申意义，并且读起来也失去了原来的声调（去声）而变为轻声。

下面，我们举例说明“V+上”的几种常见用法：

1. 表示某种状态通过动作由开而合。

① 关上：关上灯；关上门；关上窗户

② 闭上：闭上眼；闭上嘴

③ 堵上：堵上洞

④ 合上：合上书；合上眼

⑤ 包上：包上书皮；包上礼物

⑥ 缝上：缝上伤口；缝上扣子

⑦ 锁上：锁上门；锁上柜子；锁上抽屉

2. 表示添加、使附着。

⑧ 贴上：贴上邮票；贴上春联

⑨ 写上：在本子上写上你的名字。

⑩ 画上：再画上一朵花就更好看了。

⑪ 挂上：请把衣服挂上。

⑫ 加上：再加上十元钱就够了。

⑬ 放上：面条里再放上两个鸡蛋就好了。

⑭ 算上：算上他，一共十五个人去那儿。

⑮ 种上：种上树；种上花儿

⑯ 扎上：每个人心上都好像扎上了一把刀。

⑰ 穿上：外面冷，快把衣服穿上。

3. 表示达到了目的（常常是不易达到的目的）。

⑱ 买上：祥子恨不得马上能买上辆新车。

⑲ 住上：如今，农民也住上了新房子。

⑳ 考上：他终于考上了大学。

㉑ 追上：我追了半天才追上了他们。

㉒ 评上：他被评上了三好学生。

㉓ 吃上：十亿人都吃上了饭，而且的确一天比一天吃得要好一些。

㉔ 穿上：现在，山里人也穿上了跟城里人一样的衣服。

4. 表示动作的开始，并且有继续下去的意思（强调的是开始）。

㉕ 议论上：会还没开，大家就议论上了。

㉖ 折腾上：病人又折腾上了。

㉗ 飘上：外面飘上雪花了。

㉘ 喝上：你怎么又喝上酒了？

㉙ 玩上：他一玩上麻将，就忘了吃饭。

㉚ 聊上：他们一见面就聊上了。

㉛ 睡上：你怎么又睡上了？快起来！

㉜ 咳嗽上：到了晚上，孩子就又咳嗽上了。

㉝ 看上：大夫让你睡一会儿，你怎么又看上书了？

需要说明的是，这种用法，可变换成“V + 起来”或“V + 开”，意思不变，仍表示了动作的开始并继续。例如：

“V + 上”：他们一见面就聊上了。

“V + 起来”：他们一见面就聊起来了。

“V + 开”：他们一见面就聊开了。

其中，“V + 上”和“V + 开”更口语化。这种用法的否定形式是：“没（有）+ V +（O）”例如：

㉞ 他们又玩上牌了。

㉟ 他们又玩起牌来了。

㊱ 他们又玩开牌了。

㊲ 他们没玩牌。

5. 表示进入某种状态（兼含有了某种结果）。

㊳ 看上：刘老头子大概是看上了祥子。

㊴ 当上：大水在本村农会里也当上了干部。

㊵ 过上：我一定让您这辈子过上好日子。

㊶ 爱上：他第一次见到她，就爱上了她。

㊷ 喜欢上：你什么时候喜欢上音乐了？

㊸ 交上：父母怕孩子过早地交上异性朋友。

㊹ 盯上：那个特务盯上了她。

原刊标题：谈“动词 + 上”的用法（作者：刘苏乔）
原载《学汉语》1995 年第 7 期（总第 96 期）

080 V什么

解析重点　“V什么”表示制止的用法

① 你跑什么？

② 你笑什么？

③ 他哭什么？

这样由“V+什么”构成的问句可以表示两种不同的意思。一种是表示问原因。如例①是问为什么跑，例②是问为什么笑，例③是问为什么哭。当表示这种意思时，句子的重音都是落在动词上。

这种问句表示的另一种意思是以问句的形式表示制止，如例①“你跑什么？”意思是要求不要跑，所以后边往往接上表示制止的句子。例如：

④ 你跑什么？别跑了！

⑤ 你笑什么？别笑了！

原刊标题：由“V+什么”构成的问句（作者：宋玉柱）
原载《学汉语》1996年第8期（总第109期）

081 V是不V　V是没V

解析重点　句式“V+是+不/没+V”用法例释

在现代汉语口语中，有一种常用的“V+是+不/没+V”的格式。其中V代表动词、形容词或是它们的词组；“是”在这种格式中不表示等同（如：老舍是《骆驼祥子》的作者），也不表示归属（如：他是北京大学中文系的学生），而是表示肯定或连词“还是”的省略形式。因此，“V+是+不/没+V”有如下两种用法。

1．用在让步转折复句中。

“V+是+不/没+V”用在前一分句，表示让步，即先承认某一事实；后一分句表示转折，即意思转到和前一分句相反或相关的另外的意思上。例如：

①吃是不吃了，但还想再喝点儿。

②他说是没说，但是他有这个意思。

③你个子高是不高，可长得很匀称。

④我去是没去，可在家里也没干上什么。

⑤火车跟飞机比，快是不快，但很安全。

从以上各例来看，前一分句中“V＋是＋不／没＋V”里的头一个V是作为话题用来引出新的信息，可以理解为“从V不V的角度来看”，也即“要说V不/没V……”；“是”表示肯定，有“的确、实在、真的”等意思，肯定或强调“是”字后面的“不／没V”是事实。后一分句通过表转折的关联词语“但是”（可是）等领起，转而指出另一种情况、另一种事实。如例①可以理解为：要从还吃不吃的角度看，某人是不吃了，但是他还想喝点儿。例③可理解为：要从个子高不高的角度看，“你”的个子的确不高，但是“你”长得很匀称。这样，我们可以把含有“V＋是＋不/没＋V……”格式的让步转折复句的语义结构概括为：

［要说某事物］V不／没V，［则该事物的确］不／没V，但是，该事物……

这里，关键是不能把“V＋是＋不／没＋V”中的“是”作为表示等同或归类的动词来看，否则是不合乎逻辑的，因为V不等于“不V”，V也不属于“不V”。“是”表肯定，可以重读，重读时有“的确、实在”的意思；也可以不重读，只表示一般的肯定。类似用法的“是”又如：

⑥北京的夏天是热，比我们家乡热得多。

同时还应明白，使用这种让步转折复句，说话人表达的重点在于后一分句，如例⑤主要想说“火车很安全”。

2．用在单句中。

其中的“是”可以看作是连词“还是”省略了“还”字以后的形式。事实上，这时候的“V＋是＋不／没＋V”跟“V＋还是＋不／没＋V”是同义格式。例如：

⑦去是不去你自己决定吧。

⑧这话你到底说是没说，你好好想想！

⑨买是不买得他妻子说了算。

从以上各例可以看出，这种用法的“V＋是＋不／没＋V”，是说话人就“V”和“不／没V”两种情况要求对方（听话人）作出选择，如例⑦⑧，或是就这两种情况陈述说话人自己的看法或表明自己的意愿，如例⑨。其中“是”都可以换成“还是”，它是“还是”在口语中脱落了“还”字以后的形式。因此，这里的“是”同样不能理解为表等同或归类。

原刊标题：汉语中的“V是不（没）V”格式（作者：李泉）
原载《学汉语》1991年第11期（总第52期）

082 X就X

解析重点 口语句式“X就X”的两种用法

“X就X”是一个常用的口语句式。X可以是名词（短语）、动词（短语）、数量短语，尤其数量短语更常见。这个句式表示两种意义：

1. 表示对于别人的建议、要求和命令采取容忍的态度。

① 营业员：那是什么时候的价钱啊？早涨啦！

玛　丽：是吗？那好吧，三块六就三块六。

这种句子的特点是：

（1）常用于对话中，一般多是应答句；

（2）可单独使用，格式后面常常带有“吧、嘛、呗”等语气词，没有也可以后加上。例①中的“三块六就三块六”就可以说成“三块六就三块六吧”。

2. 通过重复X来对X这种动作、行为或事物进行确认和强调。

② 去就去，不去就不去，你为什么总问我呢？

这种句子的特点是：

（1）“X就X”后面不带“吧、嘛、呗”等语气词，例如，“去就去吧/嘛/呗，不去就不去吧/嘛/呗，……”是不对的。

（2）"X就X"形成的句子不单独使用，也就是说它前面或后面一般需要有一个句子表达说话人的想法，比如上面两例中"X就X"后面都有其他的句子。

原刊标题：X就X（作者：程乐乐）
原载《学汉语》2002年第9期（总第182期）

083 X是X（，Y是Y）

解析重点 口语句式"X是X（，Y是Y）"的用法说明

一位日本学生不明白"他是他"这句话，问我是什么意思，如果简单地回答，可以说：这句话表示"他跟我没关系"或"他和我不一样"。比如你说他如何如何，我可以回答："他是他，跟我有什么关系？"但是，要全面考查"X是X"这种格式，情况就不这么简单了。

首先我们看到，"X是X"这种格式往往不是孤立存在的，它一般都是形成前后对立的形式。例如：

① 你是你，我是我，咱们本来不是一路人。

② 偷是偷，借是借，两者不能混为一谈。

这样就形成"X是X，Y是Y"的格式，其作用在于强调X和Y之间的区别。

在这种基础上，有时"Y是Y"不出现，但其作用仍在表示X与别个的不同。本文开头提到的"他是他"即属此类。

有时为了强调这种区别，往往在"是"前加上一个"就"字。比如"我就是我"，意思是我与别人不一样。

其次，我们看到"X是X"这种格式可以表示另一种意思。请先看一段文字：

③ 手起手落间，但见眉是眉，眼是眼，鼻是鼻，嘴是嘴，五官玲珑清晰……

这段文字是描写化妆的效果的。其中的"眉是眉，眼是眼，鼻是鼻，嘴是嘴"表示各个器官都化妆得恰到好处。这与上述"X是X"的作用显然不同。

要辨别这两种"X是X"之间的区别，一个是看语境和上下文，另一个是表示恰

到好处的“X是X”一般都不止是两项并列，更不是一项孤立的，而是多项并列的。像上述引文就是四项并列。

原刊标题：谈“A是A”（作者：宋玉柱）
原载《学汉语》1995年第4期（总第93期）

084 “把”字句

解析重点 “把”字句中状语的顺序问题

“把”字句中其他状语有时可以放在“把”前面，有时可以放在谓语动词前面，有时既可以放在“把”前面，又可以放在谓语动词前面。这都是有一定规律的。

1. 放在“把”前面的状语

（1）否定词、助动词充当的状语。

① 我没有把衣服弄脏。

② 我愿意把青春献给家乡的建设。

（2）表示时间的状语。这类状语常用“刚才”、“已经”、“终于”、“赶快”、“马上”、“立刻”等词语来充当。

③ 他刚才把我的自行车骑走了。

④ 我已经把课文背下来了。

⑤ 陈英终于把那道难题做出来了。

⑥ 我下周把录音机带来。

（3）描写主语动作时情态或心理的状语，这类状语常用形容词或形容词短语来充当。

⑦ 他不辞辛苦地把粮食送到老人家里。

⑧ 她不好意思地把头低了下来。

⑨ 李绮连说带笑地把孩子打发走了。

⑩ 他急忙顶着风把羊往回赶。

（4）说明跟主语有关的状语。

⑪ 我们一起把教室打扫干净了。

⑫ 他一个人冲过去把球踢进了球门。

⑬ 学生们都把作业带来了。

（5）表示语气的状语，常用表示语气的副词或表示转折语气的连词“可”来充当。

⑭ 接到信，可把他乐坏了。

⑮ 用了几个月的时间，我们到底把那架飞机修好了。

⑯ 他们居然把自己打扮成英雄。

⑰ 你这么一喊不要紧，可把大家惊醒了。

（6）副词或关联词作状语，常用“就”、“才”、“再”、“只要”等词来充当。

⑱ 刚六点钟，他就把我叫醒了。

⑲ 多亏医生来得及时，才把她抢救过来了。

⑳ 你先把生词记住，再把课文念熟。

㉑ 只要把这个专题研究出来，我们就成功了。

2．放在谓语动词前的状语

（1）说明跟“把”的宾语有关的状语。

㉒ 这篇文章应该把今天会上讨论的内容都包括进去。

㉓ 昨晚的一场冰雹，把庄稼全打坏了。

㉔ 没等过了年就把打杂的做饭的一齐都打发了。

（2）由单音节形容词跟单音节动词构成短语来充当的状语。这类短语中的形容词表示程度修饰动词。

㉕ 我把布置的情况细说了一遍。

㉖ 伙计们把周剥皮毒打了一顿。

㉗ 我把她狠批了一通。

㉘ 他把桌子猛敲了几下。

（3）表示动作接受对象的介词短语作状语。

㉙ 你把大家的意见向有关部门反映反映吧。

㉚ 我把你的意见对她讲了。

㉛ 你把新娘给我领来，我看看长得怎么样。

3. 既可放在“把”字前又可放在谓语动词前的状语

（1）由“从”构成表处所或涉及范围的介词短语来充当的状语。

㉜ 她从地上把钱捡了起来。

她把钱从地上捡了起来。

㉝ 我把那本小说又从头到尾看了一遍。

我又从头到尾把那本小说看了一遍。

㉞ 我把她从上到下打量了几眼。

我从上到下把她打量了几眼。

（2）修饰谓语动词的状语。

㉟ 他们把地形仔仔细细地观察了一番。

他们仔仔细细地把地形观察了一番。

㊱ 这些诗句把他同情人民的感情很强烈地表达出来了。

这些诗句很强烈地把他同情人民的感情表达出来了。

（3）由表重复的副词充当的状语。

㊲ 王红把译文又修改了一遍。

王红又把译文修改了一遍。

㊳ 根据大家的意见，他把这篇文章重新作了修改。

根据大家的意见，他重新把这篇文章作了修改。

（4）在意念上描写“把”宾语的词语充当的状语。

㊴ 他把东西大包小包地送给了局长。

他大包小包地把东西送给了局长。

⑩ 由玲把衣服一件一件地挂在衣柜里。

由玲一件一件地把衣服挂在衣柜里。

这类状语中，第二个句子加强了修饰作用。

原刊标题：说说“把”字句中其他状语的顺序问题（作者：李增吉）

原载《学汉语》1994 年第 11 期（总第 88 期）

085 “比”字句

解析重点 “比”字句用法例释

“比”字句是对 A、B 两种或两种以上的事物进行比较的句式。它包括 A、B 两个用来比较的比较项，以及比较的结果。

1. “比”字句的基本形式是：A+ 比 +B+ 比较的结果（谓语）。

① 他的年龄比我的年龄小。

② 他跑得比我慢。

2. “比”字句的几种常见用法：

（1）谓语前面加“还”“更”等状语，构成“比……还……”“比……更……”的固定组合形式。例如：

③ 他的个子比我的个子还高。

④ 他比我更想家。

（2）在谓语后面加上“一点儿、一些、多了、远了、得多”等词语表示具体差别，有些形容词做谓语时还可带数量词表示具体差别。例如：

⑤ 他的房间比我的大一点儿。

⑥ 他骑得比我快得多。

⑦ 今天的温度比昨天高三度。

（3）一般动词作“比”字句的谓语动词，前面常带“早、晚、先、多、少、好、难”等状语。例如：

⑧ 他比我早走了十分钟。

⑨ 这个词比那个词难记。

（4）"比"字句的否定式是用"没（有）"。例如：

⑩ 我没他用功。

⑪ 这个人没有你想得那么坏。

3. 使用"比"字句要注意：

（1）比较结果前不可使用"很、最、特别、非常、十分"等修饰语。例如：

⑫ 他的汉语比别的人说得都（更）流利。

⑬ * 他的汉语比别的人说得很流利。

这是外国学生最容易犯的错误。

（2）"比"的前面可以加否定词"不"，即"不比"，但"不比"不是"比"的否定形式，它的意思是想说"A 跟 B 相差不多"，其确切的含义要根据具体的语境来确定。用"不比"时一般带有辩驳的语气。例如：

⑭ 他的水平不比你高。

形容词表示积极意义时，含有"你俩差不多，你的水平至少和他相等，甚至比他高"的意思。

⑮ 他的水平不比你差。

形容词表示消极意义时，含有"你俩差不多，他的水平至少和你相等，甚至比你高"的意思。

原刊标题：比字句（作者：赵菁）
原载《学汉语》2005 年第 4 期（总第 202 期）

086 不是 X 就是 Y

解析重点 句式"不是 X 就是 Y"用法例释

外国留学生在学习和运用"不是 X 就是 Y"这种格式时，往往会出现这样或那样的错用、误用，现试从语义角度分析这种格式的用法。

1. 选择关系

“不是X就是Y”这种格式，最常用的含义是X项或Y项之中必有一项是事实，表达一种选择关系，如：

① 不是把老虎打死，就是被老虎吃掉。

② 据我所知，这个时间他不是在体育场就是在图书馆。

③ 不是小李，就是老王，这个时候不会有第三个人来。

学习“不是X就是Y”这种用法时，学生应该注意“不是X就是Y”与“不是X而是Y”的不同之处，如：

④ A 据我所知，这个时间他不是在体育场就是在图书馆。
B 据我所知，这个时间他不是在体育场而是在图书馆。

A句是X项和Y项可能其中有一项是事实，B句是Y项是事实，X项不是事实。

注意：有时“不是X就是Y”在含义上跟“不是X而是Y”有些相似，也是否定前项X，肯定后项Y。如：

⑤ A 这个上帝不是别人，就是全中国人民大众。
B 这个上帝不是别人，而是全中国人民大众。

⑥ A 我为什么怪你呢？不是因为别的，就是因为你的不诚实。
B 我为什么怪你呢？不是因为别的，而是因为你的不诚实。

“不是X就是Y”表示这种含义时，其中的X项常常是“别人（的）、其他人（的）、另外的”之类词语。

2. 并列关系

有时，“不是X就是Y”不一定表示一种选择性的关系。如：

⑦ 地上不是石头就是沙子，没有一块绿地。（有……有……；净是……和……）

⑧ 这孩子不是挨打就是被骂，哪有一天好日子过。（有时候……有时候……；常常……）

⑨ 咱们这儿不是苍蝇就是蚊子，小妞子好容易有了两条小鱼，让她养着吧。（净是……和……）

⑩ 这几件衣服不是太大，就是太小，没一件合身的。（有的……有的……）

⑪ 他从餐厅点了一大桌子菜回来，可是，不是太辣就是太甜，没有一样我想吃的。（有的……有的……）

这时“不是X就是Y”中X项和Y项是列举出的两种事物或情况，是并存的关系，是表示X、Y两者兼有。

用此格式时，其中的X项和Y项往往是一些含有贬义（不喜欢或不赞同）的词语，表示说话人对X项和Y项的不满的语气和态度，试比较：

⑫ A 妈妈买回来的一大兜水果不是香蕉就是苹果，偏偏没有我喜欢的桃子。
B * 妈妈买回来一兜我喜欢吃的水果，不是苹果，就是香蕉。

这种情况时，B句一般想表达一种赞赏或满意的态度，这时我们习惯上很少使用“不是X就是Y”格式，而使用比较中性的，如：“有……有……”、“有的……有的……”或“有时候……有时候……”等等，如：

⑬ 妈妈买回来一大兜我喜欢吃的水果，有苹果，有梨。

3. 选择和并列

“不是X就是Y”有时表达一种选择关系，有时表达一种并存或并列关系，语义上的这种差别，格式本身很难体现，一般要借上下文等语言环境的帮助来判断，如：

⑭ 她不是打电话就是织毛衣。

可能是：

A 上班时间，她不是打电话就是织毛衣，有这样工作的吗？（有时候打电话有时候织毛衣，列举两种情况，并列关系）

B 每次我去她的办公室的时候，看见她不是在打电话，就是在织毛衣。（其中一种情况是真实的，选择关系）

⑮ 不是香蕉就是苹果。

可能是：

A 他搬回来一个纸箱，我猜里边装的不是香蕉就是苹果。（其中一种情况是真实的，选择关系）

B 妈妈买回来一大兜水果，不是香蕉就是苹果，偏偏没有我喜欢的桃子。（列举，并列关系）

另外，“不是X就是Y”格式中，X项Y项中的名词或名词词组是泛指时，常常表示并列关系，是确指时，常常表示选择关系。如：

⑯ A 这个村子里的姓氏太单一，不是姓李的，就是姓王的。（泛指、并存关系）

B 不是那个姓李的，就是那个姓王的，这个时候不会有第三个人来。（确指、选择关系）

⑰ A 他去的地方就这么几个，不是体育馆就是游戏厅。（泛指、并存关系）

B 他不是在这个体育馆就是在那个体育馆。（确指、选择关系）

“姓李的”“姓王的”和“体育馆”“游戏厅”是泛指，未具体说明哪个人或地方，整个句中 X 项和 Y 项是并列关系；“那个姓李的”“那个姓王的”和“这个体育馆”“那个体育馆”是确指，整个句子中 X 项和 Y 项是选择关系。

原刊标题：“不是 X 就是 Y”试析（作者：田化冰）
原载《学汉语》2000 年第 12 期（总第 161 期）

087 ……的

解析重点 强调句中句末“的”的意义和用法

“的、地、得”是结构助词，“着、了、过”是动态助词，这是汉语语法的规则。然而“的”字可以用作动态助词的问题很少有人探讨。我们且从一个韩国留学生提出来的问题谈开：

汉语里面经常说：“我昨天来的”，为什么不说“我明天来的”？

汉语里面经常说：“我明天会来的”，为什么不说“我昨天会来的”？

这是一个很有趣的问题。汉语里面“的”字作结构助词有两种基本用法，其一是用在定语和中心词之间，其二是组成“的”字结构作主语或宾语。“的”字作语气词时表示陈述语气，有“原来如此”之意。而用在以上句子中都不符合，这就体现了“的”字的一种特殊用法——作动态助词。可总结如下：

1.“的”字附在动词、形容词之后，表示动作完成，有了某种性状，表示曾经有过某种动作、状态或经历。这个时候必须和明确表示过去的时间名词连用，具有“了”、“过”的特征。看下面的例子：

① 他昨天去的。

② 你五年前答应的。

③ 我刚才打扫的。

④ 姑妈前天来的。

⑤ 去年出版的。

⑥ 三天前买的。

2. "的"字附在动词，形容词之后表示将来要发生的某种动作或状态。这个时候要与明确表示将来的时间名词连用，即"表示将来的时间名词 + 助动词 + 动词 + 的"。这些助动词表示可能、意愿和必要，例如：能、能够、会、可、可以、愿、肯、敢、要、应当、得、必定、一定，等等。看下面例子：

⑦ 他明天应当去的。

⑧ 你五年后应该答应的。

⑨ 我一会儿会打扫的。

⑩ 姑妈后天能来的。

⑪ 明年要出版的。

⑫ 三天后必定买的。

"的"字的这一用法在汉语口语里使用频率相当高，应该做更深入的研究。知道了以上两条原则，留学生就不会犯诸如"我明天来的"、"我昨天会去的"这类语法错误了。

原刊标题：谈谈"的"字的动态用法（作者：赵斌）
原载《学汉语》1995 年第 7 期（总第 96 期）

088 "的"字短语

解析重点 "的"字短语用法说明

外国留学生在学习汉语中不难发现，"的"字短语大都是可以代替名词的。但是，这种代替不是随意的，是有一定规律的。弄清名词（中心词）可省与不可省的若干要求，对于正确地运用"的"字短语是非常必要的。

这里，仅以下列几种形式为例，简析一下其中的规律。

1. "名+的+名(中心词)"的形式

在这一形式里，如果中心词是泛指人或指具体事物的，就可省去名词。例如：

①"5班的同学来了没有？"可以说成"5班的来了没有？"

②"哥哥的外文书多，弟弟的外文书少。"可以说成"哥哥的多，弟弟的少。"

而中心词如果是指人的称谓或指抽象事物，则不能省去名词。例如：

③"小华的爷爷比小明的爷爷大两岁。"在这个句子中，中心词是亲属称谓的"爷爷"不能省。

④"我现在才了解他们的想法。"中心词"想法"是抽象事物，不能省。

2. "形+的+名(中心词)"的形式

在这一形式里，如果定语是限制性的，名词可以省；而定语如果是描写性的，则不能省去名词。例如：

⑤"比这再困难的问题都解决了，这么容易的问题还能解决不了吗？"(定语"再困难"是限制性的)可以说成"比这再困难的都解决了，这么容易的还能解决不了吗？"可省去名词"问题"。

⑥"他们在明亮的阅览室里看书。"(定语是描写性的)在此，中心词"阅览室"不能省去。

3. 两个带"的"字的短语并列充当主语或宾语时，如果中心词不同则不能省。

⑦"他的书和我的词典都是王老师给的。"在此情况下，中心词"书"和"词典"都不能省。

⑧"他要借彼得的球鞋和比尔的运动服。"在此，不能省去中心词"球鞋"和"运动服"。

最后要说明一点，以上所举的可省中心词的各例句，也要靠一定的交际环境才能准确而得体的传达信息，在交际中要特别注意这一点。

原刊标题：的字短语代替名词的规律（作者：言得）
原载《学汉语》1992年第4期（总第57期）

089 给我VP

解析重点 祈使句“给我VP”结构的特点

现代汉语中有这样一类祈使句：

① 爷爷咬牙切齿地骂道：“老狗！你给我滚下来。”（莫言：《狗道》）

② 他不走，我就推。[喊：]“走！你给我走！”（相声）

③ 爷爷把很沉重的目光从那只大雁身上拽下来，瞅了一会儿院子里的儿孙们，突然大吼一声：“都给我进屋去。”（《青春》1988年11月12日）

这类祈使句与常规祈使句有两点不同：其一是出现主语或表概数的“全”“都”等词。其二在动词之前有一个并非修饰或限制它的语言单位“给我”。这个标志是这类句子最显着的特点。

“给我”在这类句子中结构上与前与后无丝毫牵挂，可以任意取舍都跟客观语义无损。但它的存在却是句子的有机成分，它起到调节句子表达的情绪强度或直接表现情绪的作用。这类句子的情绪性大多较强。书面上这些句子出现之前往往有表现说话者情绪的词，如例③“大吼一声”，例①“咬牙切齿地骂”等。句子所传达的信息多是命令（如①③）驱逐（如②）和制止（如：你少给我多嘴）等。

从动词的色彩上来分，这种祈使句的动词有贬义（如②）和中性（如③）两种。

从形式上看这种祈使句的动词有以下几种：

1. 单音节行为动词。如例②，再如：

④ 白嫂浑身发抖，声音也发抖：“滚，你给我滚！”（《星火》1988年第6期）

2. 单音节行为动词和趋向动词等构成动补结构。如例①，再如：

⑤ 脸上今后你少给我抹点儿，白刺拉的有什么好看，拿丑当俊。（季家骧：《训癖》）

⑥ 麻脸队长一下子直起身，把脸使劲一沉，露出并不算太白的牙齿喊了一声：“都给我睡下！”（《青春》1988年1月12日）

3. 双音节行为动词后面跟上“去”或是“动词……去”的形式。如例③，再如：

⑦ 他说着来了气，竟一脚踢倒一张用做球台的课桌，“都给我学习去。”（《山东文学》1988年第2期）

⑧ 你们都给我滚到轿子后面去！（《红高粱》）

4. 双音节表说话的动词。在“给我”前出现“少”字或“少”字出现在动词前。如：

⑨ 你少给我啰唆！

⑩ 你少给我扯臊！（话剧《谁是强者》）

5. 动词不与时态助词“着、了、过”搭配。说明这些行为在时间上是未来的。体现祈使句一般特点。

原刊标题：谈一种祈使句（作者：吕文华）
原载《学汉语》1995年第3期（总第92期）

090 句式：忙得我忘了吃饭

解析重点 主谓短语做补语的用法

汉语中有一种句子，从结构上来看属于没有主语的动词性非主谓句，例如：

① 忙得我忘了吃饭。

② 急得他双脚直跳。

这样的句子，外国学生不容易理解。这时我们可以利用变换方式加以解释。请看：

③ 忙得我忘了吃饭。 → 我忙得忘了吃饭。

④ 急得他双脚直跳。 → 他急得双脚直跳。

变换后的句子都成了主谓句，语义与变换前一致。这样外国学生就好懂了。

但是，应该说明，虽然变换前后两句的意思一致，但它们的结构是不一样的。因而这两种句子适用的环境就不完全一样。变换后的句子，由于是完整的主谓句，所以它前面不可能再加主语。而变换前的句子，由于它是非主谓句，全句是由谓词（形容词）开头的，所以它前面仍可加上个主语。例如：

⑤ 这件事忙得我忘了吃饭。

⑥ 这次考试急得他双脚直跳。

由于全句有了主语，这时“忙”“急”由原来的形容词变为“使动词”；在语义上，它们后边的“我”和“他”分别成了这类使动词的支配对象（使动对象）。全句有了兼语句的性质，“我”“他”既作使动词的宾语，又作其后动词或主谓词组主语。我们称这种句式为“带‘得’兼语式”。

带“得”兼语式都可以变换为“把”字句。请看：

⑦ 这件事忙得我忘了吃饭。 → 这件事把我忙得忘了吃饭。

⑧ 这次考试急得他双脚直跳。 → 这次考试把他急得双脚直跳。

原刊标题：“忙得我忘了吃饭”（作者：宋玉柱）
原载《学汉语》1997年第8期（总第121期）

091 句式：你走你的阳关道，我走我的独木桥。

解析重点 句式“你走你的阳关道，我走我的独木桥”的意义与用法

这是汉语中的一个谚语。这个谚语所采用的语法格式，却是一种很有特色的句式。请看：

① 他当他的老师，我做我的买卖。

② 你考你的学，我打我的球。

③ 他当他的兵，你教你的课。

这样的句式表示一种什么语法意义呢？概括起来，就是两者“井水不犯河水”——互不干扰。

在这种句式中，宾语中的定语至关重要。一旦把这个定语去掉，原句式中“互不干扰”的意义立即消失。请看：

④ 你走阳关道，我走独木桥。

⑤ 他当老师，我做买卖。

⑥ 你考学，我打球。

⑦ 他当兵，你教课。

而这个定语的形式也很特别，它一定与主语同形，不能换成其他形式。比如：

⑧ 他当小学的教师，我做小本的买卖。

⑨ 他当上等兵，你教语文课。

这样一来，同样失去“互不干扰”的意义。

“两相对照”是这种句式的特点，所以一般都是由两个分句组成的复句。但有时，在一定的语境或上下文，也可以只出现一个此类分句，例如：

⑩ 你念你的书，不要管别人的闲事。

⑪ 他当他的官，我不指望借他的光。

⑫ 我写我的小说，别人管不着。

在一定的语境下，此类分句中的宾语中心语还可以不出现。例如：

⑬ 你走你的（路）吧，别管他了。

⑭ 他说他的（话），我才不听呢。

原刊标题：“你走你的阳关道，我走我的独木桥”（作者：宋玉柱）
原载《学汉语》1995年第2期（总第91期）

092 “数量＋没＋V”与“没＋V＋数量”

解析重点 “数量＋没＋V”和“没＋V＋数量”结构用法说明

在汉语中，“数量＋没＋动”结构是表示完全否定的，指在该量范围内动词所代表的行为没有发生；“没＋动＋数量”结构是表示不完全否定的，一般是指动词所代表的行为已经发生，只是没有达到该量所代表的程度。譬如，“他三个钟头没有学习”是指在三个钟头之内“学习”的行为没有发生；“他没有学习三个钟头”是指学了不到三个小时。又如，“他四节课没上”是指“他”有四节课没到；“他没有上四节课”是指他上了课而不到四节。同样的结构也都有类似的情况，例如：

① 他三次作业没有做。 ≠ 他没有做三次作业。

② 他四杯酒没有喝。 ≠ 他没有喝四杯酒。

③ 他五场电影没有看。 ≠ 他没有看五场电影。

④ 他六天没有锻炼。 ≠ 他没有锻炼六天。

但是，当结构中的数量成分为“一”时，两个结构所表示的意义就完全一样了。譬如，“他一句话没有说”与“他没有说一句话”，意思上没有什么两样；又如，“他一点酒没有喝”与“他没喝一点酒”两句话的意思也完全一致。同类的句子还有：

⑤ 他这学期一次街没上。= 他这学期没上一次街。

⑥ 他一点饭没吃。 = 他没吃一点饭。

⑦ 他一场电影没看。 = 他没看一场电影。

⑧ 他一点希望没抱。 = 他没抱一点希望。

当数量成分为“一”时，为什么完全否定结构和不完全否定结构所表达的意思完全一致呢？这是由自然语言否定词的含义决定的。“没”的实际含义是“不够”、“不及”，是对等于或大于其后数量成分的所有量的否定，比如“没有十块钱”是指钱的数量少于十块，“没有九块钱”是指钱的数量少于九块，等等。在否定了大于和等于其后量的同时，往往也肯定了小于其后量的某个量的存在，比如说“没有十块钱”可以是有九块钱等。但是，对最小量的否定不可能再有“肯定了小于其后量的某个量的存在”，这时就等于完全否定。譬如，“没有一分钱”就是指什么钱也没有。“一”是自然数中最小的数字，所以就用它来表示极小量。因此，当结构中的数量成分为“一”时，不完全否定结构所表示的意义也是完全否定的，这样就形成了两种结构等义的现象。

原刊标题：一＋量＋没＋动＝没＋动＋一＋量（作者：石毓智）
原载《学汉语》1992 年第 9 期（总第 62 期）

093 说……就……

解析重点 “说……就（便）……”结构用法说明

汉语里有一种常见的格式，由动词“说”和副词“就（便）”前后搭配构成的。用于紧缩句。在这格式中，一般放进相同的动词、动词短语，或形容词、形容词短语，表示如下的意思：

1. 表示动作、行为迅速，或情况发生、变化很快。有“一说到……就……”的意思。例如：

① 夏天的雨，说来就来，说走就走。

② 该搬迁的住户，接到通知，说搬就搬，说迁就迁，快得很！

③ 他的工作作风，历来是雷厉风行，说干就干，说办就办。

④ 高原上的气候，变化无常，捉摸不定，说刮风就刮风，说下雨就下雨，说下雪就下雪。

⑤ 他们说唱便唱，说比划刀枪架儿便抄起墙角立着的藤子棍儿。（老舍：《四世同堂》）

⑥ 一过十月，北京的天气，说冷就冷。

2. 表示说话人在回答对方提出的某些问题时，表示顺从对方的意见；或者不愿作确认的回答，而是模棱两可，让对方根据自己的想法、看法作出判断或决定。有“你认为（决定）怎样就怎样”的意思。例如：

⑦ 你说选他就选他，我没意见。

⑧ A：下午的会咱参加不？
B：你说参加就参加，我听你的。

⑨ A：老头子，今晚吃什么？
B：你说吃什么就吃什么，我随便。

⑩ A：老师，考试的题目难吗？
B：这就看你的了，你说难就难，你说不难就不难。

⑪ A：师傅，干这种活儿累不累？
B：你说累就累，你说不累就不累。

⑫ A：雨来问爸爸说：“爸爸，远不远？”
B：爸爸说：“这哪有准儿呢？说远就远，说近就近。”（管桦：《小英雄雨来》）

原刊标题：“说……就（便）……”格式（作者：许维翰）
原载《学汉语》1991年第3期（总第44期）

094 有 + 时间词语 + V

解析重点 “有 + 时间词语 + V”结构用法说明

“有 + 表示时间的词语 + 动$_2$”就其句法结构来说，属连动句。句中的“有”表示“达到”或“具有”的动词，其宾语是表示时量的词语，如“两星期”、“三十年”等，或表示时间的名词，如“时间”、“工夫”、“空儿”等，不包括表示时段的时间词，如“今天、去年、星期一、上星期”等。根据“有”的宾语所用的表示时间的词语，可分如下两种情况。

1. 主 ‖ 有 + (数量词 + 时间名词) + 动$_2$+ 了。

例如：

① 我总有两个星期没洗澡了。

② 有些天没去三庆了。

③ 我们也有三十年没见面了。

以上例句中，动词“有”表示“已经有”的意思。其宾语为时量词组。动$_2$常为否定式，句尾大都带“了”。这种句式多用于表示在过去的一段时间里没发生什么事或没出现什么情况，句中所强调的重点是时间，因此句重音也多在表示时间的词语上。这种连动句如不用“有”，就可转换成一般动词谓语句。如例①可转换成“我两个星期没洗澡了。”原句中“有”的宾语就成了“洗澡”的时间状语。其语义基本一样。但强调的语气不如用“有”突出。

如“有”的宾语是“一天”，那就要注意“一天”所表示的时间是“时段”还是“时量”例如：

④ 老太太有一天没吃东西了。

⑤ 老太太有一天没吃东西。

例④与例⑤的句法结构，形式上基本相同，唯一的区别是例④句尾有“了”。其实“有一天”在句中的语法功能是不一样的。例④中的“一天”是“有”的宾语，所表示的是“时段”，可用“多长时间”提问，还可用“两天、三天”等词语替换，所表达的语意是“没吃东西”这事已“有一天了”。而例⑤中的“有一天”是一种习惯用法，在句中整个词组充当动词“吃”的状语，其语意是表示“有那么一天”，所指的是“时量”，它可位移到句首如“有一天老太太没吃东西。”

2. 主‖没（有）+ 表时间的一般名词十动$_2$。

例如：

⑥ 我没工夫跟你闲扯。

⑦ 王老师没有时间写论文。

⑧ 她哪有空儿跟我说话。

这类句子中，“有”的宾语为一般时间名词，如“时间、工夫、空儿”等。“有”常为否定式或反问式，如“没工夫”、“没有时间”、“哪有空儿”。所强调的是眼前挤不出时间来做某事。因此句中的动$_2$部分可位移到时间名词前边作定语，如例⑦可转换为“王老师没有写论文的时间。”但例⑥转换时，动$_2$移位后，动词“没”应改用词组“没有”，即“我没有跟你闲扯的工夫。”这种转换，语义虽然没有多大变化，但所强调的重点、要表达的语气与感情色彩都不如用连动句式。

原刊标题：对“有 + 表时间的词语 + 动$_2$”句浅析（作者：刘社会）
原载《学汉语》1994年第4期（总第81期）

095 有什么好V的

解析重点 反问形式“有什么好V的”结构用法例释

“有什么好V的”格式，指的是下面这样的句子：

① 有什么好商量的，就这样决定了。

② 面条有什么好吃的？我吃饺子。

这是一种以肯定的反问形式，表达否定意义的句子格式。“有”、“什么”、V、“的”和“反问语气”是构成这一格式不可缺少的五个要素。其中，“什么”在此起否定作用，而不表示疑问，全句也不是特指疑问句，因而也不要求对方回答；V是否定的对象，主要由动词和形容词充当；“好”在此有“值得”的意思，它不是构成这一格式的必需的要素，但有增加否定语气的作用。

整个“有什么好V的”格式，在具体的语言环境中可以表示禁止、劝阻、反驳等意思，相当于说“不用V”、“不值得/需要V”或“没有什么值得V的”等。例如：

③ 有什么好准备的！（意思是不用准备）

④ 这种书有什么好看的？（意思是不值得看）

⑤ 大家都认识，有什么好介绍的。（意思是不需要介绍）

⑥ 那个地方很一般，有什么好参观的？（意思是没有什么值得参观的）

⑦ 才考了 70 分，有什么好高兴的！（意思是不值得高兴）

⑧ 男人买菜、做饭，这有什么好奇怪的？（意思是没有什么值得奇怪的）

⑨ 回答老师的问题，有什么好紧张的？（意思是不用紧张）

应该明确："有什么好V的"这种格式使用的前提条件是，说话人对对方（听话人）的某一建议、要求或其他言行的否定，例如：

⑩ A：我们一块儿吃面条吧？（对方建议）
B：面条有什么好吃的？我们吃饺子吧！（说话人劝阻）

⑪ A：这事要跟老王商量一下。（对方要求）
B：有什么好商量的，就这样决定了。（说话人反驳）

⑫ A：明天去天津我得准备准备。（对方言行）
B：两天就回来了，有什么好准备的？（说话人禁止）

可见说话人（B）使用"有什么好V的"格式，都是对对方言行（A）的否定，不是这种情况，不能使用这种格式。同时，由于这种格式是用反问的语气对对方（听话人）的言行加以否定的，语气较强烈。因此，在不需要特别强调否定时，一般不用这种格式来表达，以避免由于否定的语气过重而显得说话人不太礼貌，这一点是初学汉语的留学生尤其应该注意的。

原刊标题："有什么好+V+的"格式（作者：李泉）
原载《学汉语》1993年第10期（总第75期）

096 在＋处所成分

解析重点 "在＋处所成分"的句法和语义分析

汉语中，"在＋处所成分"放在动词性成分之前和之后构成两种完全不同的句式："NP 在 PP VP"与"NP VP 在 PP"，其中"在 PP（处所成分）"的性质也完全不同。

留学生在学习汉语的过程中，由于不了解这种区别，常常误用。如："我星期六打排球在操场"、"我吃饭在勺园"、"我学习在宿舍"、"我打水在水房"。

下面从语义、句法两个方面对这两类句式的差别进行一番考查。

1．语义实质

先看下面A和B两类句式：

A	B
NP 在 PP VP	NP VP 在 PP
① 小王在房间里睡觉。	小王睡在房间里。
② 他在校园里骑自行车。	资料登记在电脑里。
③ 汽车在我面前停下来。	汽车停在我面前。
④ 书在桌上放了一天。	书放在桌上。
⑤ * 箭在靶子上射着。	箭射在靶子上。
⑥ * 球在墙上打着。	球打在墙上。

这两类句式意义不同，故而有时候只能选用A式，前面提到的留学生的错句就是误选了B式；有时候却只能选用B式，如例⑤、⑥。而这两类句式的意义差别，关键在于其中"在+PP"的语义性质。

"在+PP"如果在VP之前，表示"NP VP"整个事件的处所，A式句子的语义实质是："NP在某地做某事"，语义核心是"NP VP"，我们可将其称为"动作句"。比如："小王在房间里睡觉"一句中，"在房间里"表示"小王睡觉"的处所，句子要表达的重点内容是"小王睡觉"。动作句内部还可进一步划分为主动句与被动句，当"NP"是施事时，是主动句，如例①—②；当"NP"是受事时，是被动句，如例③—④。例⑤—⑥中由于"箭射着"、"球打着"事件不存在，因此整个句子不成立。

"在+PP"在VP之后，表示"NP"存在的处所。"NP VP在PP"的语义实质是："NP以VP这种形式存在于PP"，其中VP不表动作，而表存在的伴随状态或方式，其语义核心是"NP在PP"。比如：在"小王睡在房间里"一句中，句子重点要表达的内容是"小王在房间里。""睡"表示"小王在房间里"的伴随状态。因此，B式句子是一种存在句，是一种标明存在方式的存在句。可以把B式句子称作"在"字句。"在"字句内部也可进一步分为持续存在句（如例①—④与瞬间存在句（如例⑤—⑥）。瞬间存在句表示的是：NP以VP这种方式瞬间存在于PP。

在学习和使用过程中应注意这两类句子的语义差别，根据自己的交际目的选用合适的句式：如果要描述动作就选用 A 式，如果要描述存在就选用 B 式。但这还只是正确使用的第一步，要想做到使用正确，还必须把握二者形式上的差别，即句法区别。

2. 句法区别

"NP 在 PP VP"与"NP VP 在 PP"不仅语义上有根本的不同，句法上也有明显的区别：

（1）动作句"NP在PP VP"中的VP一般为复杂形式，比如"*汽车在我面前停"、"* 我在校园里骑"等都不能成立。即便 VP 是一个词，也不能是单音节的，而必须是双音节的，一般是动宾式的离合词，如例 ②A 式的"睡觉"。当 NP 是施事时，VP 可采用动宾式，如例 A①—②，也可采用动补式，如："小王在房间里睡了一天。"当 NP 是受事时，VP 不能是动宾式，只能采用动补式，如例 ③—④A 式。

（2）"在"字句"NP VP 在 PP"中的 VP 一般是一个简单动词，连离合词也要换成相应的单音节词。如：我们不说"小王睡觉在房间里"，而要说"小王睡在房间里"。

原刊标题："在＋处所成分"放在动词性成分之前和之后的区别（作者：方霁）
原载《学汉语》2000 年第 4 期（总第 153 期）

习语类

097 本来嘛

解析重点 “本来嘛”用法说明

“本来”是形容词、副词，有三个义项：原来的、先前的和按常理来说。例如：

①这里本来的样子就不错，现在更漂亮了。

②本来，我是想，这封信就不去查它了。（谌容:《太子村的秘密》）

③这类事儿本来就令人尴尬，何况于兄妹之间！（孔捷生:《普通女工》）

它可以做定语、状语，也可以单说。

“本来嘛”却只能单说，意思是理所当然，本该如此。口语中，常用在别人提出诘难时，表示坚持自己的意见不变。如：

④“爸，你管人家那些乱七八糟的事干吗？”“小妹！怎么跟你爸爸这么没礼貌！”“本来嘛，这年头，自己的事自己哭去，说管什么用！”“你懂什么！王伯伯跟你爸是老战友，不跟你爸说跟谁说！……”（谌容:《等待电话》）

⑤“露了怎么的？分了又怎么的？”美凤叫喊起来，“本来嘛，多劳多得！该交的交了，该卖的卖了，该留的留了，社员多吃俩棒子粒儿，犯啥罪了？没偷，没抢，自个劳动挣的！”（谌容:《太子村的秘密》）

在“本来嘛”前面，说话人已经说了某观点和意见，如例④（不要管人家的事）、例⑤（粮食可以分，事情无须保密）。“本来嘛”后面是对诘难、质问的回答：申述自己所持意见、观点的理由，也就是“理所当然”的“理”——在说话人看来，他的理由是“普遍真理”。说话人也可以只说“本来嘛”，不作申述，意思是说话人认为其理已显，无须多说。

“本来嘛”的使用还有几点需说明：

1. 它有很强的口语性，只出现在口语中，书面语中几乎完全不使用这种表达方式。

2. 它只使用在发生意见分歧的时候，它跟“不”、“是（的）”、“对”等一样，都是直接表态词，一般只出现在整段话语的开头。

3. 跟它相同的说法还有“本来就是（嘛）”。

原刊标题：“本来嘛”（作者：施光亨）
原载《学汉语》1988 年第 2 期（总第 7 期）

098 不像话

解析重点 “不像话”用法例释

“不像话”是汉语口语中的一个常用语。“不像话”的字面意义是说话不合逻辑，语法有错误。在日常口语里，“不像话”的意思是行为非常不合适，简直没法形容。如：

① 真不像话！年轻人怎么这样呢！（迟松年:《普通劳动者》）

② 王结实说着背着椅子出来走了，只听见王耀宗在屋子里喊着说：“简直不像话！”（李准:《王结实》）

③ 不像话，你母亲实在太不像话！她走后门的胆子太大了！（李存葆:《高山下的花环》）

④ 想不到他的脾气竟是这样大，我第一次见他如此动怒。我不知道连里出了啥不像话的事。（同上）

⑤ 等田林一分析，也就恍然大悟自己写得实在不像话。（王蒙:《青春万岁》）

“不像话”可以单说（如①②③），也可以做谓语（如③）、定语（如④）、补语（如⑤）。

说“不像话”时常伴随愤慨和谴责的语气，有较强烈的感情色彩；尤其在单说的时候。因此，它的理性意义虽然是非常不合适，但是如果没有感情色彩时，就不能随便用“不像话”来代替。

“不像话”前面可以有“真、太、实在、简直”等修饰语。

“不像话”没有肯定式“像话”，除了在下面这种反问句中：

⑥ 因为有人拔掉时里边掺有几根稻苗，工地闹了一场不小的风波哩！队长

追查，全体人员大眼瞪小眼地愣着，这像话吗？（丛维熙:《雪落黄河静无声》）

⑦ 搞四化嘛！还是要两个积极性嘛！两个总比一个好嘛！就你们能？那么你们干去吧！像什么话！（水运宪:《祸起萧墙》）

“不像话”有时也说“不成话”，如：

⑧“看你闹得她鬼喊鬼叫”，她责备儿子，“太不成话了。”（汪浙成、温小珏:《苦夏》）

原刊标题：跟“话”和“说”有关的词语（一）（作者：方人）
原载《学汉语》1989年第3期（总第20期）

099 大不了

解析重点 “大不了”的四种位置

形容词“大”可带可能补语“不了”，构成形补式短语“大不了”。绝大多数词语，如果有几个义项在不同的句法位置上，其语义不变（指不发生根本性的变化），而“大不了”则不然，它的句法位置决定着它的义项，换句话说，它的各个义项句法位置上的功能不尽相同。

1.“大不了”作述语时，表示不可能在范围（包括空间范围和抽象范围）、数量、程度上超过一般水平或超过所比较对象的水平。说话者是客观地估计事实发生或存在的可能性。例如：

① 他比自己大不了几岁呀！（罗广斌、杨益言:《红岩》）

② 看样子，雨大不了了。

2.“大不了”作定语时，可表示两种意义。

（1）仍表示不可能在范围、数量、程度上超过一般水平或超过所比较对象的水平。例如：

③ 比警察的岗亭大不了多少的经纪人号子里，先已满满地塞着一位胖先生，在那里打电话。（茅盾:《子夜》）

④ 比这间屋子大不了多少的那么个小商店，嘿，生意竟然做得很兴旺。

（2）表示不值得过分重视或不必过分担忧。说话者主观上认为，事情并非像对方所想象的那么重要或那么严重。例如：

⑤ 这不是什么大不了的事儿，你着急什么？

⑥ A：他来干什么？
B：我估计，没有什么大不了的事儿。

3. “大不了”很少单独作宾语，一般是与“的”一起构成“的”字短语作宾语。单独作宾语时表示不可能在范围、数量、程度上超过一般水平或超过所比较对象的水平，组成“的”字短语时表示不值得过分重视或不必过分担忧。例如：

⑦ 这火，的确是大不了了。

⑧ 这是什么大不了的？

⑨ 这没有什么大不了的！

4. “大不了”作状语时，表示往最坏里估计，也无非出现某种并不十分严重的后果。说话者故意把可能出现的严重后果往轻里说。例如：

⑩ 考不好就考不好，大不了我再蹲一年班。

原刊标题：说说“大不了”（作者：郭志良）
原载《学汉语》1991年第2期（总第43期）

100 得 得了 得了吧

解析重点 “得”“得了”“得了吧”的用法

1. “得了”用在句尾，表示建议、催促。

① 咱们这次别去泰山了，去西安得了。

② 电话打不通，写封信得了。

③ 他怎么还不来，咱们找他去得了。

④ 要下雨了，咱们回去得了。

⑤ 别挑了，这件样子不错，就买这件得了。

⑥ 他有点儿感冒，不要紧，吃点儿药得了。

2.“得”、“得了”、“得了吧”在口语中，还常用在句子开头，表示同意以及阻止、无可奈何、劝阻等意思。

（1）用于结束谈话的时候，表示同意。跟“好吧”的意思基本相同。用“得”或“得了”，说话时，一般语气较轻。例如：

⑦ 得，就这么办吧，我没什么意见。

⑧ 得，听你的，我等你的电话。

⑨ 得了，我一定陪你去。

⑩ 得了，你喜欢，就买吧。

（2）表示不同意或阻止，常带有不耐烦、不客气的色彩。用“得了”、“得了吧”或两个“得了”连用，以及两个“得”，甚至三个“得”连用。说话时，一般语气较重。例如：

⑪ 得了，这没什么可看的，快走吧！

⑫ 得了，别去了，去了也买不着了。

⑬ 得了吧，你别说了，我都明白了。

⑭ 得了吧，你说的不对。

⑮ 得了、得了，别净说好听的。

⑯ 得了、得了，你这么一说，我更没主意了。

⑰ 得得，我不去了，还不行吗？

⑱ 得得得，你还有完没完了！

（3）对于出现的情况，表示无可奈何。常用“得”或“得了”。说话时，语气一般不重。例如：

⑲ 得，我们白来了，票卖完了。

⑳ 得，我忘带钥匙了，咱们进不去了。

㉑ 得，今天他病了，去不了长城了。

㉒ 得了，这趟车又上不去了。

（4）面对出现的情况，表示劝阻。常用“得了”。说话时，一般语气较缓和。例如：

㉓ 得了，别哭了。

㉔ 得了，别着急了，再想想办法。

㉕ 得了，你们别吵了。

㉖ 得了，你少喝点儿酒吧！

原刊标题："得""得了""得了吧"在口语中的几种用法（作者：李兰英）
原载《学汉语》1990年第9期（总第38期）

101 得了 好了 算了

解析重点 "得了"、"好了"与"算了"的用法

"得了"、"好了"、"算了"是人们日常生活中的习惯用语。这三个词在句中的位置、语义各不相同，现归纳如下：

1．作谓语

表示事情已经或将要完成，意思是"就行了"，语气肯定，常带"就"表示强调。例如：

① 都准备得差不多了，明天再去一趟就得了。

② 要是有机会去拜访拜访他就好了。

③ 今儿个的事，先生既没说什么，算了就算了。

从例句①看出，不用"就得了"这句意思是"明天要再去一趟。"如果用"就得了"是说明"去一趟就行了。"在语义上是有区别的。从例句②看出，如果不用"就好了"这个句子表示"说话人想拜访某人"，如果加上"就好了"作谓语，表明"说话人认为能拜访某人是一件令人满意的事"。例句③用"就算了"是劝慰对方不要再计较，应采取息事宁人的态度结束某事。

2．放在句尾，相当于语气助词的作用，可用"吧"替换。

（1）语气强硬，含有不满之意。

④ 我等着坐牢得了！（或"好了"）

⑤ 你小子把我毒死算了！

（2）语气和缓、含有劝慰之意。

⑥ 小李，今晚你就在这儿吃饭得了。（好了）

⑦ 孩子不愿干这行，你就让他自己选择算了。

（3）表示简便、轻松、放心做某事，含劝慰之意。

⑧ 冰箱里有现成的东西，随便吃点儿算了。（得了）

⑨ 这儿有的是苹果，你尽管吃好了。

请客人吃饭是件愉快的事，也显示出主人的豪爽、痛快、好客的性格。可是，如果说：

⑩ 今天我请客算了。

这样就会被客人误解为主人请客是出于无奈，使好事变成了坏事。这就是说，“算了”含有消极、被动的含义。

3. 放在句首、当结束某项活动时先说的话，可以重叠。“得了”“算了”后边可加“吧”。

（1）对别人的行为进行制止、表示不同意或不满，语气较强硬。

⑪ 得了吧！软绵绵的，没劲！

⑫ 嘿，你算了吧……哪儿那么容易就撞咱地球上啦。

（2）表示劝解或同意对方意见，语气和缓。

⑬ 算了算了，我们承认错误接受批评就是了。

⑭ 得了，您也让点儿步吧。

⑮ 好了好了！这个小鬼可真有意思。

（3）用作结束语。

⑯ 好了，节目到此结束，朋友们下次再见。

⑰ 算了算了，我不跟你一般见识。

⑱ 下次再违章，我罚你站一小时。得了，走吧。

（4）表示无可奈何接受某结局。

⑲ 谁给你报呀！算了，还是受罪挤公共汽车吧。

⑳ 好了，这一切缺陷还不都该怪您。

㉑ 得了，多带几个饼子回去，回头见了，哥儿们！

总之，用“得了”的语句多半含有积极、主动的含义；而用“算了”多半含有消极、被动的含义；“好了”则多半用于劝慰的语句中。

原刊标题：“得了”、“好了”与“算了”（作者：杜同惠）
原载《学汉语》1998 年第 8 期（总第 133 期）

102 怪不得

解析重点 “怪不得”作为动词短语与作为连词的不同用法

“怪不得”有两种用法。一种是作动词短语，一种是作连词用。

作动词短语用，其中的“怪”是动词，意为“责怪”；“不得”是可能补语，意为“不能”。“怪不得”就是“不能责怪”的意思。这时它一定带宾语，可以是代词，也可以是名词。例如：

① 这件事没办好是我的责任，怪不得他。

② 比赛失败了是由于我们自身不够努力，怪不得教练。

③ 你迟到是因为你睡懒觉，怪不得别人。

作连词用的“怪不得”表示明白了事情的原因之后，就理解了为什么这样。表示原因的分句可以放在“怪不得”连接的分句的前面。例如：

④ 昨天晚上下了一场大雪，怪不得今天早晨这么冷。

⑤ 天气预报说今天下午有雷阵雨，怪不得这么闷热。

表原因的也可以是一个独立的句子，这时一般由两个人对话。例如：

⑥ A：听说小王出车祸了！
B：怪不得这几天没见他来上班。

⑦ A：小张曾经在日本留学四年。
B：怪不得他日语说得那么流利。

表原因的分句也可以放在后面，这时多半用“原来”连接。例如：

⑧ 怪不得他日语说得那么好，原来他是留学日本的研究生。

⑨ 怪不得我找不到练习本，原来是你给藏起来了。

⑩ 怪不得她俩长得那么像，原来是一对孪生姐妹呀！

原刊标题：“怪不得”（作者：宋玉柱）
原载《学汉语》1996 年第 4 期（总第 105 期）

103 过得去　过不去

解析重点　“过得去”“过不去”用法分类说明

1. 一般用法：指在交通上有没有阻碍，能不能通过。

① 吃完饭赶到河边，却找不到摆渡的，过不去，我只好回宿舍睡了。（《剧本》1989 年第 5 期）

2. 特殊用法：共有四种，是由一般用法引申而来的。

（1）表示生活、生命、关系等，继续维持有没有困难，能不能接续下去。如：

② 几个赶过车的就更起了劲；他们从前还过得去，现在可挨了饿。（《张天翼小说选集》）

③ 再说，他肯定是过不去这个冬天了。（《电影创作》1985 年第 7 期）

④ 我和他还过得去，虽然说不上有多么亲密，但也没什么过不去的。

（2）表示内心有没有歉疚，能不能心安理得。“过得 / 不去”前边常有“心上”、“心里”等词。如：

⑤ 我准得给大家享点福，我心上才过得去。（《张天翼小说选集》）

⑥ 所以我心里过不去，女儿要不卖出去，在家吃得差些，总不会这样给人糟蹋。（《丁玲戏剧集》）

（3）表示事情的安排处理，有没有不妥之处，能不能使有关的人接受。如：

⑦ 当时对丈夫的照顾虽然也过得去，但毕竟占的位置还不算重要。（《北京晚报》1989 年 12 月 23 日）

⑧ 大家虽然平时都讨厌老乔，但在前几天揭材料过程中都揭了；现在人家丈夫来了，不能太过不去，都与他客客气气点头……（刘震云：《单位》）

（4）表示使对方处于困窘为难的境地。“跟”有时也可以说“和”。

1）有时还可以把物比拟为人。如：

⑨ 我们海报都贴出去了，“五 · 一”开业，你这不是成心跟我们过不去吗？（《电影创作》1981 年 10 月）

⑩ 打球打输了，摔球拍子有什么用？最好想想自己为什么没打好，别和球拍过不去。

2）表示某些人自己使自己遭到困扰损害。如：

⑪ 可自己跟自己打仗，自己跟自己过不去。（《电影创作》1985 年 7 月）

原刊标题：“过得去”和“过不去”（作者：常玉钟）
原载《学汉语》1991 年第 11 期（总第 52 期）

104 好意思 不好意思

解析重点 “好意思”和“不好意思”用法分类说明

“好意思”和“不好意思”都是中国人日常口语交际中的常用词语，有意思的是：在句法结构上，“不好意思”是“好意思”的否定形式；但在语义方面，“好意思”却是“不好意思”的否定形式。“不好意思”等于说“感到难堪”“碍于面子”，或者“难为情”；而“好意思”则等于说“不感到难堪”“不顾忌面子”，或者“不难为情”。

1. “好意思”一般用在反问句里，而“不好意思”通常用在陈述句中。比较：

① 这么晚了，我怎么好意思去打扰您呢？

② 真是不好意思，这么晚了还来打扰您。

“好意思”前面经常带有“难道”“还”“怎么”等副词，句末用“呢”“吗”等语气词。这时，句子形式虽然是反问语气，但意思上却是否定的陈述语气。“怎么好意思去打扰您呢？”等于说“不应该打扰您。”“不好意思”前面往往出现“的确”“实在”“非常”等副词，用来加深说话人表示歉意的程度。

2. “不好意思”主要表示歉意，相当于“对不起”。

③ 很不好意思，我把这件事给忘了。（真的忘记了）

而“好意思”通常用于轻微的批评，偶尔用于比较严厉的责备。例如：

④ 大家都在忙着打扫教室，你好意思在这儿玩电子游戏吗？

3. “好意思”和“不好意思”可以用在同一个句子中，以此来比较双方持有的不同态度。

⑤ 你好意思去，我可不好意思去。

⑥ 他可真好意思提出那种要求，要是我可不好意思。

这时，句子的语气以“不好意思”为主，使用陈述语气。

原刊标题：“好意思”和“不好意思”（作者：徐建华）
原载《学汉语》2004 年第 3 期（总第 195 期）

105 话不能这么说

解析重点 “话不能这么说”用法说明

“话不能这么说”的意思是对方说得不对，不能这样分析，表示不同意、反对。例如：

① A：听说他当上处长了，还不是机遇！
B：话不能这么说，这人还是有能力的，可能大家不了解。

在这个例子中，双方讨论的命题本身有一定的复杂性。如果是一般事实的叙述或其理自明的意见，如“他去上海是出差”，“天降温，得多穿些衣服”，都不能用“话不能这么说”来否定。

“话不能这么说”没有肯定式。

在口语中，“这话是怎么说的”是“话不能这么说”的反问形式，除了像“话不能这么说”一样表示否定、不同意以外，语气中还带有一种责备的意味。

②“那你就对他们说：让他们听我说！”傅连山嗓子发沙，愤怒得吼了起来。
“哎，我可从来没让他们不听你的呀！你这话是怎么说的？

“这话是怎么说的”如果是一般疑问句，那么，它的意思是要求对方把“这话”说得具体、确切一些。如：

③ A：听说她不同意这个方案，说是太保守。
B：她这话是怎么说的？你讲明白些。

原刊标题：跟“话”和“说”有关的词语（二）（作者：方人）
原载《学汉语》1989 年第 4 期（总第 21 期）

106 话说回来

解析重点 “话说回来”用法说明

1.“话说回来”连接两个句子（或语段）。前面的句子（或语段）说的是一个事实，一种可能；后面的句子（或语段）说的是即使与第一种事实可能相反，结果也是一样，或者比前者更甚。如：

① 现在黑脸白脸谁也分不清。凭你结实这个年纪，再学习也当不上教师。话又说回来，你要真当上教师，你就要倒霉。（李准：《王结实》）

② 他今天是太累了。不过话说回来，就是不累，他也不会和人们去争的，他没有与人争抗的习惯和能力。（湘霖：《家義，你走得太累了》）

③“有位暴发户的少爷，这些日子正拿钱砍舍妹，我们是卖艺不卖身的！”
那五说：“可敬，可敬。”
贾风楼说：“话说回来，没有君子，不养艺人。人不能随他摆弄，钱可得让他掏出来。”（邓友梅：《那五》）

可以看出：在①②中“话说回来”后面是一个表示让步的复句，它所假设的前提与前面的分析完全相反。例③中，前面对暴发户少爷仗钱戏弄艺人表示不满，后面说艺人又离不开有钱人（君子）；也是从相反的两个方面进行分析。

2.“话说回来”前面的句子或语段说了一种意见，它后面的句子或语段是对前面的意见从利弊得失上继续进行分析、提醒。如：

④ 两条路。一是专门作假，死抱着自怡子啊，周乐元不放，作到分毫不差，

这也能挣钱，可话说回来，一样的花工夫，何苦在人品上落价儿呢？（邓友梅：《烟壶》）

⑤ 既然你我都没意见，咱们俩一锤定音。不过，话还得说回来，我与你往后要处一辈子。（郑九蝉：《能媳妇》）

例④前面说一种意见：花工夫作假能挣钱，后面说这样作了人品可落了价。例⑤前面说，两人没意见就可以定婚，后面提醒说这是意味着一辈子在一起生活。

“话说回来”无论是哪一种用法，都有转折的意思，所以它前面常有“但是”“不过”“可”等表转折的连词。

原刊标题：跟“话”和“说”有关的词语（一）（作者：方人）
原载《学汉语》1989年第3期（总第20期）

107 可不是　可也是

解析重点　“可不是”与“可也是”的语义分类说明

“可不是”与“可也是”都是动词性的短语，常用在口语交际中。但它们都有不同的语义和用法，下面分别举例说明。

1.“可不是”在不同的句子中表示两种相反的语义：有时表示否定，有时表示肯定。

（1）当“可不是”表示否定的语义时，它往往带宾语，后而的句子往往相对表示肯定另一种情况。例如：

① 这件事没办好可不是他的责任，应当由我负责。

② 昨天夜里那个敲你门的可不是小王，是小刘，我亲眼看见的。

③ 明天上午开会的时间，可不是你说的八点，而是九点，这是王主任告诉我的。

（2）当“可不是”表示肯定的语义时，常表示同意别人的某种说法，并接着别人的话说下去。有时可省去“是”，说成“可不”。例如：

④ A：昨天夜里下了一场秋雨，今天就变冷了。
B：可不是，俗话说得好：“一场秋雨一场寒”，现在该穿毛衣了。

⑤ A：今年的大白菜又丰收了，棵棵长得都很大。

B：可不是，每棵都有七八斤重。

⑥ A：现在北京的10月，天气真好，是旅游的好季节。

B：可不，听说各国来北京旅游的人多极了，各大饭店、宾馆都住满了。

2.“可也是”的语义表示觉得对方的话有道理，并且放弃自己原来的想法或做法，同意对方的说法或做法。“可也是”的用法常紧接对方的话语，在句首作独立短语。与“可也是”的语义和用法相同的词语还有“倒也是”“可也对”“倒也对”等等。例如：

⑦ A：明天星期日，咱们去颐和园玩吧。

B：明天咱们去参观书画展览吧，听说明天是最后一天了。

A：可也是。好，就依你吧。

⑧ A：咱们打开录音机听听音乐吧！

B：最好声音放小点儿，别影响别人学习。

A：可也是。

⑨ A：咱们明天去白云观参观，乘公共汽车吧。

B：坐汽车不太方便，倒两次车，下车后还得走一段路，我看还是骑自行车去吧！

A：可也是。好！那就骑车去吧！

原刊标题："可不是"与"可也是"（作者：白云）
原载《学汉语》1991年第2期（总第43期）

108 没什么

解析重点 “没什么”在口语中表达的含义

本文要讨论的“没什么”是动宾结构，“什么”是代词。“没什么”常常单用，可是它在书面语中较少见，一般只出现在口语中。其中的“什么”代表不肯定的事物。

单用的“没什么”大致表示下列几种意思：

1. 表示说话人不愿意将事情的真相或自己的真实思想告诉对方。"没什么"是搪塞之词。如：

① A：你每天晚上写的是些啥？
B：没什么。
A：是日记吗？
B：是的。

这是张贤亮的小说《男人的一半是女人》中章永璘和他的妻子黄香久的一段对话。在黄第一问的时候，章不想告诉她写了什么。黄在第二问中指实了问他是不是日记时，他无法掩饰才承认"是的"。小说接着写到章又马上嘱咐她"不能跟任何人说我写过什么东西，连一点口风都不准露出去。"甚至不让黄看他写的东西。可见他在第一问时以"没什么"代替正面回答，其原因是不想让对方了解真实情况。

2. 也是表示答话人对问话人的问题不作正面回答，但其原因是认为事情微不足道，不值一提。如：

② A：你每天这么忙，干什么呢？
B：没什么，瞎忙罢了。

这是说话人认为干的都是琐事，不值一提。

1、2 两种"没什么"都出现在对问题的回答中，有时也可以把问话中的动词包括在内，如 1 可以说成"没写什么"，2 可以说成"没干什么"。但它们也有些细微的差别，1 不仅否认行为的内容，而且也否认行为本身；2 只否认行为的内容，不否认行为本身，所以接下去可以说"瞎忙罢了"。如果 1 的回答改成"没什么，随便写写罢了"，那么答话人所要否认的就仅仅是行为的内容，而不否认行为本身。

3. 说话人认为事情并不具有严重的性质，不必看得太重，表示了说话人对对方的安慰。如：

③ "今年你逃过去了——有家呀，今年该着我和'哑巴'上山了。"
"没什么，"我安慰他说，"山上就是寂寞一点，其实生活很好，羊肉随便吃……"（张贤亮：《男人的一半是女人》）

在生活中，一方无意中损害了另一方，表示道歉的时候，另一方如果说"没什么"，则表示谅解。这时候"没什么"也可说"没关系"，表示安慰的时候不可以。

原刊标题："没什么"（作者：施光亨）
原载《学汉语》1987 年第 5 期（总第 5 期）

109 没事儿 有事儿

解析重点 “没事儿”“有事儿”用法例释

说一个人没事儿，一般是指没有需要他做的工作。比如：

① 他退休以后，没事儿，学学字画，心情、身体都不错。

② 星期天没事儿，上街遛遛。

也可以指没有特殊的目的、任务。如：

③ 好久不见了，随便找你聊聊，没（别的）事儿。

它的肯定式是“有事儿”，如可以说：

④ 我有（点儿）事儿，先走了。

⑤ 这老太太前天添了个孙子，这下可有事了。

这是“没事儿”的第一个意思，我们把它叫作“没事儿$_1$”。“没事儿”还有第二个意思，先看例句：

⑥ A：对不起，踩你脚了。
B：没事儿。

⑦ A：这事儿你可帮了大忙了，我真不知道怎样感激你才好。
B：没事儿。应该的。

⑧ A：听说你病了，来看看你。
B：没事儿。感冒罢了。

这三个例子中的“没事儿”分别用于回答别人表示的歉意、感谢和问候，意思是不严重，不值一提，不必介意。可以连说“没事儿，没事儿”（例①—③中的“没事儿$_1$”不能连说）。它只有否定形式，没有肯定形式。我们把这种意义和用法的“没事儿”叫作“没事儿$_2$”。

还有一个“没事儿$_3$”，意思是没有关系、牵连，不受影响。如：

⑨ 问题搞清楚了，他没事儿。

也可以这样说：

⑩ 问题搞清楚了，没他的事儿。

"没事儿$_1$""没事儿$_2$"都没有"没谁的事儿"的形式，如不能说：

⑪ * 星期天，没我的事儿，上街遛遛。

但是可以这样说：

⑫ 星期天加班，没我的事儿，上街遛遛。

指加班干的活儿跟我没关系，或其他原因，可以不参加。

例⑥—⑧更不能说或"A：对不起，踩你的脚了。B：没我的事儿。"所以"没事儿$_2$"并不否认事实，只是说明对事实的态度。

"没事儿$_3$"也不能连说。它的肯定形式是"有事儿"。如说：

⑬ 听说他最近有（点儿）事儿。

意思是说他有了麻烦、不快的事，他跟麻烦事有关系，被牵连。

原刊标题：没事儿和有事儿（作者：施光亨）
原载《学汉语》1987年第3期（总第3期）

110 哪里

解析重点 "哪里"表示否定和表达谦恭的用法

"哪里"本是一个指地方的疑问代词，本义是"什么地方"，口语中也可以说"哪儿"。此外，它也可以表示否定，是一个谦词。

1. 表示否定

"哪里"用来表示否定，如：

①"什么？他不是早就在海……牺牲了？"一提到祁原，刘丽文的心就是一痛。

"哪里！你怎么到现在还不知道？"贾漪仿佛秘密在握似的说。（韦君宜：《洗礼》）

②（沈局长）抬起头来，嘲笑地说："梁总，你怎么管起工会的事来了？真成了总管？哈哈哈……"

“哪里哪里。沈局长，这台录音机是生产上用的吗？”梁友汉老老实实地解释着。（水运宪：《祸起萧墙》）

“哪里”一般用在对反问句的否定回答上，也可以说“不”。也可以说“哪里话”、“哪里的话”。如：

③ A：怎么？瞧不起风月了？
B：哪里话，是她瞧不起我呀！（谭谈：《山道弯弯》）

“哪里话”的否定意味更强烈，意思是根本不可能，多用在为自己辩解上。“哪里话”、“哪里的话”可以说“哪儿话”、“哪儿的话”但例①②的“哪里”一般不说“哪儿”，更不能用其本义“什么地方”。

2. 表示谦恭

听到别人赞扬的时候，西方的习惯是说“谢谢”，表示感谢，中国人常常说“哪里”，表示谦恭。如：

④ A：您一根白头发都没有，真年轻！
B：哪里！五十都出头了。

⑤“我的生活本事差，老郎教给我怎么过日子。屋子全是他收拾的。”王辉凡热心地向刘丽文介绍。
“哪里！老王现在可学得能干多了。”（韦君宜：《洗礼》）

⑥ A：您没休息好吧？
B：不，还不错。谢谢。
A：哪里，哪里，小店条件差一些，尽住些粗人，请您多包涵。（金河：《大车店一夜》）

“哪里”的意思是“不是这样”，也有否定的意味。

听到别人表示感谢的时候，可以回答“不敢当”，也可以说“哪里”如：

⑦ A：让您受累了，谢谢！
B：哪里哪里，这是应该的。

要注意的是，如果对方只说“谢谢”，前面没有“让你受累了”及诸如“让您破费了”、“麻烦你了”之类的话时，那么一般只回答“不敢当”或“不谢”，不说“哪里”。表示谦恭的“哪里”也不能说“哪儿”，更不能说“什么地方”。

表示否定和谦恭的“哪里”都可以重复。

原刊标题：“哪里”（作者：余锡人）
原载《学汉语》1988年第3期（总第8期）

111 那个

解析重点 口语中“那个”的特殊含义

汉语中的指代词“那个”，其所指、所代一般都十分明确。可是，在有些场合，它的意义又十分模糊，说话人用来指代那些说不清楚，或不愿说清楚的意见或行为，听话人也只能从总体上予以意会。

下面我们就说一说这样的“那个”。

1．一般用来指代对某种行为的看法、评论，这些行为说话人之人为是不合适的，但是，为什么、在哪些地方不合适，又很难说清楚。

① 我对初霞想得出用“奶瓶”代替“水壶”十分佩服，不过总觉得这么大的人用奶瓶喝水，有点“那个”。（琼瑶:《剪不断的分愁》）

② 眼下正风传下半年要评定职称，此举（把雨衣让给科长）难免有那个之嫌，他迪古堂堂正正，还不喜欢来那个的。（王蒙:《那个》）

③ 他常向她献殷勤，更何况刘姐又长得太漂亮，这就一定要落个那个。（同②）

④（大张）动不动为点芝麻小事弄得自己在众人面前下不了台，今天主动借他雨衣，简直，简直算是那个。（同②）

上面四个例句中提到的行为都被认为是不合适的，但是，“那么大的人”（尤其是在某种条件下）为什么不能用奶瓶喝水？评职称前，是不是就不能和主管领导有正常的人际交往？……要提到什么原则高度来论说好像又很难。“那个”就代表这样一种很难说得清楚的批评性的评述和看法。

2．对于某些不合适的行为的不便言明的看法和评论。

⑤ 美国的学生玩计算机，玩模拟总统竞选，玩苏美首脑会谈，虽不能说那是绝对的高雅，但相比之下，我们的学生玩模拟（上车）抢座，是否也太有点那个了？（《光明日报》1989年4月9日:《游戏的误区》）

⑥ 担负着精神文明建设重任的文艺界的一些朋友们，你们为此不顾质量地把自己的作品推给我们的群众，难道不觉得太那个了吗？（某报评论）

和第一类一样，这两个例句中所提到的行为也被认为是不合适的，但是前者为什么不合适，说话人自己也很难说清楚；而后者，说话人的态度是明确的，只是不愿意用太坦露的语言来表述，以免伤害别人的感情，而宁愿使用“那个”这样含糊其词的说法予以提醒，希望引起人们的思考。

3. 有的时候，“那个”不是指代某种评论和看法，而是指某些不合适的行为本身。

⑦ 这大张平时很有些那个，论资历自己算得上这办公室的元老，可大张也太那个了。（王蒙：《那个》）

⑧（刘姐）得去幼儿园接儿子，去迟了阿姨会那个的。（同①）

⑨ 大张三十挂零，眼下正那个。（同⑦）

例⑦、⑧中所说的行为说话人认为是不合适的，但又难用言语表述清楚。例⑨的“那个”指的是“恋爱”，但是，可能这种恋爱关系尚不明朗，旁人不便挑明。“那个”的第三个意义就是指的这样一些很难说清楚或不便言明的行为。

4. 有的时候，“那个”也用来指某些行为的积极效果，但是，这种积极效果到底是什么仍然是模糊的。

⑩ 涂老王是近邻，好友，至交，小小老百姓，岁数大，当然还是男的，把雨衣让给他，顺理成章，保准那个。（王蒙：《那个》）

无论是这三种意义中的哪一种，“那个”都不作主语、定语和状语，它一般作谓语、宾语，有时也可作补语。

原刊标题：有这样一个“那个”（作者：方人）
原载《学汉语》1989 年第 8 期（总第 25 期）

112 那个

解析重点 “那个”在口语中的委婉指代用法

“那个”是汉语常用的指示代词，一般用来指示较远的人或物。比如：那个老师、那个图书馆、那个商店等。

“那个”还有一个比较特殊也十分有趣的用法，就是委婉指代。它往往借助于上下文提供的语言环境指代各种各样不便直说的事物、动作、状态和意思。例如：

① 借他的照相机用用，他都不肯，也太那个了。
（“那个”表示“小气”“不够朋友”）

② 这场病差点儿把她那个了。
（“那个”指“病死”）

③ 你看我穿这条裙子是不是有点儿那个。
（“那个”表示：不太合适，太华丽，或颜色样式不好等）

④ 你就别那个了，星期六的会你一定得参加。
（这里的“那个”有“推辞”“找借口”等意思）

由此看来，“那个”指代的语义相当宽泛，几乎无所不指，而它指代的语义，表面看来含有模糊性，实际上只要结合上下文，在语用环境中又是清楚明白的。

又因为它多指代不便直说的意思，所以常含贬义，多与表示过分的“太……了”，表示不满和挑剔的“有点儿……”“有些……”，表示指责的“特……”，表示劝止的“别……”合用。例如：

⑤ 人家约你几次，你都拒绝了，你也太那个了。
（这里指代“太不礼貌”“架子太大”等意思）

⑥ 这位老兄特那个，别人的话好赖都听不进去。
（这里指代“特固执”“特不虚心”等意思）

⑦ 这几天他的情绪有点儿那个，你得多注意。
（这里指代“情绪不好”“反常”等意思）

⑧ 你别那个了，我心里够难过的了。
（这里指代“别说了”“别指责了”“别唠叨了”等意思）

“那个”还多用来指代难于说出口的事物和动作，作委婉语用。例如：

⑨ 她来那个了，今天不能上班。
（指女人来月经）

⑩ 小保姆被那个坏男人那个了，觉得没法活了，想那个，多亏让警察救了。
（第一个“那个”指“奸污”，第二个“那个”指“自杀”）

“那个”的这个特殊用法，看似无规律，其实，只要认真阅读，仔细捉摸，结合上下文，便不难弄懂它表示的语义。

原刊标题：“那个”的妙用（作者：杨寄洲）
原载《学汉语》1993年第4期（总第69期）

113 去 去你的

解析重点 口语中的“去”和“去你的”

“去”在现代汉语中是常用词，在口语中“去”和由“去”组成的语词有一些特殊的用法。

1. “去”

表示不愿就对方所提的话题进行讨论，不耐烦；是一种很不客气、很不礼貌的说法。

① A：你说，那个田林，……就是那个男的，他是郑波的什么人？
B：不知道。
A：你还不知道？
B：去，去！……（王蒙：《青春万岁》）

②“哥哥，你又去找小刘去了吧？”新枝顽皮地说。
“去……去。”袁新友红着脸，跑到里屋去了。（同上）

③“你看佳佳对你多好！”
“去去去！”华华粗暴地说：“别打断我的思路，我在记单词！”（汪浙成、温小珏：《苦夏》）

这样用法的“去”都需重复。因为是一种很不礼貌的说法，所以除非是关系极为亲密者之间，不能用这说法。如果用了，不但显示自己没有教养，还可能会导致对方的反感情绪。

2. “去你的”

表示轻微的斥责，常用在戏谑、话题不太重要的谈话中。如：

④ A：你像一池温水！
B：怎么像一池温水？
A：洗澡水。
B：去你的，我怎么成了洗澡水了？（赵长天、唐大卫：《老街尽头》）

⑤ 陈大虎：……赶明儿你也来它一件穿穿。
祁小梦：在村里？妈哟，我怕吓死两口子。
陈大虎：管他们呢，我爱瞅行呗！
祁小梦：去你的！（锦云：《狗儿爷涅槃》）

⑥ 妻子：多好的记性，你怎么没把我忘了？

丈夫：嘻，能忘掉你吗？

妻子：去你的，少嘻皮笑脸！（韩冬：《隔墙有耳》）

“去你的”妇女用的比较多，语气中带有若干娇嗔的意味。

原刊标题：“去”及由“去”组成的词语（作者：施光亨）
原载《学汉语》1988年第12期（总第17期）

114 什么呀

解析重点 “什么呀”在口语中表示否定的用法

“什么”的主要用法是表示疑问。除此之外，还可以用来表示否定。表示否定的“什么”一般都出现在动词或形容词之后，如：

① 你跑什么，还有事跟你说呢！

② 年轻什么呀，我都五十了。

“什么”独用的时候，还可以表示惊讶，如：

③ 什么！都九点了，咱们得马上动身了。（见《现代汉语八百词》）

但是，口语中的“什么”还有一个用法，似乎包括在内。先看例句：

④“画家，你怎么起了这么个名字？陈雅丹，听起来像‘鸭蛋’，又像创造人类的‘亚当’。”
“什么呀？”她说，“雅丹，在维吾尔语里是干燥地区、风蚀地貌的名称。”（黄传会：《三个太阳》）

⑤ A：画家，你的心地太善良了，你一定觉得我们在南极太冷了，所以多画了两个太阳。
B：什么呀？画家这幅画是专门为我画的。三个太阳一个是我，一个是我爱人，还有一个是我儿子，哈哈……（同上）

⑥ A：他说他们“插青”常吃拔丝窝头。
B：什——么呀！懒得做饭就是了。蒸一锅窝头吃几天。霉了，掰开来一丝一丝都粘着。（陈祖芬：《飘走的蒲公英》）

这里的“什么呀”并不是因为说话人没有听清楚对方的话而提出的追问，而是说话人认为对方的意见完全不对，而且错得很不应该。因此，可以分析为：

什么呀＝你错了＋错得很不应该

我们不妨作一比较：

⑦ A：听说前几天走了。

B_1：不对，他走了一个月了。

B_2：什么呀，他走了一个月了。

B_1 句答语中的“不对”指出了“前几天走了”的说法与“走了一个月了”的事实不符；B_2 句中的“什么呀”不仅指出二者的不符，而且认为把“走了一个月了”说成“前几天走了”是太不应该了。因此，“什么呀”是一个带有感情色彩的否定，这种感情强烈的时候，“什么”可以说得又重又长，所以，例⑥中，作者把它写成“什——么呀”。

“什么呀”可以用在友好的谈话中，如例④⑤；⑤中还夹杂着笑声，也就是说表示否定，但不反感，下面的例子中甚至还流露出一种虚荣心的满足。

⑧“交通部真来位大干部，未必能顶得住你的工作，这就是摇令旗的未必动得了刀枪。”

“什么呀？”戴玉英情不自禁地格格笑出声来，“还不是吹吹哨子挥挥旗。”（潮清:《单家桥的闲言碎语》）

有时“什么呀”也可以表示谈话人对某种说法、行为的不满和憎恶，如：

⑨“‘首长在百忙之中，光临我连检查指导工作，是对我们全连的干战的极大关怀，极大鼓舞，极大鞭策，我们……’行行行，很不错，文字流畅，感情充沛，都是发自肺腑之言，很好。”我把稿子还给他，什么呀，反正是拣好的说呗！（简嘉:《女炊事班长》）

这里，说话人用“什么呀”表示了对阿谀奉迎者的讥讽和不屑一顾。生活中，人们常常会听到用“什么呀”来评述不满意、不公正的言行，如：

⑩ 什么呀，乱七八糟的！

⑪ 什么呀，净是邪门歪道！

“什么呀”跟用在动词、形容词后面的表示否定的“什么”有所不同。动词、形容词后面的“什么”否定的是动词、形容词，“跑什么”＝“不要跑”，“年轻什么呀”＝“不年轻”。“什么呀”否定的是对方的整个意见，所以常独用，前面没有任何成分；当然有时也可以说“你说的什么呀”“这叫什么呀”。因为是对对方意见的直接反映，所以，它又常常用在语段之首，如例④⑤⑧；例⑥⑨则是先转述，后评论。

独用的“什么呀”又跟独用的“什么”不同。独用的“什么”，如“什么！都九点了”，仅仅表示说话人的惊讶，没有否定的意思；“什么呀”则一定表示否定，前面有否定的对象。

“什么呀”中“什么”后面一定有“呀”。前面例子中的“跑什么”“年轻什么呀”可以有“呀”。也可以没有“呀”，意思不变。“什么！都九点了”中如果在“什么”后面加“呀”，就意味着有人认为还不到九点。也就是说，原来仅仅表示惊讶，加“呀”后就表示否定。

最后还要说明的一点是，“什么呀”只出现在口语中，书面语不用。口语中使用“什么呀”比较多的是女青年。她们一般不愿意用激烈的、粗俗的言辞来否定她们不满意的意见和行为，用“什么呀”则比较含蓄，既表明了自己的意见，又不致失态。

原刊标题：表示否定的“什么呀”（作者：施光亨）
原载《学汉语》1990年第4期（总第33期）

115 是这样（的）

解析重点 重音对短语“是这样（的）”意义的影响

在汉语的实际运用中，“是这样（的）”有两种不同的发音，用法也不太相同。

1. 重读音在“是”字上时：

（1）表示肯定的回答。

① A：您看，这样写对吗？
B：对，是这样。

（2）表示同意对方的意见。

② A：今年的气候很反常。
B：是这样的，忽冷忽热。

2. 重读音在“这样”上时：

（1）表示解释或说明。

③ 您别急，听我慢慢说，事情的经过是这样的……。

④ 是这样，我想早点见到你就提前动身了。

（2）表示明白或了解。

⑤ A：我有中国血统，当然像中国人了。
B：噢，原来是这样的。

⑥ A：今天不上课，老师病了。
B：是这样，难怪一个人也没有。

3. 重读音既可在"是"字上，也可在"这样"上，这时要根据它所强调的内容，根据语境来选择它的读音。

⑦ 他刚才说的是这样吗？

⑧ 他刚才说的是这样吗？

⑨ 是这样的话，我一定去。

⑩ 是这样的话，我一定去。

⑦、⑨ 两句都是强调"是不是"，而 ⑧、⑩ 两句是强调"这样"，不是别的。

原刊标题："是这样（的）"（作者：罗庆铭）
原载《学汉语》1995 年第 6 期（总第 95 期）

116 说得上 说不上

解析重点 "说得上"和"说不上"的三种用法例释

"说得 / 不上"有三种用法

1. 第一种用法中，"说得 / 不上"也可说成"谈得 / 不上"、"谈得 / 不到"（见例①③④）。"说（谈）不上"比较常用，而"说（谈）得上"多是用在反问句中（见例③）。

"说（谈）得/不上"常带有动词（动词短语）、形容词（形容词短语）等作宾语。可分为三种情况。

（1）表明人或事物在某方面没有达到宾语所表示的那种水平或程度，常在表示谦虚时使用。

①马海萍：看来您对诗词还挺有研究。
方磊达：哪里，远谈不上研究。（《剧本》1987年5月）

（2）进行辩解，表明事物或行为不具有宾语所表示的那种性质，没有达到那样的程度。

②这虽然不值得提倡，也确实说不上是什么错误。（《谌容小说选》）

（3）表示在自己所处的环境条件下，很难和宾语所表示的那种情感、愿望、行为发生什么联系。

③“又有点烧了，生了这种病，还谈得上什么福气！”（《电影创作》1985年1月）

④亮　亮：你不怨恨他？你原谅他么？
叶肖肖：谈不到怨恨和原谅，那是生者的事。（《剧本》1985年5月）

2. 第二种用法，也是“说不上”比较常用。“说不上”在这里表示由于对人或事物的某一方面了解认识得不清楚，因而不能明确具体地说出来。

⑤他们都很老了，老得连他们自己都说不上有多大岁数了。（《张天翼小说集》）

⑥我说不上为什么会跟她结婚。（《谌容小说选》）

3. 第三种用法，“说得/不上”和宾语“话”连用，表示有没有和某个（些）人进行交谈的机会、条件。

（1）“说不上话”比较常用，表示由于性别、熟悉程度、爱好、时间等方面的原因，不能和某个（些）人进行交谈。

⑦碰到金泉他们，谢风说不上几句话，可和女同学在一起，会说个没完没了。（《东方少年》1989年5月）

（2）用“说得/不上话”表示由于身份、熟悉程度等方面的原因，能或者不能和某个（些）人进行交谈并向他（他们）提出请求。

⑧您老是面子上的人，跟东洋人说得上话，求求您，……（《丁玲戏剧集》）

原刊标题：“说得上”和“说不上”（作者：常玉钟）
原载《学汉语》1990年第3期（总第32期）

117 说哪儿去了 说远了

解析重点 “说哪儿去了”“说远了”用法例释

1. 说哪（儿）去了

“说哪儿去了”的意思是：

（1）指说话离开了本来的话题。如：

① 你说哪儿去了，我们讨论的是要有竞争的意识，并不是要去做生意。

（2）当一方表示感谢的时候，另一方说“说哪儿去了”，意思是这些感谢的话是不必要的，说了反而见外了，表示客气。如：

② A：太感谢了，没有你，我真不知怎么办。
B：你说哪儿去了。互相帮助嘛，何况咱们是多年的老同志呢。

（3）指对方所说的事情根本不存在，无须讨论。如：

③ 这回，仲亭、伯亭一齐跳起来：“你拿事实！”仲亭拉起一个低着脑袋的党员，大声喊：“王魁，你是运输队的，你包了一部大‘解放’，你说我提了你多少成？”
那个叫王魁的应付道：“嘿嘿，这说哪儿去了……”又一屁股坐了下去。（矫健：《老人仓》）

2. 说远了

（1）说话离开了本来的话题。如：

④ A：咦咦，话扯（远说）远啦！
B：再说那回酒席宴上，张狗闹说……（张一弓：《张铁匠罗曼史》）

（2）一方表示道谦或感谢的时候，另一方认为不必要，说这话的双方一般是关系比较亲密者。如：

⑤ A：千错万错都是我的错，都怪我对她教育不够。
B：唉呀，你咋越说越远了？这算啥错？（乔典运：《冷惊》）

⑥ A：让你受累了。太感谢了。

B：你这话说远了，咱们俩谁跟谁呀！

“说远了”一般都可以用“说到哪儿去了”代替。

原刊标题：跟“话”和“说”有关的词语（二）（作者：方人）
原载《学汉语》1989年第4期（总第21期）

118 说什么　说是

解析重点　“说什么”和“说是”用法例释

1.“说什么”是口语中常用的一个固定短语，常见的用法有两种。

（1）第一种用法：“说什么”有特定的语义，它从表示“说什么话”引申成了“无论如何”的意思。“说什么”和后边的“也”或“都”照应，表示在任何条件下一定要做某事，或一定不要（不准、不能）做某事。如：

① 正巧山丹进门，来顺娘忙着张罗饭食，说什么也得留山丹在这儿吃饭。（刘颖南：《玲珑三娘》）

② 一本《开塞小提琴练习曲》没练完，就哭着闹着说什么也不学了。（夏有志：《无题小说》）

③ 说什么我也不让您烧炕，西坡奶奶，……（谌容：《白雪》）

④ 这一晚她说什么也睡不着，……（刘颖南：《天仙会》）

（2）第二种用法：说话人转述别人的话，而自己认为这些话是没有根据、没有道理的，这时，常用“说什么”引出别人说的话——某种意见、主张或要求。这种转述常带有较强的不满和指责的语气，有时还说成“硬说什么”或“胡说什么”。如：

⑤ ……可这小东西偏偏从中搅和，硬说什么那个金马镫不是她妈挎包里原有的，……（毛志成：《金马镫传奇》）

⑥ 伤兵丙……可是工作人员护着他，因为他伤重，让他住单人房间，吃得比我们都好。说什么优待俘虏。（丁玲：《河内一郎》）

⑦ 有一天哥们几个打起架来，都要跑来借山娘，还说什么两年挪一回窝儿。（刘颖南：《山娘》）

2. 口语中说话人转述别人说话时，也常用"说是"引出别人述说的身份、事情、意图、主张等。不过，用"说是"引述，一般在语气上不表现出强烈的不满，这点和用"说什么"引述是不同的。

（1）有时说话人不能证实别人的话是否符合事实、合乎道理，因而并不确实相信，但是在用"说是"引述这些话时，语气上并没有明显的不满。如：

⑧ 虎妞：不是绑票儿？哪儿逮的？
祥子：说是侦缉队。（话剧《骆驼祥子》）

⑨ 她们村有我的一个远房姑姑，特意来叫我去看戏，说是可以相相媳妇。（孙犁：《亡人逸事》）

（2）说话人认为别人的话不符合事实或没有道理，用"说是"引述这些话时，也带有不满的语气，但不像用"说什么"引述时那样强烈。

⑩ 这媳妇叫雪梅，是个穷人家的姑娘，说是嫁到刘家，其实是卖给了刘家。（李准：《黄河东流去》）

⑪ 说是去寻找什么失去的爱，也不知道是什么时候丢的，……（李国文：《蓝色的花》）

原刊标题："说什么"和"说是"（作者：常玉钟）
原载《学汉语》1989 年第 12 期（总第 29 期）

119 我说　我说呢

解析重点　"我说"和"我说呢"用法例释

1. "我说"的用法有三个：

（1）一般用法：说话人用"我说"表示自己发表言论、意见。如：

① 汪子和我说，我说！是我不好！……（丁玲：《窑工》）

② 齐新……我说你也许还有一点希望，并不是像你想的，说你靠不住。……（丁玲:《重缝》）

（2）复述的用法：说话人用“我说”引出自己曾经说过的话。如：

③ 你没听见么，我说我没打王子！（张天翼:《大林和小林》）

这种用法，可用在说话人强调自己过去的某一主张是正确的。如：

④ 直直腰吧！我说去买个桌子，你偏不！（苏叔阳:《夕照街》）

（3）特殊的用法：说话人用“我说”向谈话对象打招呼，以引起话题。在“我说”后边，可接着叫出对方的称呼（如例⑤⑦），也可不再叫出对方的称呼（如例⑥⑧）。而不论哪种情况，“我说”的后边的部分，都并不是“我说”的宾语，这与“我说”的前面两种用法是不同的。用“我说”打招呼，又有三种情形：

1）使对方注意自己说话。如：

⑤ 大雪天就不拾柴禾啦？我说，同志！咱山里比不了你们城里，煤球煤块现成的，掏钱就有。……（谌容:《白雪》）

2）向对方提出请求，“我说”要用和缓的委婉的语气说出。如：

⑥ 李生财：我说，还是把小玉另外找个人家，放在家里是你的祸害。（丁玲:《窑工》）

⑦ 哎，既然这样，我说老章呀，你就别跟小黄离了吧！

3）向对方表示指责或不满，“我说”的语气可以是急促的强硬的。如：

⑧ 那青年将烟一扔：“我说你干吗老缠着我呀！”（徐子衡:《青年公民》）

2.“我说呢”，这是和“我说”用法完全不同的另一个常用短语。它是表示由于知道了原因而忽然明白和醒悟。

⑨ 汪大威：她们有几名队员是高中生。
小　玉：我说呢，又高又壮，准是吃得特好！（庄之明:《小丫踢球记》）

“我说”和“呢”中间，可以插进其他成分。如：

⑩ “唔，那小子是小偷啊，我说怪不得呢！”（李宝元:《陌生的朋友》）

原刊标题:“我说”和“我说呢”（作者：常玉钟）
原载《学汉语》1989年第10期（总第27期）

120 由得了　由不了

解析重点 "由得了"和"由不了"用法详解

学生：老师，请问"属狗不属狗还由得了我呀"这个句子中的"由得了"是什么意思？

老师：我们以前学过"由"是介词，可这里的"由"不是介词，而是一个动词。"由得了"是动词"由"和"了（liǎo）"的可能补语的肯定表达形式，否定形式是"由不了"，作谓语，多用于口语中。如：

① 这件事由不了你，得我说了算。

② 下雨，地震，我们可以预报，预测。可是，下不下雨，地震不地震，由不了我们人类。

③ 这是我们刘家的事，由得了他们王家吗？

④ 属狗不属狗还由得了我呀？

从这几个句子中你看看它们各有什么特点？

学生：我试着说说看。"由得了"用在反问句中，表示强调否定的意思是"由不了"。也就是说"由得了"和"由不了"在句中都表示否定的意思，它们表示"不能由……做主"、"不能按……的意思去做"。

老师：对，你说得完全正确。用这种形式更加强调语感。你再看看，"由"的宾语有什么特点呢？

学生：噢，我知道了。"由得了"和"由不了"后边一定要有宾语，而且它们的宾语是指人的名词或代词。对吧？

老师：你是个极聪明的学生，老师一点，就完全明白了。

学生：这就是老师的重要作用嘛。俗话说，"师傅领进门，修行在个人"，不就是这个意思吗？

老师：我顺便再说一下，我们学过"由不得"，它已经成为一个固定的格式，其实也是动词"由"和它的补语组成的表达形式，它作为谓语时的意思和"由不了"一样。如：

⑤ 你不来不行，这件事由不得你。

⑥ 出生在什么样的家庭，这由不得自己呀。

⑦ 人家约过我多次了，由不得我不去。

⑧ 孩子想学自己喜欢的专业，就让他自己决定吧，这可由不得家长做主。

你看这几个句子中的“由不得”和用“由不了”有什么不同？

学生：⑤、⑥ 两个句子中的“由不得”都可以用“由不了”替换，而且宾语也是指人的代词。⑦、⑧ 句我就说不好了。

老师：你说得不错。⑤、⑥ 句正像你说的那样，“由不得”的用法和“由不了”完全相同。⑦、⑧ 句中的宾语是个小句（主谓结构），和“由不了”的宾语不同，也就是说这两个句中的“由不得”不能用“由不了”替换，这正是“由不得”和“由不了”的区别。

学生：老师，我现在清楚了，谢谢您。

老师：不谢，这是我应该做的。

原刊标题：“由得了”和“由不了”有什么区别？（作者：杜同惠）
原载《学汉语》1998 年第 11 期（总第 136 期）

121 有的是

解析重点 “有的是”用法例释

先看两个例子：

① A：你们班同学都是哪国人？
B：我们班的同学，有的是日本人，有的是意大利人，有的是美国人……

② A：你们学校有日本学生吗？
B：我们学校有的是日本学生。

例 ①“有的……有的……”表示分述，说的是总体中的不同情况，必须连用；后面的动词可以用“是”，也可以用别的。例 ② 中的“有的是”表示数量多，是一个固定的词组。

现在，我们讨论后一个“有的是”：

③“不忙，不忙，”他连连摆手，“我有的是时间。”（桑逢康：《赴美华人录相》）

④ 只能用人的手来拔。这没什么，劳改队有的是人手。（张贤亮:《男人的一半是女人》）

“有的是”也可以放在称述对象的后面，如：

⑤ 然而，真正的悲剧还有的是。（孔捷生:《普通女工》）

⑥ 人家会看上咱这样儿的？比咱强的有的是。（孔少山:《盲流》）

⑦ 在我们研究室里，比我资格老的人有的是。（桑逢康:《赴美华人录相》）

在口语中，“有的是”，也可以单说，如：

⑧ A: 我还真没吃饭！有剩的不？

B: 有的是！油炸饺子、猪肉炖粉条、炒鸡子儿，外加二两白干儿！（谌容:《太子村的秘密》）

⑨ “不，伯母，我吃饱了。”

“别客气，有的是，你看，一大锅。”化龙妈说着舀了满满一大碗面疙瘩。（赵长天、唐大卫:《老街尽头》）

这些例句中的“有的是”，意思都是极言其多，有足够的数量。它们都可以用“有很多”来代替，从说话人的主观意念来说，在数量上它比“很多”还要多，在语气上它比“很多”更加肯定、强调。

原刊标题：“有的是”（作者：施光亨）
原载《学汉语》1988 年第 11 期（总第 16 期）

122 有的是

解析重点 “有的是”用法例释

① 我这儿有的是钱。

这是《高级汉语教程》里的一个句子。我们认为这是一个存现句。主语是表示处所的“我这儿”，表存现的动词是“有的是”，“钱”是存现宾语。

一般动词大都是单音节或双音节，像“有的是”这种形式大都是词组。但《现代汉语词典》把“有的是”看成一个词，意思是“强调很多（不怕没有）”。从语法功能来看，可带宾语，可独立成句，属于动词，常用于存现句中。不过，没有对应的否定形式，它也不能带“了”、“着”、“过”，多用于回答句中。

“有的是”也可用于表示领有，说话人用这个句式表示存在或领有，都带有夸张的语气，意在让对方放心。被强调的对象既可充当宾语，也可充当主语。例如：

② 钱我这儿有的是。

③ 我这儿钱有的是。

在对话中，“有的是”的宾语还可省略。例如：

④ A：你那儿有外国留学生吗？
B：有的是。

在阅读时，我们应该注意“有的＋是”与“有的是”的区别。例如：

⑤ 我这儿有的是港币，有的是美元。

在这个句子里，“有的”是指整体中的一部分，相当于一个指示代词，而且“有的”连用，表示分指，意在告诉对方“我这儿的钱种类不少”。这时，“有的是”是“有的＋是”，而不是动词性的“有的是”。

原刊标题：“我这儿有的是钱”（作者：刘社会）
原载《学汉语》1996 年第 8 期（总第 109 期）

123 有的是 有的／是……

解析重点 “有的是”和“有的＋是”用法说明

汉语中有两个表面形式完全相同的“有的是”，但它们表示的意思却完全不同，请看：

① 我们班的同学，有的是日本人，有的是美国人。

② 这样的人有的是，到处都能找到。

③ 你有的是钱，当然不会为学费发愁。

例①中的“有的”是主语，“是日本人”或“是美国人”是谓语。因此，“有的”和“是”不仅不是一个单位，而且不处在一个平面上。

例②③中的“有的是”却与此不同，它是一个整体，即为一个词，表示“很多”的意思。例②说“这样的人有的是”，是说“这样的人很多”，因此下文说“到处都能找到”。例③说“你有的是钱”，是说“你的钱很多”。

表示“很多”的“有的是”有两种用法：一种是像例②那样，直接单独作谓语，再如：

④ 现在这样的公司有的是，真如雨后春笋。

⑤ 好书有的是，你何必买这一本呢？

另一种是在谓语中作述语，后边带宾语，像例③那样，再如：

⑥ 我有的是钱，你缺钱就说话。

⑦ 他有的是时间，尽可以陪你玩。

这第二种用法，也可以变换为第一种用法，请看：

⑥' 我有的是钱。 → 我钱有的是。

⑦' 他有的是时间。 → 他时间有的是。

分清“有的是”和“有的/是……”，对于阅读理解很重要。因此，留学生在阅读中应该注意分辨这两种格式。例如：

⑧ 动物园里有许多种动物，有的是猴子，有的是狗熊。

⑨ 这座山里有的是猴子。

例⑧中的“有的是猴子”应理解为“有的‖是猴子”，即有一种动物是猴子。例⑨的“有的是猴子”应理解为“有的是|猴子”，即“猴子有的是”，也就是“猴子很多”。

原刊标题：“有的是”和“有的/是……”（作者：松钰筑）
原载《学汉语》1995年第5期（总第94期）

124 再说

解析重点 “再说”用法分类说明

1. 在一般用法中，“再说”还不是固定短语。

（1）“再说”就是“又一次（第二次）说话”的意思。如：

① 陆文婷没有再说什么，走过去拉上窗帘，……（谌容:《人到中年》）

（2）前一小句用“再说”表示如果继续说某种话，后一小句指出将会有什么结果。这种用法常用在说话人以威胁语气不准别人说某种话。有时，后一小句，以至“再说”的宾语都可省略。如：

② 再说这样的混蛋话，就滚蛋！（《东方少年》1989年6月）

③ 二强子卖？你再说卖！（话剧《骆驼祥子》）

2. 在第一种特殊用法中，“再说”引申为表示某件事、某个问题等以后再办、再考虑。

（1）“再说”的前边指出什么时候再说。如：

④ 今天医生太忙，咱们今天不换药了，明天再说。（丁玲:《河内一郎》）

⑤ 先去谈谈也好，看以后怎样再说吧。（丁玲:《窑工》）

（2）前半句指出如果出现某种情况，后半句用“再说”表示将要采取严厉的处理办法。这种用法含有威胁的语气，“再说”的后边也可不说出将要怎样。如：

⑥ 小媳妇的娘家不打官司，要钱；没钱再说厉害的。（老舍:《柳家大院》）

这一例中，“厉害的”三字不说出来也可以。

（3）表面上是用“再说”表示以后再来考虑再办，实际上是推托拒绝，常说成“再说吧”。如：

⑦ 苏娟沉默着。杨塞北：“去玩玩吧。”苏娟淡然地：“到时候再说吧，我没有你这个心情。”（《电影创作》1981年11月）

（4）表面上说“再说”，实际上是只顾眼前，先不问情由地干完某事而对后果怎样并不多想。如：

⑧ ……明天就出布告？工人们要闹么？哼！我们关他半个月厂门再说！……（茅盾:《子夜》）

3. “再说”的第二种特殊用法，是在已经指出的理由之外，再补充一个理由，使说话人的某种意见、主张，有更充分的依据使人信服。

⑨ 孙主任已经快七十了。他自己的眼睛也不行了。再说，他已经好几年没上手术台。……（谌容：《人到中年》）

原刊标题：“再说”（作者：常玉钟）
原载《学汉语》1990 年第 6 期（总第 35 期）

125 再说

解析重点 “再说”用法说明

一下课，留学生格林就过来问老师：“老师，你刚才说的‘下课后再说’和‘请你再说一遍’，这两个句子里的‘再说’意思一样吗？”

老师听了高兴地对她说：“这个问题你问得好。”于是，老师给她讲了“再说”的语义和用法。

“请你再说一遍”的“再说”与“下课以后再说”的“再说”，意思和用法都不同。

“请你再说一遍”的“再”是“第二次”的意思，“说”就是口头表达，这是一个“状＋动”结构。

而“下了课再说”的“再说”，虽然也是“再＋说”，但这里的“再”不表示“第二次”，“说”也不是说。这个“再说”只有在具体的语用环境中才能确知它的语义。例如：

① A：老师，你能不能介绍一下老舍先生是怎么死的？
B：这个问题与课文关系不大，等下了课再说吧。

这里的“再说”的“说”是“解释”、“说明”的意思。

② A：怎么不买了？
B：今天带的钱不够，下次再说吧。

这里的“再说”是“买”的意思。

③ A：我想明天就上课。

B：你刚出院，休息两天再说吧。

这里的“再说”是指“上课”。

可见，这个“再说”只有在一定的语境中才有明确的语义，表示某事留待以后做的意思。这个“再说”的“说”是个“代动词”，日常会话中既常用，又简便。

需要说明的是，还有一个连词“再说”，连接两个分句，在第二个分句前边，后边可停顿，它的语用功能是补充说明前分句的理由。例如：

④ A：我们这个星期天去香山吧。

B：现在去看红叶还太早，再说星期天人也太多。

⑤ A：你怎么不让孩子帮你干呢？

B：他们都忙，再说这点活儿我还干得动。

这两个例句中的“再说”都是为了补充说明第二个理由。

原刊标题：再说的语义与用法（作者：杨寄洲）
原载《学汉语》1993年第6期（总第71期）

126 再说

解析重点 “再说”的三种词性与用法

“再说”的主要用法有：1. 作动词用；2. 作连词用；3. 是副词“再”和动词“说”的连用形式。

1. “再说”作为动词的用法

表示某事留待以后办理或考虑。相当于“……再解决（办理）”、“……再研究（考虑）”。例如：

① 这件事情先等一等，过几天再说。

② 去农村参观的事，下个星期再说。

③ 什么时候动身去旅行，要和丈夫商量以后再说。

④ 你们反映的问题现在还不能解决，等我们领导回来以后再说。

⑤ A：哎，你那本书我看完了，什么时候还你？
B：再说吧！我现在还不需要。

2. "再说"作为连词的用法

连接分句或句子，用来补充说明原因或理由。表示在前面已经举出的主要原因或理由之外，再补充或追加另外一层意思。多用在口语中。例如：

⑥ 时间不早了，再说你身体又不好，该休息了。

⑦ 这篇文章不长，再说内容也不难，所以今天上午就能翻译完。

⑧ 别去找他了，时间来不及了。再说，他也不一定在家里。

3. "再说"="再"+"说"的用法

这是副词"再"和动词"说"的连用形式，根据"再"和"说"的不同意义，二者在句中连用时表达的实际意思也不同。例如：

⑨ 我没听清楚，请您再说一遍。

⑩ 爷爷，您再说一个笑话吧！

⑪ 我不是学经济学的，你再说我也听不懂。

⑫ 他自己不想学，谁再说也没有用。

其中，⑨、⑩中的"再"表示重复或继续，例⑨的意思是"请您重复讲一遍"，例⑩的"再说"是"继续讲（故事）"的意思。⑪、⑫中的"再"用于表示让步的假设，有"即使"或"无论怎么"的意思，例⑪的"再说"表示"无论怎么讲解"的意思，例⑫的"再说"表示"无论怎样劝说"的意思。

原刊标题："再说"的几种用法（作者：李泉）
原载《学汉语》1993年第8期（总第73期）

127 再说　再说吧

解析重点　"再说"和"再说吧"用法分类说明

我在《"再说吧"、"看吧"和"研究研究"》一文（《学汉语》1987年第2期）中，说过"再说吧"。那篇小文说的都是表示委婉拒绝意思的词语，不能把这些词的其他用法都说清楚。现在专门说一说“再说”和“再说吧”，作为补充。

上文说过，人们在谈话时，如果一方没听清楚，另一方可以要求他“再说”；如果一方因故不能（或没有）把话说完，另一方可以要求他在适当的时候“再说”。这都是“再说”的一般用法，只要懂得“再”和“说”的意义，这样的“再说”是很容易理解和掌握的。要补充的是，这样的“再说”可以有宾语、补语，“再”和“说”之间可以有其他成分。如：

① 他不好再说什么，只好“挤”下来了。（李锐:《厚土·古老峪》）

② “……告诉你吧，到佳津去的事马上就要解决了。”
“什么？”傅连山闪电般地回过头来，“你再说一遍！”（水运宪:《祸起萧墙》）

③ 对不起，我困了，明天在出工的路上，我再对你细说吧！（丛维熙:《雪落黄河静无声》）

④ 她低下头去，再不说了，灶口上的火光一闪一闪的。（同①）

这样用的“说”表示的是“说”的行为、动作。“再说”是一个词组。

“再说”还有与此不同的用法。“说”的后面不能带宾语、补语，前面不能有另外的状语；它的意义已不是指“说”的具体的行为、动作。因此，这些“再说”更像一个词。

1．表示有所补充

在申述了某个主张、观点的基本的、主要的理由后，常常用“再说”表示后面有所补充，这补充的理由有时是次要的、附带的，但说话人认为应该提出来。如：

⑤ 只要有门道，我支持你出去工作！你一身才能，窝在咱高家村施展不开，再说，你从小没劳动惯，受不了这苦。（路遥:《人生》）

⑥ 现在下饭馆，不是送上门让人家敲吗？再说，老同学聚会，主要是聊天。饭馆那么多人，乱七八糟的，怎么聊？（谌容:《同窗》）

这里的“再说”其实跟“说”没有关系，是“其次”的意思。前后、中间都不能有其他成分。它一般用在句子与句子之间，作插说成分。

要注意的是，“再说”补充的是理由，而不是追加叙述事实。下面的句子不能用“再说”：

⑦ 来家采访和探望的客人们，既有老舍的朋友、学生、读者、研究生，又有老太太自己的同行和友人，出版界的同志也是常客。喔，忘了说啦，满族朋友很多……（赵大年:《老舍的一家人》）

在北京口语中也说“再者说”、“再者说了”。如：

⑧ 田大全不愿让她当自己的附庸：我有我的“事儿”，你有你的“事儿”，每个人都应该在自己的位置上体现自己的价值。再者说，留一个在职的，不更“保险”吗？（霍达：《小巷深处》）

⑨ 咱们不是一个等级的：我是北大文学系的教授，你是一个普通的相声演员。再者说了，当着这么多人……（相声：《对春联》）

2. 表示推迟考虑

当某件事或某个意见目前无法考虑或进行，用“再说”予以推迟。“再说”前常有表示某一时间，或表示某种条件的词语，不单用。意思是到了这一时间或实现了这一条件以后再考虑或进行。如：

⑩ 他放弃了沿途停车的可能，前面不远处向左拐弯有个水坑，到那儿再说吧。（蒋子龙：《赤橙黄绿青蓝紫》）

⑪ 算了吧，我的局长！不要为这些事再耽误了，修得庙来老了鬼。去了再说吧。（水运宪：《祸起萧墙》）

在这两例句中，“再说”的事情是很明确的，如例⑤的“停车”，例⑥的“这些事”。也有的时候，“再说”什么，前文没有交代，这时“再说”只是说明做事的决心，利弊后果在所不计。如：

⑫ 张二一回来就听说了，自己的媳妇惹了祸。谁还管青红皂白，先揍完再说，反正打媳妇是理所当然的事。（老舍：《柳家大院》）

3. 表示委婉的拒绝

对听到的意见不能表示同意，又不愿说不同意，于是用“再说”把事情搁置起来，也就是委婉的拒绝。这个用法跟“2. 表示推迟考虑”在形式上一样，只是它用在搪塞别人的动议、要求上。如：

⑬“我想和华仔去北秀湖划艇，哥哥也带阿茜来吧。”阿婵眼睛盯着哥哥，满怀希望。

“噢，他哪里有空吗？”（嫂子说。）

哥哥张了张嘴，没表态。阿婵看着他带倦意的脸，深感失望，“可是……我一个人不会划艇。”

“算了，阿婵，以后再说。阿茜又有点感冒。”哥哥说。（孔捷生：《普通女工》）

⑭ 她爸说。聘礼先不拿，等王碗到了部队再说。（黄传会:《婚约·本色》）

⑮ 你们的申请我看到了，目前有困难，以后再说吧。

听到“再说”这样的回答，听话人要根据具体情况，决定是继续申述还是就此为止。

原刊标题：“再说”和“再说吧”（作者：施光亨）
原载《学汉语》1990年第3期（总第32期）

128 这话是怎么说的

解析重点 “这话是怎么说的”用法简释

“这话是怎么说的”如果是一般疑问句，那么，它的意思是要求对方把“这话”说得具体、确切一些。如：

① A：听说她不同意这个方案，说是太保守。
B：她这话是怎么说的？你讲明白些。

在口语中，“这话是怎么说的”是“话不能这么说”的反问形式，除了像“话不能这么说”一样表示否定、不同意以外，语气中还带有一种责备的意味。如：

② A：不是跟上你修大寨田，玉香还不一定就能死哩！
B：你这话是怎么说的？死活都是命定的，谁能管住谁！

这就不只是表示异议，而且有了不满、责备的意思。

③“那你就对他们说：让他们听我说！”傅连山嗓子发沙，愤怒得吼了起来。“哎，我可从来没让他们不听你的呀！你这话是怎么说的？啊？不相信党委？”郑义桐正色地说道。（水运宪:《祸起萧墙》）

原刊标题：跟“话”和“说”有关的词语（二）（作者：方人）
原载《学汉语》1989年第4期（总第21期）

129 真是（的）

解析重点 “真是”在口语中的四种含义

《学汉语》第4期上发表了一篇谈北京女青年的几个常用语，其中说到“真是”。据笔者考查，“真是”虽不限于女青年使用，但女青年确实用得比较多。笔者邻居有个女青年，一晚上串门聊天时，曾5次说到“真是”。

口语中常用的“真是”有一个特点，就是它不带宾语。其意义和用法有：

1. 表示嗔怪。

认为别人的行事方式不适当，说话唐突，但双方关系比较密切，或对方并无恶意，不宜严辞苛责，或过分埋怨，便用“真是”表示自己的异议和不满的情绪。如：

① 妈你真是！人家跟你讨论问题，你净叨咕那些个事。（张天翼：《蓉生在家里》）

② 真是的，屁事不用你操心，上的哪门子火！（王润滋：《内当家》）

③ “美怡，说实话，你与老唐不怎么般配。你和顾雨时谈恋爱还差不多。哈哈哈！”沈巧无拘无束地笑着，说着，“恕我直言！”

“沈大姐，你真是——”半天，欧阳美怡才迸出一句话来。（朱春雨：《沙海中的绿荫》）

当然，“真是”有时也表示严厉的谴责。如：

④ 就她，会做出你说的那种缺德事儿，真是！（叶楠：《祝你运气好》）

2. 对自己的过错、不当表示后悔、自责。

⑤ 真是的，我上当啦！这个不安好心的黄鼠狼！（潮清：《单家桥的闲言碎语》）

⑥ “这么办吧，你们等后晌末班车，我给想想法子。”

“哎哟，我的好站长，这几筐鲜鱼还等得到后晌啊！？”戴玉英看着放在路旁的鱼筐，不禁噗哧笑出声来：“真是的！”（同上）

⑦ 从76年拨乱反正以来，中央的一系列措施，哪一项没有使他激动过？到部里去开过几次会，上面的整体规划和务实精神，简直使他恨不得锤自己的脑袋：我真是！竟然还坐得稳？（水运宪：《祸起萧墙》）

3. 对别人的馈赠、厚意表示过意不去。

⑧（我）把那包硬似砖头的点心递给了李爱莲的母亲。李爱莲的母亲这时从发呆中醒过来，忙给我让坐：“哎呀，这可真是，还买了这么贵的点心。”（刘霞:《塔铺》）

⑨ 他把饭盒送到杨老汉跟前……老汉感激得不知说什么好，只是一个劲儿地“嗳，嗳，真是”，把儿子叫起来之后才想起说“谢谢”。(金河:《大车店一夜》)

4. 表示感慨。

⑩ 明年——从明天起，就实行五年计划了，真是！我是学化学工程的，在旧社会没有地方去建设工业。我迎接过多少新年了，哪一年也没让我看见国家有富强的希望。可是1953年，真是！同学们，你们福气呀！（王蒙:《青春万岁》）

⑪ A：这个人倒不错，临过年了，中一个奖，得一万块！
B：真是！（录自口语）

从以上各例，我们还可以看出：

1.“是”是一个特殊动词，应该有宾语。但上述各例中的“真是”却没有宾语。“真是”什么呢？如果说我们可以根据上下文补上的话，那么，跟它同义并可以互换的“真是的”，因为后面有了“的”，连这种可能性也失去了。所以，“真是”从其字面意义上看，是一个意义很模糊的说法。所以，可以说“真是”代表的是一种情绪，确定它用法的根据是语言环境和说话人的语气。

2.“真是（的）”可以单用，也可以作谓语，其主语一般是“我、你、他、这”等少数几个词，修饰语一般是“可”。在“真是（的）”的停顿后，可以就此为止，也可以进一步说明说话人嗔怪、自责、过意不去或感慨的是什么。

原刊标题：再说“真是”（作者：方人）
原载《学汉语》1988年第4期（总第9期）

130 真有你的

解析重点 "真有你的"的两种用法解析

"真有你的"作为口语惯用语常用于非正式场合。有两种不同的意思和用法。

1. 表示赞许。即认为对方的言行很出色，超出说话人的想象。

此时"真有你的"相当于"你真行"、"你真了不起"。例如：

① 老王，你把咱们厂上届围棋冠军都给赢了，真有你的！我们得给你祝贺一下。

② 真有你的！小王！连电视机你也会修理。

③ 爸爸：我把三万元奖金都捐给了灾区。
儿子：爸爸！真有你的！

2. 反话正说，即用于挖苦、嘲笑对方。

表示说话人不赞成对方的言行，认为对方的言行超出正常合理的范围。

④ 从昨晚八点睡到今天上午十一点，真有你的！我真服了，你也睡得着？

⑤ 无论我多晚下班回家，你都要等我回来做饭，可真有你的！

⑥ 真有你的！这么简单的字你都写错了。

⑦ 丈夫：我想把那三万元奖金都捐给灾区。
妻子：真有你的！

值得注意的是，同样一句"真有你的"既可以用于赞许，也可以用于表示不赞成或不满。这就要根据交际的内容、交际双方的关系，以及说话的语气语调等来确定。

原刊标题：口语中的"真有你的"（作者：李泉）
原载《学汉语》1998年第3期（总第128期）

栏目2

对比辨析

Comparative Link

词语类

131 按·照·按照

我们来比较一下，看看“按”“照”和“按照”三者之间有什么异同。

1. 相同之处

（1）“按”和“照”作为介词，都表示“引进动作、行为的凭借或依据”“遵从某种标准”的意思，而且它们可以组成“按照”一词。它们三者之间常常可以互换。如：

① 按/按照 道理说，老王早该来了。

② 按/照/按照 现在的速度，我们三点以前可以到机场。

（2）它们可以同“来说”“来看”一类词连用，有强调“着眼点”的作用。如：

③ 按/按照 操作规程来说，你的做法错了。

④ 按/照/按照 现在的工程进展速度来看，明年一月完工不成问题。

2. 不同之处

（1）“按”“照”和“按照”的主要区别跟后面名词的音节多少有关系，“按”和“照”后可出现单音节名词，“按照”后一般是双音节名词。例如：“按质论价”和“按照质量论价”；“照章办事”和“按照规章办事”。

“按”和“照”可加助词“着”（但后面是单音节名词时不能加），“按照”则不能。如：

⑤ 我一定照着你的吩咐去办。

⑥ *按照着两个人住一个房间安排，二十间够住了吧。

（2）“按”“按照”意义更接近一些，可以对时间、空间有所限定，而“照”则不能跟表示时间、期限或其他界限的词组合。如“按时”“按天”“按月”等都不能换成“照”。再如：

⑦ 你的工钱按小时计算。

⑧ 学校把这些学生按各自的省区分成了五组。

（3）"照"除了"表示动作依据"意义以外，还有表示动作仿照已有的做法或规定进行，有"模仿、临摹、复现"的意思。如："照着字帖练""照样子学"。又如：

⑨ 请你照老师说的话再重复一遍。

此外还有一些俗语、成语中只能用"照"，如：照葫芦画瓢（比喻做事照样子模仿）、照猫画虎（按照猫的样子画老虎，比喻照样子模仿，不必发挥创造性）、照本宣科（照着本子念条文，形容缺乏创造性）。

"照"还可以直接用在某些单音节动词前面，如："照抄""照拿不误"。又如：

⑩ 你让我做的那几件事，我都照办了。

"照"还可以引进动作的方向，相当于"朝""向"。如：

⑪ 她照我脸上就是一巴掌，打得我脸上火辣辣的。

（4）和"照"相比，"按"后不能直接带动词，一般带的是名词性词语，如"按刚才说的做""按计划的进行"，即使有时说"按计划办"，这时的"计划"也是名词。比较特殊的"按说"是从"按理说"变化而来的。同样，它也不能引进动作的方向。此外，一些成语中也只能用"按"，如：按图索骥（按照图上画的样子去寻找好马）、按部就班（按照一定的条理和程序办事）、按劳分配（按照劳动量来分配生活资料）。

原刊标题："按""照"和"按照"（作者：孙洪威）
原载《学汉语》2004年第1期（总第193期）

132 吧 · 啊

汉语中表示祈使的语气词有两个，一个是"吧"，另一个是"啊"（包括其变体"呀"、"哇"、"哪"等）。这两个词在语气上有很大的差异，"吧"的语气很委婉，"啊"则较强，有催促的意义。如：

① 老爷爷，快来看看吧！快点儿啊！

这里第一句用"吧"，请示的语气很委婉，第二句因老爷爷没来看，所以用"啊"，语气较强，以示催促，这里的"吧"和"啊"是不能互换的。

祈使语气词“啊”和“吧”除了上面提到的差异外，还存在着一些区别。

1．音度

在大喊大叫时，只能用“啊”，不能用“吧”。如：

② 正这么说着，门外李四爷的清脆嗓音在喊：“城门又关上了，先别出门啊！”

③ 她抱着腮喊起来：“救命啊！救命！”

这两例中的“啊”都不能改成“吧”，这是因为“啊”的声音响度比较大，相比之下“吧”的声音响度就小得多，因而在语言的实际运用中，要表示音度大的喊叫时，只能用“啊”。

2．结构

在句中如果有能愿动词“要”、“得（děi）”或起着强调祈使语气作用的“千万”、“可”、“无论如何”等之类的副词时，只能用“啊”，不能用“吧”。如：

④ 好孩子，你要想开点啊！

⑤ 你可别乱说啊！

⑥ 你们无论如何要去一趟啊！

3．祈使句

表示禁止、不许的祈使句，只能用“啊”，不能用“吧”，如：

⑦ 不能抽烟啊！

⑧ 不许胡闹啊！

上面五个例句中的“啊”都不能改成“吧”，这是因为祈使句中有了这些能愿动词或副词，或者是表示禁止、不许类的祈使句，其语气都很强，和“啊”所具有的强语气是一致的。

从上面三点可以说明，祈使语气词“吧”所受到的限制要比“啊”大得多。但是这并不等于说，在实际运用中，“啊”出现的频率要比“吧”高得多。事实恰恰相反，在语言的实际运用中，“吧”出现的频率要比“啊”高得多。这从一个侧面反映了这样一个事实，汉民族在使用祈使句时，多喜爱用“吧”使语气显得委婉。

原刊标题：祈使语气词“吧”和“啊”（作者：王明华）
原载《学汉语》1994年第5期（总第82期）

133 摆·放

“摆”和“放”可以组成一个词“摆放”，表示陈列、安放，如：

①屋里放着很多东西。

②靠墙摆着一张床。

但是，它们在语义上有区别。

1.“摆”有展示出来、让人注意的意思。如：

③把花篮摆到门口去。

④他每天出去摆地摊。

⑤摆事实，讲道理。

这时候如果把“摆”换成“放”就不太好。

而“放”有放到里面去，不引人注意的意思。如：

⑥把钱放好，千万别丢了。

⑦她把拖鞋放到床底下。（为了不让人看见）

⑧屋里地方太小，自行车放不进去。

⑨你别再往汤里放盐了。

⑩门后放着一个瓶子。

这时，一般也不用“摆”。

2.“摆”是为了给人以美感，是有讲究的，是经过考虑设计出来的。如：

⑪我的办公桌上摆着儿子的照片。（照片是安放在一定位置的，供自己或别人观赏）

⑫她的床头摆着闹钟。

⑬你把拖鞋摆在门口。（比较整齐，为了让人换鞋方便）

⑭院子里摆着几盆花。

而“放”有比较随意、暂时安放的意思，有时给人杂乱的感觉。如：

⑮站台上乱七八糟地放着很多行李。（不能换成“摆”）

⑯办公桌上放着儿子的照片。（可能是刚冲洗出来的临时放在桌子上的，没

有让人观赏之意)

⑰ 别把这些桌子摆在外面，放仓库里去。

3.“摆”有按顺序一一排列的意思。如：

⑱ 书架上摆着很多书。

⑲ 这东西摆错了顺序。

⑳ 菜都摆好了，赶快入座吧。

㉑ 把这些照片一字摆开。

而“放”有可能“叠放”。如：

㉒ 桌子上放着几本书。

㉓ 衣柜里放着一堆棉衣。

㉔ 院子里放着一堆煤。

4.“摆”从“故意展示给人看”引申出“显示、炫耀”的意思。如：摆阔气、摆威风、摆架子、摆排场、摆老资格、摆出一副盛气凌人的样子。

还有摇动、摇摆的意思。如：摆头、摆手、摆旗子。

还有引起重视的意思。如：摆正自己的位置、把这件事摆上日程。

而“放”由“随意放置”引申出“散发、发出”的意思，如：放枪、放风筝、放鞭炮。还有“停止学习、工作”的意思，如：放学、放假。

原刊标题：“摆”和“放”(作者：孙洪威)
原载《学汉语》2004年第2期(总第194期)

134 帮·帮忙·帮助

“帮”、“帮忙”和“帮助”这三个词的意思相近，但语法功能不太一样。

“帮”和“帮助”是及物动词，后面可以带宾语。动词后是表示人的宾语时，多用“帮助”(也可用“帮”)；当宾语后还有动词或动词词组时，多用“帮”(也可用“帮助”)。“帮忙”后一般不能带表示人的宾语。如：

① 他经常帮助(帮)(*帮忙)我。[①]

② 哥哥帮（帮助）（*帮忙）我擦自行车。

③ 我帮（帮助）（*帮忙）爷爷写信。

“帮忙”后可带“动词+一下”：

④ 这个资料你能不能帮忙查一下？

“帮忙”是个离合词，常分开来用。“忙”前可以带定语或补语，如：

⑤ 妹妹正在帮她的忙。

⑥ 我只帮过一次忙。

⑦ 她不会做家务，妈妈做饭时，她也帮不上忙。

如果“忙”前的定语是形容词，意思有些变化：

⑧ 我只帮了点儿小忙，不值得一提。（在对方致谢时，表示谦虚的客套话）

⑨ 那天你可帮了（我的）大忙了，真得好好谢谢你！（事后感谢）

⑩ 你这么做，不是帮倒忙吗？（帮忙的结果反而带来了麻烦）

“帮忙”还常用于“越……越……”：

⑪ 小孩子也跑来帮忙，没想到是越帮越忙。

只向对方提出一般的求助，常用“帮助”，或用“帮”、“帮忙”的重叠形式（一般不单用“帮”或“帮忙”）。如：

⑫ 你能帮助（帮帮）（*帮忙）我吗？

⑬ 帮帮忙，行吗？[②]（或说“帮一下忙”）

注释：

① 在看港台电视剧时，曾听到过“帮忙我”这样的话。但现在的普通话一般不这样说。

② 现在上海一带的流行语“帮帮忙”，带有“行了，行了”的意思（要求对方中止言行），与普通话此句意义不同。

原刊标题：“帮”、“帮忙”和“帮助”（作者：陆庆和）
原载《学汉语》1999年第6期（总第143期）

135 毕竟 · 究竟 · 到底

副词“毕竟”和作为副词的“究竟”、“到底”都有表示强调语气的作用。

“毕竟”用于强调事物的性质、状态、特点，不管怎么说，事实还是这样；即使出现了新情况，原来的状况也不能忽视。如：

① 我们只学了三个月的汉语，水平毕竟还很低。

② 他毕竟是大城市的学生，见多识广。

③ 大热天逛南京路毕竟太热，还是在家休息吧。

这些句中如果不出现“毕竟”，句子照样能成立，用上“毕竟”主要起加强语气的作用。值得提醒的是它不能用在问句中。如：

④ * 已经这么晚了，他毕竟来不来？

“究竟”的用法主要有两种：（1）在陈述句中具有强调语气的作用。（2）用在疑问句中表示进一步追问，加强追问的语气。通常可用在主语前（究竟你们去了几个城市？），也可出现在谓语前（你们究竟去不去？）。含“究竟”的问句一般要有疑问代词（你们究竟找谁？）或疑问副词（他究竟有多重？），否则一定是选择疑问句（这本词典究竟是你的还是他的？）。应该引起注意的是，带“吗”的问句中不能用“究竟”（* 你究竟买书了吗？）。

“到底”包括了“究竟”的上两种用法，只是在口语中多用罢了，尤其在表示进一步追问时，口语多用“到底”，书面语中常用“究竟”。此外，“到底”还表示所预料、期望或肯定要发生的情况，经历一段过程以后最后实现了，强调肯定的语气。如：

⑤ 经过一番努力，事情到底办成了。

⑥ 我们到底完成了学业，拿到了硕士证书。

如果只是时间或次序上属于最后的意思，不用“到底”。

⑦ * 蜡烛越来越短了，到底熄灭了。

总之，副词“毕竟”、“究竟”、“到底”主要起加强语气的作用。“毕竟”在陈述句中突出强调的语气；“究竟”还在疑问句中加强追问的语气；“到底”更有在陈述经变化后最终实现的肯定语气。大体上，“到底”的词义范围涵盖了“究竟”的用法，“究竟”又包括了“毕竟”。

原刊标题：“毕竟”、“究竟”、“到底”的异同（作者：于江）
原载《学汉语》1999年第8期（总第145期）

136 别说・何况

有人问：连词“别说”与“何况”有什么区别？我们先来看几个例句，然后再谈谈我个人的看法。

① 别说外国，他甚至连上海都没去过。

② 他连上海都没去过，何况外国呢？

①② 的意思是：他上海都没去过，外国当然更没去过了。实际上，说话人是用“上海”作为例子，强调他去的地方很少，而事实上是不是这样，那倒也不一定。

③ 他连简单的汉语课本也读不懂，更（就）别说中国古典小说了。

④ 他连简单的汉语课本也读不懂，更何况中国古典小说呢？

③④ 的意思是，他连简单的汉语课本也读不懂，中国古典小说当然更看不懂了。这句话，说话人也是通过“简单的汉语课本”这个例子，强调说明“他”的汉语水平不高。

通过上面这四个例句，我们会发现，连词“别说”和“何况”在句中所表示的意义是相同的，而且都可以跟“连……都（也）……”、“甚至……都（也）……”等前后相互照应。“别说”和“何况”前都可以跟“更”加以强调（“别说”前还可以跟“就”，“何况”不行）。

但在具体运用上，两者是有区别的：第一，用“别说”的句子多是肯定句，而用“何况”的句子一般是反问句；第二，“别说”可以用在第一分句的开头，也可以用在第二分句的开头，意思不变，而“何况”只能用在第二分句的开头。

“何况”还可以表示对原因、理由的补充，如：

⑤ 我得了重感冒，何况父母又从国内来看我，所以这几天我没去上课。

意思跟“而且”、“再说”差不多，而“别说”却不能这么用。

原刊标题：“别说”与“何况”（作者：汪宗虎）
原载《学汉语》1998 年第 9 期（总第 134 期）

137 才 · 就

让我们一起来做做以下练习，请用“才”或“就”填空：

（1）昨天的作业很多，我做了四个小时（　　）做完。

（2）昨天晚上我发烧了，七点（　　）睡觉了。

（3）这篇课文不太长，我一个小时（　　）看完了。

（4）直到晚上十点多，他（　　）回到学校。

（5）中国银行八点钟（　　）开门，你七点钟（　　）去，太早了。

答案：1. 才　2. 就　3. 就　4. 才　5. 才，就

你都做对了吗？那么让我们看看“才”与“就”的区别：

1.“才”表示事情在不久以前已经发生过了，可以和“刚”或“刚刚”进行替换；而“就”表示行为动作还没有发生，或者在很短的时间内快要发生，我们还可以在句子中使用“就要……了”这个词组。请看下面的例句：

才：

① 他才离开这儿不久。

② 昨天我才从上海回来。

③ 电影才开始十分钟。

就：

④ 你们先等一会儿，老师马上就来。

⑤ 天很快就要亮了。

⑥ 奥运会下星期就要开始了。

2.“才”和“就”都可以用在表示时间的词语后边。“才”表示说话的人认为这个行为动作发生或者结束得太晚，经历的时间也比较长；而“就”恰好相反，它表示说话的人认为行为动作发生得太早，或者经历的时间太短。如：

才：

⑦ 我昨天晚上一直在复习功课，直到十二点才睡觉。

⑧ 五分钟以前，我才知道这个消息。

⑨ 他走了一个小时才到车站。

⑩ 现在几点了，你怎么现在才来？

就：

⑪ 两岁时，他就成了孤儿。

⑫ 十年以前，我们就已经认识了。

⑬ 我早就知道这件事了。

⑭ 小明五岁时就能背诵许多唐诗。

⑮ 我一个月才学会骑自行车，他两个星期就学会了。

3. 当“才”与“就”在一起使用时，可以表示两个动作连续发生，后一个动作紧接着前一个动作。有时也可以单独使用“就”（前文有“了”）。如：

⑯ 我才到家，他就给我打电话。

⑰ 我才写完作业，他就来了。

⑱ 他才说了一句话，就被老师发现了。

⑲ 我吃了饭就去看电视。

⑳ 我洗了澡就睡觉。

㉑ 我下了班就去超市买东西。

当然，要正确使用“才”和“就”，除了掌握以上的区别以外，还要注意上下文。如果你能仔细地观察，还会发现上下文里有一些关键性的词语、句子和一些基本的生活常识，他们都可以提示你究竟应该用“才”还是用“就”。如：

㉒ A 上午八点钟上课，他七点就到了。（他到得很早）
B 上午八点钟上课，他九点才到。（他来得太迟）

㉓ A 这个孩子一岁就会说话了。（这个孩子的说话年龄比别的孩子早）
B 这个孩子两岁才会说话。（这个孩子的说话年龄比别的孩子迟）

上面句子中表达时间的词语都能帮助我们正确地选择“才”与“就”。又如：

㉔ A 玛丽去年才来中国，她对中国还不是很熟悉。
B 玛丽去年就来中国了，她现在能说许多汉语。

㉕ A 我明天才去北京，今晚还有时间和你好好聊聊。
B 我明天就去北京了，今晚恐怕没空儿和你一起出去。

㉖ A 你记错了，他明天才回来呢。
B 你别着急，他明天就回来了。

因为上下文不同，相同的两个句子分别使用了“才”与“就”。

原刊标题：说说“才”与“就”（作者：张珩）
原载《学汉语》2002 年第 3 期（总第 176 期）

138 差点儿 · 差点儿没

“差点儿”与“差点儿没”在表意方面存在着异同，我们在对外汉语教学中经常会遇到这个问题。

请先看下面“差点儿”与“差点儿没”表意相同的几个句子：

① 我差点儿感冒。（没感冒）

② 我差点儿没感冒。（没感冒）

③ 我差点儿迟到。（没迟到）

④ 我差点儿没迟到。（没迟到）

以上四个句子表意相同，所表达的都是未实现的事情。那么，我们是否可以说“差点儿”与“差点儿没”在表意上没有差异呢？

我们再看下列句子：

⑤ 我差点儿买着那本书。（没买着）

⑥ 我差点儿没买着那本书。（买着了）

⑦ 我差点儿赶上火车。（没赶上）

⑧ 我差点儿没赶上火车。（赶上了）

不难发现，⑤⑦句表达的事情均未实现，而⑥⑧句表达的事情均已实现。可见，“差点儿”与“差点儿没”在表意上还是有差异的，那么，差异在哪儿？

如果我们把①②③④句同⑤⑥⑦⑧句作一个比较，可以看出前四句中的“感冒”、“迟到”都是说话人不希望实现的事情，而后四句中的“买着那本书”和“赶上火车”则是说话人所希望实现的事情。

《现代汉语八百词》与《中级汉语教程》等书都这样说明“差点儿”与“差点儿没”的区别：“如果是说话人不希望发生的事情，‘差点儿’与‘差点儿没’意思一样，都是指事情接近实现而没有实现；如果是说话人希望实现的事情，‘差点儿’与‘差点儿没’意思不同，‘差点儿’是惋惜事情未能实现；‘差点儿没’是庆幸事情终于实现。”但是，这个解释是否全面准确呢？

现在我们再看这样几个句子：

⑨ 我差点儿赢他。（没赢）

⑩ 我差点儿没赢他。（没赢）

⑪ 我差点儿得冠军。（没得）

⑫ 我差点儿没得冠军。（没得）

⑨⑩ 句中的“赢他”和 ⑪⑫ 句中的“得冠军”都是说话人希望实现的事情，但是为什么这几句中的“差点儿”和“差点儿没”都表示事情没有实现呢？可见，《现代汉语八百词》和《中级汉语教程》中的说明也并不全面。那么，我们到底应该怎样对“差点儿”与“差点儿没”在表意上的异同作一个比较全面的解释呢？

我们比较一下 ⑤⑥⑦⑧ 句和 ⑨⑩⑪⑫ 句，就可以发现，这八句中的“买着那本书”“赶上火车”“赢他”“得冠军”等虽然都是说话人希望实现的事情，但是前四句中的动词之后有充当结果补语的动词，后四句的动词之后则没有。所以，我们可以试着这样总结“差点儿”与“差点儿没”在表意上的异同：“差点儿”在任何情况下都表示事情没有实现；“差点儿没”在一般情况下与“差点儿”意思相同，表示事情没有实现，如例句 ⑩ 和 ⑫；但是在同时具备以下两个条件时则表示事情已经实现，这两个条件是：（1）句中的事情是说话人所希望发生的；（2）动词之后有充当结果补语的动词，如“着”、“上”、“到”等，如例句 ⑥ 和例句 ⑧。

原刊标题：“差点儿”与“差点儿没”的异同（作者：常丹阳）
原载《学汉语》1994 年第 3 期（总第 80 期）

139 常常 · 往往

副词“常常”和“往往”均可译为“often”，都表示行为或情况发生的频率高或经常出现。例如：

① 他常常把书里的故事讲给别人听。（《列宁的故事》）

② 同志们常常在清朗的延河边散步，思考中国人民的现在跟将来。（杜鹏程：《保卫延安》）

③ 这里大都是原始森林，往往四五十里不见人烟。（《现代汉语八百词》）

但两者又有区别，能用“常常”的地方不一定都能用“往往”，留学生由于掌握不好两者的异同，便造出“他往往来看我”这样的错句。下面分析一下两者的区别：

1. “往往”是对到目前为止出现的情况的总结，因而不能用于尚未发生的事情，不能用于主观意愿。而“常常”则可。例如：我会常常给你写信的。请你常常来。这两句中的“常常”都不可以换成“往往”。因为“写信”和“来”这两个动作尚未发生。

2. 在疑问句中，一般用“常常”，而不用“往往”。如：你常常做什么？你常常生病吗？这里的“常常”也不用“往往”。因为前面说过：“往往”不能用于尚未发生的事情，所以，如果这样说：“星期天你常常做什么？”和“星期天你往往做什么？”都可以，但意义不一样。前者是说“所有的星期天”或“一般情况下的星期天”；而后者则一定是指“到说话人说话的这个时间以前的每个星期天”。

3. 用“往往”的句子要指明与动作发生有关的情况、条件或结果，也就是说用“往往”的句子是有限制的，而“常常”则无此限制。例如：

④ 他往往吃完饭就去散步。

⑤ 他常常去散步。

⑥ * 他往往去散步。

④句中“去散步”这个动作是在“吃完饭”的条件下做的，所以用“往往”、“常常”都可以，如果没有“吃完饭”这个条件，那么句子用“往往”就不成立，如⑥，而“常常”不受影响，如⑤。

4. 否定句中，“常常”可有“不常”、“常（常）不（没）”几种形式，而“往往”则只有“往往不”这种形式。如：

⑦ 我不常看电视。

⑧ 我常常不听妈妈的话，因此常挨打。

⑨ 他口袋里常常没钱。

⑩ 他这样做往往不是出于情愿。

原刊标题：“常常”和“往往”的区别（作者：陈香）
原载《学汉语》1994 年第 10 期（总第 87 期）

140 朝·向·往

请先做做练习：用“朝”、“向”、“往”填空。

（1）汽车（　　　）南开。

（2）我们（　　　）左边看。

（3）我（　　　）他挥手。

（4）（　　　）人民负责。

（5）他被派（　　　）国外学习。

答案：1. 朝 / 向 / 往　2. 朝 / 向 / 往　3. 朝 / 向　4. 向　5. 往

“朝”、“向”、“往”这三个介词组成的介词结构都能作状语，在表示“由一点到另一点的运动方向”这个意义时，可以互换。如“朝东走”也可以说成“向东走”或“往东走”。

1. “朝”、“向”可以用作动词，表示人和物正对某个方向。这两个词作动词时必须带宾语。这时一般用“朝”的句子都可以改用“向”。

① 我们的大楼向（朝）南。

② 他面朝（向）东，背朝（向）西。

作介词时，这两个词也都表示动作的方向。

③ 大家朝（向）前看，前面有一座寺庙。

④ 他朝（向）我挥挥手。

但是，用“向”的句子不一定能改用“朝”，“向”可以用在动词后，而“朝”不能。例如：

⑤ 列车奔向远方。

⑥ 中国要走向世界。

引进指人的宾语时，“朝”只能用于指身体动作、姿态等具体动作，不能用于抽象动词，“向”可以用于抽象动词。

⑦ 他朝我们这儿走来。（具体动词）

⑧ 向大家学习。（抽象动词）

2. 现代汉语中“往”一般不单独作动词用。作介词时“往”也可以表示动作的方向，与“朝”、“向”相同。但“往”强调的是朝某个方向移动。有“移动”、没有直接的“正对着”的意思时，一般用“往”。

⑨ 往美国寄信。
*朝美国寄信。
*向美国寄信。

另外，“往”必须跟表示方位、处所的词语组合，不能直接跟指人物的名词组合。“朝”和“向”可以直接跟指人物的名词组合。

⑩ 朝我这儿看。　　朝我看。
向我这儿看。　　向我看。
往我这儿看。　　*往我看

⑪ 朝他身上拍了一巴掌。　朝他拍了一巴掌。
向他身上拍了一巴掌。　向他拍了一巴掌。
往他身上拍了一巴掌。　*往他拍了一巴掌。

3.“往”有表示“动作的继续”的意义，如：“快往下说”是“接着说”的意思，这时，一般不能用“朝”、“向”。还有一些固定说法：“往死里打”、“往高里长”、“往多里说”。

“往”也可用在少数单音节动词后，如：“开、通、迁、运、派、飞、寄、逃”等。例如：

⑫ 公路通往山村。

⑬ 每天有班机飞往美国。

⑭ 这趟车开往北京。

原刊标题：“朝”“向”和“往”（作者：孙洪威）
原载《学汉语》2005 年第 4 期（总第 202 期）

141 从・离

介词“从”和“离”的后边都可以带表示处所的词语，如“从学校”“离商店”。但是，“从 + 处所词语”一般表示动作行为发生的起点或经过的处所，所以一般用于动词谓语句中。而“离 + 处所词语”则表示距离，一般只用于由形容词“远”、“近”或动词“有”充当谓语的句子里，不用于表示行为动作的动词充当谓语的句子。如：

① 我们从世界各地来到了北京。（表动作起点）

② 我们从北边那条路走。（表经过路线）

③ 我家离北海公园很近。（表距离）

④ 这儿离天津有二百公里。（表距离）

把“从＋处所词语”用于表示距离的形容词谓语句中是学汉语的外国学生尤其是欧美学生常犯的语法错误。如：

⑤ * 他家从这儿比较远。

⑥ * 学校从我家很近。

出现这种错误的主要原因是把“从”与英语介词“from”等同起来。英语词“from”是既表动作起点又表距离的，使用汉语时则应分别情况用“从”或“离”来表示。

在使用这两个词时还有一点须注意：汉语中有“从……到……”的固定结构，用来表示两地之间的距离，但没有“离……到……”的结构。所以下面这个句子是错误的：

⑦ * 离这儿到长城不太远，我们八点半出发吧。

这个句子应改成：

⑦ 从这儿到长城不太远，我们八点半出发吧。

原刊标题：“从”和“离”（作者：白荃）
原载《学汉语》1995 年第 2 期（总第 91 期）

142 从 · 由 · 打 · 自

汉语介词“从”、“由”、“打”、“自”在用法上有相同点，但也有不同之处，我们可以从以下三个方面来分析。

1. 语义上的特点

（1）“从”、“由”、“打”、“自”都可以表示时间、动作的起点。如：

① 从这里坐车可以到天安门。

② 游园会是由早上 8 点开始的。

③ 你这是打哪儿来？

④ 自1997年起，中国人上大学都要自己承担学习费用。

(2)“从”、“由”、“打”可以表示通过的路线、处所，而“自”则没有这种用法。例如：

⑤ 小船从桥下划过。

⑥ 机动车请由东门进入。

⑦ 打水路走，两天可以到。

(3)“从”、“由”、“打”还可表示发展、变化、范围的起点。如：

⑧ 从生词、语法到课文，我都复习了一遍。

⑨ 其实它的名称是由城隍庙街音转来的。

⑩ 打车站广场到周围的主要干道都安装了彩灯。

(4)“从”、“由”还有“根据”、“凭借”的意思。如：

⑪ 从说话的声音就知道小王也在场。

⑫ 由实验结果看，效果很好。

(5)“由”有“引入施动者”的含义，即“某人做某事”。如：

⑬ 这个项目由老张负责。

⑭ 口语课由李老师上。

2. 语法上的特点

“从”、“由”、“打”、“自”都可以和名词、动词、形容词或短语组成介宾词组，在动词前边充当句子的状语，如例③、④、⑤、⑥，其中“自”还可以放在少数动词之后，充当补语，如“来自”、“出自”、“选自”、“摘自”、“抄自”、“引自”、“录自”等。例如：

⑮ 他来自上海。

⑯ 这本书出自一个年轻人之手。

⑰ 这篇文章选自《鲁迅全集》第二卷。

3. 语体上的特点

“从”和“由”既可用于口语，也可用于书面语，而“自”则多用于书面语，“打”多用于北方口语中。

为了更清楚地了解这四个常用介词的异同，请看下表：

	语义特点					语法特点		语体特点	
	时间、动作的起点	通过的路线、处所	发展、变化、范围的起点	有“根据、凭借”的含义	引入施动者	状语	补语	口语	书面语
从	+	+	+	+	−	+	−	+	+
由	+	+	+	+	−	+	−	+	+
打	+	+	+	−	−	+	−	+	−
自	+	−	−	−	+	+	+	−	+

原刊标题：介词“从”、“由”、“打”与“自”的用法（作者：罗京莉）
原载《学汉语》1997 年第 11 期（总第 124 期）

143 从 · 自从

“从”与“自从”都能表示到说话时为止的某一时间段的起点，在这个时间段里，某一行为或者一直持续，或者反复发生。如：

① 从毕业以来，我一直在银行工作。

② 自从进了城，他一直住在这儿。

③ 从那一天起，小王经常去她家。

④ 自从得了这个病，她隔几天去一次医院。

但是，这两个词在用法上有三点区别。

1. “从”类似英语的“from”，可以表示过去的时间起点，也可以表示现在或将来的时间起点。“自从”类似英语的“since”，只能表示过去的时间起点。

⑤ 从现在起，他决定每天写一小时汉字。
　* 自从现在起，他决定每天写一小时汉字。

⑥ 从下个月起，我要坚持跑步。
　* 自从下个月起，我要坚持跑步。

另外，“从”可以跟“到”一起表示从过去某一时间点到过去另一时间点的时段，与英语的“from...to”相似。“自从”不能这么用。如：

⑦ 昨晚从6点到10点，他一直不在家。
*昨晚自从6点到10点，他一直不在家。

⑧ 从前天晚上到今天早上，他滴水未进。
*自从前天晚上到今天早上，他滴水未进。

2. “从”句可以表示“完成－持续”义，即在过去某一时点上，某一行为发生并完成，它产生的状态或结果一直持续到说话时。“自从”不能这么用。

⑨ 他从昨晚就到了我家。
*他自从昨晚就到了我家。

⑩ 从那一天我就问清楚了。
*自从那一天我就问清楚了。

例⑨的“到”发生在昨晚，“在我家”这一状态持续到说话时。⑩的“问”发生在那一天，“清楚”这一结果持续到现在。

3. “自从”句可以表示程度变化，即在某一时间段里，某人或某事发生了程度上的变化。“从”不能这样用。

⑪ 自从来到中国，他的汉语好多了。
*从来到中国，他的汉语好多了。

⑫ 自从进了健身房，她轻了十来斤。
*从进了健身房，她轻了十来斤。

这类句子中，谓语往往表示慢慢发生变化的行为或状态，如⑪的“好”，⑫的“轻”；谓语后边一般有表示变化程度的数量词语充当补语，如⑪的“多”，⑫的“十来斤”。

原刊标题：“从”与“自从”（作者：周小兵）
原载《学汉语》1992年第4期（总第57期）

144 从来 · 始终

"从来"和"始终"两个时间副词意思相近，使用时要注意区别。

"从来"表示从过去某个时候到现在，多用在否定句中，常说"从来没……过"，强调一种行为或状态没发生或出现过。如：

① 张华从来没去过上海。

② 王老师从来没跟学生发过火。

③ 他俩结婚七八年了，从来没有吵过架。

④ 自从这歌厅开了业，这里从来就没安静过一会儿。

也说"从来不……"或"从来就（都）……"。多强调一种习惯、性情或兴趣爱好等。如：

⑤ 小明从来都用勺子吃饭。

⑥ 安娜上课从来就坐在第一排。

⑦ 李小姐从来不穿短裙子。

⑧ 母亲从来不在背后议论别人。

"始终"表示从开始持续到最后，也多用在否定句中，句子或明或暗都有个起止时间。如：

⑨ 会议进行了三个小时，始终没有一个人走动。（从会议开始到结束）

⑩ 那个房间夜里始终亮着灯。（从天黑到天亮）

⑪ 我从早上八点就在车站等小刘，却始终未见她的影子。（从八点到离开车站）

原刊标题："从来"和"始终"（作者：应俊玲）
原载《学汉语》1999 年第 5 期（总第 142 期）

145 大约 · 大概 · 恐怕

在汉语里，"大约"、"大概"和"恐怕"都是常常用来表示估计和推测的词，使用方法也基本相同。但这三个词之间还是有一些细微差别的，在实际运用它们的时候，很多学生由于不了解它们的细微差别，说出一些错误的句子。例如：

①＊人数增加了恐怕百分之十三。

②＊我只听懂了个大约意思。

③＊问题大约不大。

④＊坐火车去那儿，路上恐怕走三天。

⑤＊他嘴里不说，心里却明白了大概。

⑥＊小张恐怕这次机会。

那么，这三个词在意义上有什么差别呢？在用法上又有什么不同呢？我们一起来看下面的表格。

	词义重点	词性	句中成分	应用条件
大约	用于对时间和数量的估计，表示估计的数目不十分精确	副词 形容词	状语 定语	常用于书面语。在表示对数量和时间的估计时可省略为“约”
大概	用于对情况的推侧，表示有很大的可能性	副词 形容词 名词	状语 定语 宾语	常用于口语。作宾语时常带数量词“一个”或量词“个”
恐怕	用于估计和推测，表示有较大的可能性，并常含有担心的意思	副词 动词	状语 谓语	作状语时常与“能、要、会”等能愿动词连用；作谓语时常带非名词性词语

下面我们再做一些具体的分析。

1．这组词最容易混淆的是它们作副词时的用法。

作副词时，“大概”的适用范围比“大约”大，既可表示对情况的推测，又可表示对时间和数量的估计。“大约”虽然也可以表示对情况的推测，但适用范围小，一般只用于书面语。如：

⑦ 这件衣服大概合适。

＊这件衣服大约合适。

“恐怕”表示推测的意思时，常含有明显的担心或委婉的语气，而“大概”和“大约”却不一定；“恐怕”作状语表示估计的意思时，一般不能直接修饰数量词，而“大概”和“大约”却可以。如：

⑧ 小红大概十六七岁。
*他恐怕四十岁了。
他恐怕有四十岁了。

2. "大概"与"大约"的形容词用法。

作形容词时，"大概"的适用范围也比"大约"大，"大约"一般只修饰表示数量和时间的名词，而"大概"却可修饰其他名词。"恐怕"没有这种用法。如：

⑨ 这只是一个大概数字。
这只是一个大约数字。

⑩ 我了解了这件事的大概情况。
*我了解了这件事的大约情况。

3. "大概"的名词用法和"恐怕"的动词用法。

这是这组词的两个特殊用法，使用时应注意以下条件："大概"作名词时，要带量词"个"或数量词"一个"；"恐怕"作动词时，宾语一般不用名词性词语。

⑪ 听了他的话，我就明白了一个大概。

⑫ 我恐怕不能参加这次会议了。

原刊标题："大约"、"大概"、"恐怕"的用法和区别（作者：魏非）
原载《学汉语》1997年第7期（总第120期）

146 待·留

曾有留学生问，"待"（dāi）和"留"在英文中都可译成"stay"，那么中文里它们在这一意义上的用法是否一样呢？"待"又可写作"呆"，多用于口语。从表面上看，"待"和"留"都有停留、不移动、不离去的意思。请看下列两组例句：

① 你怎么不在上海多待两天呢？

② 你怎么不在上海多留两天呢？

③ 他待在农村六年了。

④ 他留在农村六年了。

那么，“待”和“留”两者之间又有哪些不同呢?

1. 从语义上看，表面上两者的意思是相同的，但我们仔细分析下列几个句子就会发现，“留”这一行为的主体往往有离去的趋势，因为某种原因或为了达到某种目的而从群体中余留下来。因此，在某些句子中“留”是指从移动或离去的趋势中停下来，它的施事者多是群体中的余留者。这一倾向在“留 + 在 + 处所名词”的句子中就可感觉到，在“留 + 下 / 下来”的句子中更加明显。例如：

⑤ 毕业以后，他就留在学校工作了。

⑥ 下课后你留下（来），我有事要和你商量。

例 ⑤ 中的“他”和例 ⑥ 中的“你”都是在群体或其余的个体离去的情况下，留下来或被留下来的。“留”在句中不仅有停留的意思，还隐含着“余留”的意味，而“待”的语义就比较单纯，只有停留这一层含义，因此例 ⑤⑥ 不能用“待”替换，“留”。另外，我们认为这两个词的语义重点也有不同，如图示：

离去或移动的趋势 ——→ 停止 ——→ 离去
（留）（待）

“留”的语义重点是从离去的趋势中停止下来，而“待”则是从停止到离去之间的停留。“待”在口语中常用来表示在行进过程中短时或暂时的停留。如：

⑦ 他在上海待了两天就回国了。

⑧ 我们在这儿待一会儿再走吧。

在 ⑦⑧ 这两个例句中如果用“留”就比较拗口，我们一般也不这么说。

从语义范畴进行比较，“留”的语义范畴较广，它不仅可表示停止在某一处所，还可表示停止在某一地位上或组织中，如：“留任”“留党 / 团（察看）”。除此之外“留”也表示某些较抽象的事物不消失、不离去。例如：

⑨ 过了一夜，晚香玉的清香仍留在屋里。

⑩ 故乡的山、故乡的水将永远留在我的心里。

“待”不具备上述两种语义，也不能用于上面例句。

2. 从语法功能来看，主要有以下几点不同：

（1）“留”后面常跟由介词“在”引导的处所词语，它还可以直接跟某些名词组成较固定的词组，如：“留城”“留校”“留厂”等。“待”的后面也可以带介词“在”所引导的处所词语，但不能直接跟处所名词，不能说“待城”“待校”等。它后面多带时间补语。如例 ⑦、例 ⑧。

（2）“待”后面可以带“了”、“着”、“过”这三个动态助词，例如：

⑪ 他在家里只待了两天。

⑫ 他这一整天都在房间里待着。

⑬ 我在北大荒待过几年。

“留”在表达“停止在某处不离去”这一意义时，后面一般不能带“了”、“着”、“过”。如例句 ⑪⑫⑬ 中的“待”都不能换成“留”。但有时“留”后面可跟“了”，这主要有两种情况，一种是“留 + 了 + 表示时段的词或词组”，这时往往是指停在某一个地方超过预期或合理的时间，例如：

⑭ 她在香港多留了两天。

⑮ 同学们离开教室以后，他又留了一会儿。

另一种情况是“留 + 了 + 下来”，例如：

⑯ 他二话没说就留了下来。

⑰ 大部队开往前线去了，伤病员都留了下来。

注意，我们平时所说的“留着”是保留的意思，而不是停留。

（3）“待”只是对停留这一动作作一般性的描述，它的施事者不能作为处置或被处置的对象，因此它不能用于“把”字句和“被”字句，而“留”则常见于这两种句型，如下列这组例句：

⑱ 学生们都被老师留在教室里了。

⑲ 老师把学生们都留在教室里了。

在现代汉语中类似“待”和“留”这种在语义及用法上有相同或相似之处，但又存在着差异的词不胜枚举，学生在遣词造句中出现的错误往往是不明了这些差异之处，因此，找出近义词之间的不同点是词语教学中不可忽视的一部分。

原刊标题：“待”（dāi）和“留”（作者：杨子菁）
原载《学汉语》1996 年第 3 期（总第 104 期）

147 低·矮

一般形容词大都有一个确定的反义词。如：

大 - 小　　长 - 短

新 - 旧　　多 - 少

深 - 浅　　冷 - 热

快 - 慢　　好 - 坏

但是，“高”的反义词却有两个：“低”和“矮”。在选用“低”与“矮”时，因为“低”比较常用，所以一般用低都不成问题。如：

高级 - 低级　　高档 - 低档

高潮 - 低潮　　高空 - 低空

高烧 - 低烧　　高速 - 低速

高温 - 低温　　高压 - 低压。

但如果认为所有的“高”的反义词都是“低”，就会出现错误。例如：

① * 哥哥倒比弟弟低。

② * 我们学校的围墙很低。

③ * 她家有一只低低胖胖的小狗，很可爱。

这三个句子里的“低”都应该改成“矮”。

那么什么时候用“低”，什么时候用“矮”呢？

1. 只能用“低”的情况

④ 飞机飞得很低。

⑤ 由于大量用水，水库的水位降低了。

⑥ 录音机的声音太低，听不清楚。

⑦ 低档的东西，质量不一定不好。

例④与例⑤是由物体（“飞机”与“水位”）离地面的远近来判断的。离地面远为高，离地面近为低。例⑥与例⑦是由某种量在一般标准或平均程度的上下来决定的。在一般标准或平均程度之上为“高”，在其下就是“低”。

2. 只能用“矮”的情况

⑧ 高明个子很矮，还不到一米六呢。

⑨ 山洞的低部有二氧化碳，狗比较矮，到了洞里，吸不到氧气，就闷死了。

⑩ 她正坐在矮凳上洗衣服呢。

在这三例中，高矮是由物体本身的长度来决定的。一个人从头顶到脚底的长度小就是矮，即使他站在高山上，离地面很远，他的个子还是矮。那么很小的山洞是“低”还是“矮”呢？应该用“矮”，因为说的是洞本身，与洞离地面的高度无关。

3. 可用“低”也可用“矮”的情况

⑪ 我们俩都是讲师，但我比他低 / 矮两级。

⑫ 我哥哥倒比我低 / 矮一班。

对级别或地位进行比较时，可用“低”，也可用“矮”。但请注意，两者都可用时，只能用于用“比”的比较句，而且其后果有说明差别的数量补语，否则只能用“低”。例如：

⑬ 他在公司里的职位很低。

⑭ 我哥哥的职称倒比我低。

另外，“低”多用于书面语，“矮”多用于口语里的具体事物。

原刊标题：“低”与“矮”（作者：今古）
原载《学汉语》1993 年第 7 期（总第 72 期）

148 东西 · 家伙 · 玩艺儿

“东西”、“家伙”、“玩艺儿”（又写作“玩意儿”）三个词，汉语口语中常用，而意思复杂。外国学生在学习与使用过程中极易闹笑话。

首先，这三个词都用于代指各类具体物品、工具等。例如：

① 我买了些小东西送他。

② 箱子这类大东西最好能托运走。

③ 我给你买了一样好东西，猜猜看是什么？

④ 拿起棍子，给他一家伙。

⑤ 抓起手边的家伙就打。

⑥ 呵，这枪竟然是真家伙！

⑦ 从乡下搞来一些古玩艺儿，卖给城里那些喜好收藏古董、文物的人。

⑧ 送你几样小玩艺儿玩玩吧。

⑨ 父母给他买来各种新奇古怪的高级玩具，可他却不喜欢这些洋玩艺儿，偏爱玩乡下孩子的木枪、纸马、蝈蝈儿。

⑩ 你手里拿的什么玩艺儿？（重音在“什么”）

“东西”、“玩艺儿”还可用于表示抽象的概念。两个词可以互换，但用“玩艺儿”带有轻视、不满的口吻。例如：

⑪ 别再演那些旧玩艺儿了，演点新东西看看吧。（指演出的节目内容）

⑫ 你搞什么玩艺儿（东西）？！（花招、诡计等）

⑬ 你在写什么东西（玩艺儿）？

“家伙”也可用于代指人或动物：

⑭ 这次整顿社会治安，抓出了一个大家伙。（指罪犯）

⑮ 昨天去钓鱼，钓到一个大家伙，足有四斤重。（指鱼）

“东西”、“家伙”前加上“小”，“小东西”、“小家伙”，常用于昵称或戏称孩童；“老东西”、“老家伙”则是对年纪大的人一种极不恭敬并带有厌恶、咒骂语气的称呼，但有时也可用于同辈老熟人、老朋友之间一种很随便的戏谑与玩笑。例如：

⑯ 你这老家伙，身体还这么硬朗呀！

⑰ 我们这些老家伙，也要向年青人学习学习。

“东西”、“家伙”、“玩艺儿”前若加上否定词或贬义词，就变成了骂语。例如：

⑱ 不是（个）东西！

不是（个）家伙！

不是（个）玩艺儿！

三句意思相同，都是一种愤恨的骂人语。又如：

⑲ 狗东西　鬼东西　臭东西　死东西　坏东西……

狗家伙　鬼家伙　死家伙　坏家伙……

鬼玩艺儿　臭玩艺儿　烂玩艺儿……

“东西”、“家伙”一类的詈语一般都用于骂人，偶或也用于斥责某一动物，如家畜、家禽，有时也用于关系亲密的人之间，表达一种责备语气。例如：

⑳ 死东西，吓我一跳，碍手碍脚，还不滚一边去。（斥责孩子或猫、狗等）

㉑ 你这鬼家伙，这一阵跑哪儿去了，害得我到处找你。

㉒ 坏家伙，为什么不告诉我，悄悄一个人干？

用“玩艺儿”一类，一般是骂所指代的具体或抽象的事物，表达一种愤恨、不满、鄙视、轻蔑等语气。例如：

㉓ 干了半天活，就给吃这烂玩艺儿！

㉔ 你搞的什么鬼玩艺儿！全给你扔掉了。

㉕ 就你这点臭玩艺儿，胡吹什么！

此外，还有“什么家伙”、“什么东西”、“什么玩艺儿”常表示对人对物的不屑与不满，带有漫骂的语气（重音在“家伙”、“东西”、“玩艺儿”上）。例如：

㉖ 他算个什么东西！

㉗ 他是个什么家伙我还不知道吗！？

㉘ 你这号人算什么玩艺儿！

还有“这家伙”表示一种轻微的责怪、无奈或感慨语气；“好家伙”表示感叹与惊讶。例如：

㉙ 这家伙！这么晚了还不回家。

㉚ 你这家伙，干起活来不要命了。

㉛ 好家伙！这座塔足有十几层楼高。

㉜ 好家伙！他一口气喝下了一瓶白酒。

原刊标题：“东西”、“家伙”与“玩艺儿”（作者：程朝晖）
原载《学汉语》1991年第8期（总第49期）

149 烦 · 嫌

动词“烦”和“嫌”都有“不喜欢、不满意”的意思，都是表示心理活动的动词。

1. “烦”和“嫌”都可带小句宾语。

① 我烦那里人多。

② 我烦他总来找我。

③ 我嫌他脏。

④ 我嫌她不漂亮。

但在语义侧重点上，“烦”是强调主观心情受到影响的厌烦，而“嫌”是强调对象的不足或缺陷。如：

⑤ * 他们烦我个子矮。（“个子矮”不会影响到他们的心情，这个句子不成立）

⑥ 他们烦我乱说话。（“乱说话”会影响到他们的心情，这个句子成立的）

⑦ 我烦他唱歌。（“唱歌”会影响到我的心情）

⑧ * 我嫌他唱歌。（“唱歌”不是某种缺陷，句子不成立）

2. “烦”可带动宾式短语，而“嫌”不行。

⑨ 他特烦喝药。

⑩ 男人一般都烦逛商场。

⑪ 我特烦挤公共汽车。

⑫ 他烦看电视。

⑬ 我烦整天待在家里。

3. “烦”可带名词性词语，而“嫌”不行。

⑭ 他烦这家医院。

⑮ 我烦那个看门的。

⑯ 我烦这种天气。

⑰ 我烦那个胖子

⑱ * 我嫌那胖子。

4. "嫌"可带形容词宾语，"烦"则不行。

⑲ 我嫌多。

⑳ 我嫌麻烦。

㉑ 我嫌脏。

㉒ 他嫌累。

㉓ * 他烦累。

5. "烦"和"嫌"都可用程度副词"有点、有些、越发、更、更加"以及"略、稍、稍微"等来修饰。但"嫌"不能用"很、挺、太、最、非常"来修饰。

㉔ 我有点烦他有事没事总来串门。

㉕ 我更烦他有事没事总来串门。

㉖ 我有点嫌他有事没事总来串门。

㉗ 我更嫌他有事没事总来串门。

㉘ * 我最嫌他上课不听讲。

6. "烦"可以作结果补语，而"嫌"不行。

㉙ 这些话我都听烦了。

㉚ 这些课文我都看烦了。

㉛ 这些作业我都写烦了。

7. "烦"还有使动用法。

如："真烦人"是"使人厌烦"的意思，"嫌"没有这种用法。

原刊标题："烦"与"嫌"（作者：孙洪威）
原载《学汉语》2006年第2期（总第206期）

150 干脆 · 索性

"干脆"和"索性"的意义和用法有同有异。相同的地方是，它们都有副词的用法，表示直截了当的语气，一般可以互相替换，而不改变说话的意思。例如：

① 那人不讲理，干脆别理他。

② 那本书我找了几个地方都没找着，索性不再找了。

③ 这东西太旧了，干脆扔了算了。

④ 我实在没有力气赶上他，索性一个人在后面慢慢走。

在这种用法中，“干脆”或“索性”后面的动作一般是根据特殊的理由，不按照预先的想法或常理去做，而是直截了当地做出与之不同的行动。如例①中，那人不讲理，我们也就不按常理去理他；例②中，“不再找了”也改变了原先要找那本书的想法。

“干脆”和“索性”不同的地方是：“索性”只有副词一种用法，只能用在动词的前边，作状语；“干脆”还有一个形容词的意义和用法，表示“爽快”的意思。例如：

⑤ 他说话干脆利落。

⑥ 看他那干脆劲儿，我真高兴。

⑦ 这件事他办得很干脆。

⑧ 他很干脆地答应了我的请求。

作为形容词的“干脆”不仅能作谓语（例⑤）、定语（例⑥）、补语（例⑦），还能作状语（例⑧）。同样是作状语，形容词的“干脆”跟作为副词的“干脆”形式和意义也还有区别。形容词“干脆”作状语，前面可以加“很”，后面必须用“地”跟动词连接；而副词“干脆”跟“索性”一样，前面既不能加“很”，后面也不能用“地”，比较例⑧和例①、例②就可以清楚地看到这一点。从意义上看，形容词的“干脆”是形容人物的性格、行为的风格；副词的“干脆”跟“索性”一样，只表达直截了当的语气。

原刊标题：“干脆”和“索性”（作者：赵葵欣）
原载《学汉语》1996年第11期（总第112期）

151 刚 · 刚才

“刚”和“刚才”在词性和意义上是有差别的。

1. 从词性上看，“刚才”是时间名词，属于实词；而“刚”是副词，属于虚词。“刚才”一般是强调刚过去不久的时间。例如：

①他刚才来过。

为了强调时间，有时可以把“刚才”放在句子前边。例如：

②刚才，他来过。

而“刚”强调动作、事情发生在不久前，用在动词前面。例如：

③这本书我刚看完。

“刚”还有恰巧、合适的意思。例如：

④练舞蹈，她这个年龄刚合适。

有时“刚”也用在形容词前，表示勉强达到某种程度。例如：

⑤天刚亮他就起床了。

在复句中“刚”用在前一个分句中，和后一个分句中的“就”相呼应，表示两件事紧接着发生。例如：

⑥老师刚讲完，就下课了。

2. 使用“刚”的句子在动词后边可以加表示时量的词语，而“刚才”后面不能加。例如：

⑦他刚走一会儿你就来了。

⑧*他刚才走一会儿你就来了。

3. “刚”后边不能加否定副词，而“刚才”的后边可以加否定副词。例如：

⑨你刚才不吃，现在又想吃。

⑩*你刚不吃，现在又想吃。

4. 因为“刚才”是实词，一般可以单独组成句子，而“刚”是虚词，一般不能单独成句。例如：

⑪A：他什么时候来的？
B：刚才。

⑫A：他什么时候来的？
B：*刚。

原刊标题：“刚”和“刚才”（作者：许砚琪）
原载《学汉语》2004年第3期（总第195期）

152 刚·刚才

“刚”是副词,“刚才”是名词，所以“刚才”还可以作主语、宾语、定语等,“刚”不行。但是,“刚”和“刚才”都可以作状语，有的留学生觉得意思好像差不多。如：

① 他刚来。

② 他刚才来过。

其实，这两句话是不太一样的。比较：

③ A：他什么时候来的？
B：他刚来。

④ A：他刚才来过没有？
B：他刚才来过。

在③里，“刚”是表达的重点，重音在“刚”上；在④里，“来过”是表达的重点，重音在“来”上。

在一般情况下，简单地说，“刚”和“刚才”的区别是：

1. 用“刚”的句子，重点总是在“刚”本身，强调某件事发生在不久以前，不是很早以前。

⑤ A：他早就来了？
B：不，他刚来。

从上下文来看，主要有两种情况：(1)“刚”句表示原因和理由，如⑥；(2)强调前后两件事在时间上连接得很紧，如⑦。

⑥ 我刚开始学汉语，所以说得不太好。

⑦ 他刚到家，就立即被人叫走了。

2. 用“刚才”的句子，往往是告诉对方在刚才干了什么或怎么样，重点不是“刚才”，而是“刚才”后面的内容。

⑧ A：你刚才干什么去了？
B：我刚才打球去了。

⑨ A：你刚才在哪儿？
B：我刚才在图书馆。

⑩ A：你刚才见到他了吗？
B：我刚才没见到他。

从上下文来看，主要有两种情况：（1）与现在对比，如⑨；（2）下文继续谈刚才的事情和情况，如⑪。

⑪ 他刚才还在这儿，现在不知道上哪儿去了。

⑫ 他刚才来我们宿舍看了看，问了问我们的学习情况。

⑬ 刚才我看见一个年轻人，在花园里躺着，脸色苍白，好像病了。

用“刚”的句子里，因为“刚”本身是表达的重点，所以，“刚”后面的词语可以是很简单的；而用“刚才”的句子，因为重点是“刚才”后面的内容，所以“刚才”后面不能只有一个动词，还得有些其他词语。比较：

⑭ 这本书我刚买，还没看过。

⑮ 我刚才买了一本书。

⑯ * 我刚才买。

至于“刚刚”，一般跟“刚”一样，有的时候跟“刚才”一样。如：

⑰ 我刚刚到，对这儿还不熟悉。（= 刚）

⑱ 我刚刚在食堂里看见他了。（= 刚才）

原刊标题：“刚”、“刚才” 和 “刚刚”（作者：吴中伟）
原载《学汉语》1998 年第 10 期（总第 135 期）

153 关于・对于

“关于”和“对于”是汉语中常用的两个介词，但“关于”引出的是某种行为、某个事物的关系者，“对于”却主要用来引出对象，两个词具有不同的意义。

“关于”和“对于”都可以加上名词、动词或动词词组组成介词结构，在句子中作定语或状语，但它们的语法意义和使用方法是有区别的。

1.“关于……”作定语修饰的名词有时可以是单音节名词、具体名词，“对于……”修饰的是双音节名词、抽象名词。例如：

① 关于中国历史的书。

② 关于《红楼梦》的论文。

③ * 对于祖国的情。（单音节名词）

④ * 对于农村情况的影片。（具体名词）

另外，“对于……”所修饰的名词一般是表示情感、见解、效果等类的名词，但表示情感、态度的一些名词，一般不受“关于……”修饰。例如：

⑤ 对于祖国的感情。

⑥ 对于异国文化的偏见。

⑦ * 关于这个人的好感。

⑧ * 关于这种事情的态度。

2.“关于……”一般用来表示动作所关联涉及的事物或者表示某个事物所关联涉及的范围，“对于……”常用来表示对待关系。因此，当我们要说明关联和涉及时，常用“关于”，不用“对于”；指出对象时，用“对于”，不用“关于”。例如：

⑨ 关于这件事，我打电话跟小王联系。（表示动作关联涉及的事物）

⑩ 今天我们开了一个会，是关于教学法的。（表示事物涉及的范围）

⑪ 对于文化遗产，我们必须进行研究分析。（指出对象）

有时，同时表示上述两种情况，既可以用“关于……”又可以用“对于……”，例如：

⑫ 关于这个问题，我没有意见。

⑬ 对于这个问题，我没有意见。

3.“关于……”作状语时，只用在主语前；而“对于……”作状语时，用在主语前后都可以。例如：

⑭ 关于／对于这个问题，我没有意见。

⑮ 我对于这个问题没有意见。

⑯ * 我关于这个问题没有意见。

此外，口语中“对于……”有时可以跟“来说”或者“说来”一块儿使用，强调提出的看法同相关人物的关系，而“关于”没有这样的用法。还有，“关于……”可以单独作文章的标题，有提示作用，而“对于……”则要加上名词才可以。例如：

⑰ 关于教学工作。

⑱ * 对于教学工作。

⑲ 对于教学工作的几点意见。

原刊标题：怎么区别“关于”和“对于”的用法（作者：魏非）
原载《学汉语》1997年第9期（总第122期）

154 过去 · 下去

请先看这两个句子：

① 这件事你不该瞒过去。

② 这件事你不该瞒下去。

句①的“瞒过去”表示把“这件事”隐瞒起来，达到别人不知道的目的；而句②中的“瞒下去”则表示瞒过去之后又继续“瞒”的意思。

这两个句子，从交际功能上看都表示说话人对朋友、同学或亲人等的劝告。但是两个句子的语用场合不一样。

比如，你做了一件事，应当告诉自己的妻子或丈夫，但是你不想让她 / 他知道，这时，朋友来劝告你，他就说：“这件事你不该瞒过去。”

如果，你做了一件事，应该告诉妻子 / 丈夫，但你没有让她 / 他知道，便瞒过去，过了一段时间后，朋友劝你时，要说：“这件事你不该瞒下去。”

当然，此时朋友也可以说：“这件事不该瞒过去。”但如果这么说的话，句子的语义指向是“以前”“瞒过去”的时候，而不是现在。

原刊标题：“瞒过去”与“瞒下去”（作者：杨寄洲）
原载《学汉语》1992年第6期（总第59期）

155 好在 · 多亏

有学生问：“好在”和“多亏”的用法有什么不同呢？

“多亏”表示由于外界的帮助或某种有利因素，避免了不幸或得到了好处，有庆幸的语气，它的后面可以是名词、代词、动词或小句。如：

① 多亏他，我才找到李老师的家。（帮助：他告诉了我李老师的住址，或他带我去了李老师的家）

② 多亏他叫醒我，不然就迟到了。（帮助：他让我及时起床，避免了迟到）

③ 诸葛亮能草船借箭，多亏了一场大雾。（帮助：雾；好处：得到了箭）

④ 这次手术很成功，多亏了大夫。（帮助：大夫的水平；好处：成功的手术）

“好在”表示在具有某种有利的条件或情况之后，避免了不幸或得到好处。尤其强调在不利情况下也存在某种有利因素。它的后面一般是小句。如：

⑤ 好在有他帮忙，我才找到李老师的家。（有利条件：他的帮助）

⑥ 好在他叫醒了我，我才没有迟到。（有利条件：他叫我起床）

⑦ 好在有一场大雾，诸葛亮才能借到箭。（有利条件：一场大雾）

⑧ 好在大夫的医术高，手术才这么顺利。（有利条件：医术高）

下面的句子不能用“多亏”代替：

⑨ 这件衣服有点旧了，好在还能穿。（不利：旧衣服；有利：可以穿）

⑩ 他病得很厉害，好在还有救。（不利：病重；有利：可救）

提醒：

⑪ 这首诗好在什么地方？

这里是“好＋在”，“好”是形容词，“在”表示“好”的方面。因此，与上面谈的“好在”意义不同。

原刊标题：“好在”与“多亏”（作者：吴平）
原载《学汉语》1998年第1期（总第126期）

156 很 · 好

现代汉语中“很”和“好”都可以作为程度副词，表示程度深的意思，有时可以互相替换，如：

很伤心　　很开心

好伤心　　好开心

但它们在使用时还是有一些区别的。

1. 语体色彩不同

"很"是现代汉语中一个非常活跃的程度副词，既可以用于口语，也可用于书面语。而"好"作为程度副词多见于口语，因此在很多教材中都没有提及。近些年来，由于受港台小说、港台歌曲以及粤方言的影响，"好"作副词比较流行，不仅在口语中，而且在报刊杂志中（尤其是以青少年为对象的）也频频出现，如"好漂亮"、"好高兴"、"好幸运"等。但它仍然是一个口语化很强的词，在比较严肃的场合以及论文、说明文等语体中一般不宜使用。

2. 感情色彩不同

程度副词"很"是个中性词，用在形容词前只是客观地修饰限制形容词所表达的程度。而"好"最常用为形容词，表示"亲爱、友好"、"优点多、令人满意的"等意思，副词"好"由于受形容词词义的影响，除了表示程度以外，还具有亲切、柔美的色彩，因此经常出现在一些描写年轻人感情故事的小说、散文中。如：

① 我曾经认识一个男孩，……我好喜欢好喜欢他。

② 对不起，我好抱歉我不是真的元凯。

3. 语义轻重不同

"好"和"很"一样，在不同语境中表达的程度不完全相同，具有一定的伸缩性。但"好"用在表示消极意义的形容词之前，表示的程度比"很"轻，似有削弱其应有程度的作用。如：

③ 这两天我好烦，我好恨那个臭小子。

"好烦"、"好恨那个臭小子"的程度明显比"很烦"、"很恨那个臭小子"的程度要轻一些，它相当于"真烦"、"真恨那个臭小子。"

4. 语气不同

"很"一般表示肯定的语气，句末一般不出现语气词。而"好"多含感叹的意味，句末经常出现语气词，构成"好……啊"的形式。试比较：

④ 今天大家很开心。

今天大家好开心啊！

⑤ 我很嫉妒她。

我好嫉妒她啊！

原刊标题：程度副词“很”和“好”辨析（作者：李敏）
原载《学汉语》1997 年第 5 期（总第 118 期）

157 还 · 再

同学：老师，“明天我还来”和“明天我再来”意思一样吗？

老师：这两句话的意思基本一样，但稍有不同。这是因为“还”和“再”虽然都可以表示行为、动作的继续，但是，语义上有区别。

第一，前者侧重“持续”，有“仍然”的意思；

第二，“还”强调主观上要求动作持续，“再”强调客观上要求动作重复。因此我们可以说：

① 这儿的学习条件太好了，明天我还来。

② 他不在没关系，明天我再来。

同学：“还”和“再”的语义上的不同在使用上有没有体现？

老师：有。在下面两种情况下，用“再”不用“还”。

一，在带表示动量或时量补语的动词前。例如：

③ 别走，再坐一会儿。

④ 我没听清楚，请你再说一遍。

在上面的例句中：“一会儿”是时量补语，“一遍”则是动量补语。

二，在重叠动词前。例如：

⑤ 我再想想，待会儿告诉你。

⑥ 我希望你们再研究研究我的建议。

同学：谢谢老师，我明白了。

老师：我还没讲完呢。如果一个句子里有能愿动词（要、能、应该、必须、需要），那么无论有没有动量、时量补语，也不管动词是否重叠，“还”和

“再”都可以出现，只是“还”必须出现在能愿动词前，“再”出现在能愿动词后。比较：

⑦ 明年夏天，我还要去一趟青岛。

⑧ 明年夏天，我要再去一趟青岛。

⑨ 你还应该试试。

⑩ 你应该再试试。

同学：老师，您讲了只能用“再”不能用“还”的情况，又讲了“还”和“再”与能愿动词的位置问题，这些我都清楚了。您能不能再谈谈有没有只用“还”而不用“再”的情况？

老师：可以。不知你注意到没有，我们以上所举例句都是表示未实现的动作和行为，如果是表示一个已经实现的动作或行为的继续，那么只能用“还”不能用“再”。比如：

⑪ 都十二点了，他还在学习。

⑫ 我的同屋还没回来。

同学：这两个句子都强调“持续”，不强调“第二次”，当然用“还”不用“再”。

老师：你说得很对。我再给你几个句子，看看应该用“还”还是用“再”：

（1）我希望明年（　　）来中国学习。

（2）（　　）过几个月，我就要毕业回国了。

（3）你的病刚好，（　　）休息几天吧！

（4）你的病刚好，（　　）需要多休息几天。

（5）颐和园太美了，我（　　）要去一次。

（6）颐和园太美了，我要（　　）去一次。

同学：我想，（1）用“还”，（2）用“再”，（3）用“再”，（4）用“还”，（5）用“还”，（6）用“再”，老师，你看对吗？

老师：都对了。

原刊标题：“还”和“再”（作者：李晓琪）
原载《学汉语》1991年第2期（总第43期）

158 还 · 再

HSK 考试中常常出现“还”和“再”的区分，这里介绍一些规律，可以帮助我们在考试过程中很快做出选择。下面这条规律很重要：

1. 表示动作的重复和连续时，区别在“位置”上，“还”常常用在“会、能、可以、应该”等词（能愿动词）的前边，“再”常用在这些词的后边。

① 这次不通过，下次还可以参加吗？

② 这次不通过，下次可以再参加吗？

③ 我很喜欢北京，我还会再来的。

④ 我还能再吃一碗米饭。

2. 表示“持续不变”时，区别在“时间”上，“还”强调到现在，“再”强调向后持续。

⑤ 你怎么还看书呀，都 12 点了。

⑥ 你再不说，我就走了。

3. 疑问句中（句中无能愿动词），一般用“还”，不用“再”。

⑦ 明年你还来中国吗？
* 明年你再来中国吗？

⑧ 你还买别的东西吗？
* 你再买别的东西吗？

4. 祈使句中，一般用“再”，不用“还”。

⑨ 请再说一遍。
* 请还说一遍。

⑩ 你明天再来吧。
* 你明天还来吧。

原刊标题：“还”和“再”（作者：周磊）
原载《学汉语》2005 年第 4 期（总第 202 期）

159 会 · 能 · 可以

我们都知道"会"、"能"、"可以"是汉语中一组常用的近义助动词。这三个词有哪些功用呢？它们的语用功能又有什么异同呢？

1. 由基本意义"可能性"（能力）形成的基本功能——推测功能

汉语"能"类助动词推测功能区别在于："会"推测的可能性较客观，可以代表消极、积极、中性三种色彩，"能"、"可以"常表示积极的倾向，带有一定的主观意愿色彩。例：

中性：

① 他十一点会来。

② 他十一点能 / 可以来。

积极：

③ 幸福生活总有一天会实现。

④ 幸福生活总有一天能 / 可以实现。

消极：

⑤ 你这样会感冒。

⑥ * 你这样能 / 可以感冒。（不合情理，除非听话人希望感冒）

从基本功能——推测功能引发的附加功能：

（1）假设功能：指说话人对不可能实现或不真实情况的一种设定。汉英都可用条件复句来表示，但汉语所表达的假设功能是纯粹从语义上来判定的。"会"、"能"、"可以"常用在后半句。例：

⑦ 咱们的买卖要是越做越好，我能不给你长工钱吗？（《茶馆》，意思是咱们的买卖情况现在很差）

⑧ 只要你坚持练习，你的汉字就会写得越来越好。

⑨ 医生说，只有病好了，才可以下床。

（2）保证功能：指说话人通过推测、以担保的方式表达自己的意见和态度。例：

⑩ 他会准时来的。

⑪ ……你说妈不好，我们想法，我们想法子，我——我可以叫她不跟你找别

扭。我，我可以跟她闹。哦，你再不成，我们就一块走，我跟她分！分开了过，都可以的。(《原野》)

2. 由基本意义“允许”形成的基本功能——允许功能

这里的“允许”功能包括得到说话人的“允许”和“别人”或“情理、环境”允许两种情况。这在汉语中，“能”和“可以”有时很难区分，必须依靠上下文的帮助。例：

⑫ 你能 / 可以明天来。(看不出说话人允许还是第三者允许或“情理、环境”允许)

⑬ 你可以出去了。(说话人的允许)

⑭ 我能进来吗？（听话人的允许）

由基本功能——允许功能引发的附加功能：

（1）命令功能：表示说话人权威的态度（上对下）。当表示命令时，汉语里更多是使用祈使句或含有使动意味的动词，用上助动词口气反而有所减弱。例：

⑮ 你可以走了。

⑯ 你走吧！（逐客令）

（2）建议功能：表示说话人理性的、客气的劝说（下对上或平级关系）。例：

⑰ 处长清闲的时候，可以来跳跳舞，玩玩牌，喝喝咖啡。(《茶馆》)

⑱ 你要空闲时间太多，可以练习书法，欣赏欣赏音乐或者义务劳动。(《王朔谐趣小说选》)

（3）请求功能：这是由疑问句所决定的特殊功能，包括请求允许，委婉提出要求等。这样的疑问对答并不是一个 Yes-No 问题，而是说话人通过话语希望对方做什么，要求的是行为的反应，而不是信息的反馈。例：

⑲ A：能把糖递给我吗？ / 能不能把糖递给我？

B_1：(把糖递过去，没有言语)

B_2：好的 / 行 / 可以。

B_3：* 能 / 我能。

汉语在表达请求功能时，用于句末请求或单独回答时，“可以”尤为常见，这可能跟音节有关，也常用“好吗 / 行吗”来提问。在表达句末请求时，不能用“能”。例：

⑳ A：爸爸，我送送他老人家，可以吧？

B：可以。

㉑ A：*爸爸，我送送他老人家，能吗？

B：*能。

但是用于句首或句中，用“X不X”形式提问时，“能不能”就比“可不可以”更经济。例：

㉒ A：您来付钱时，能不能把您的作品带来让我们拜读一下。

B_1：好的，行。

B_2：*能。

由此可见，虽然“会”、“能”、“可以”在学习时并不很难，可是使用得当却并不那么容易。因为这三个词，从句法结构上看不太难，但是由于在语义上有重叠交叉关系，导致在具体使用上产生差别。我们的教学最重要的也就是要让学生明白怎么用这些词，所以引入语用功能的教学，说明词语、结构或句式在具体使用中的条件和分布，可以尽可能地减少学生在未来交际中碰到的问题。

原刊标题：“会”、“能”、“可以”语用功能的异同（作者：熊文）
原载《学汉语》1999年第8期（总第145期）

160 既然·因为

欧美学生学“因为”这个词很容易，可是学“既然”这个词时就觉得不好把握了。他们常造出这样的句子：

① *既然我陪我的父母旅游，我就没上课。

② *既然他是外国人，所以我们要帮助他。

造成这种错误的原因，一方面是来自母语的干扰，“既然”在英文里常用“since”来翻译，而“since”则兼有“因为”和“既然”的意思。另一方面，汉语的各种语法书一般把“既然……就……”划归为因果关系复句。这样，学生也不容易把“因为”和“既然”区分清楚。其实，“既然”和“因为”在表义和用法上都是有区别的。

1. 在语义上

（1）“因为”和“既然”虽然都用在因果关系的复句中，但所表述的意义有所不同。用“因为”的句子，前一部分说明原因，后一部分说明结果；用“既然”的句子，前一部分提出一个前提或依据，后一部分根据前提或依据提出建议或推出结论。例如：

③ 因为天气不好，所以我们没去。

④ 既然天气不好，我们就别去了。

例句③中“不去”是“天气不好”所产生的结果，而例句④中“别去”是根据“天气不好”这种情况作出的建议。学生病句①要说明的是某件事的原因及其结果而不是要根据某种情况作出推断或建议，所以应改为：

① 因为我陪我的父母旅游，所以没来上课。

（2）由于用“既然”的句子表达的常常是一个推断或建议，而不是一个确定的事实，所以带有主观性。用“因为”的句子表述的一般为既成事实或客观因果，不含主观性。再以例句③④为例，句③中“我们不去”是一个实际存在的事实，说话人只是在作客观的叙述；而句④中“别去”是说话人的主观判断和建议，实际上去不去，还未最后决定。

2. 在用法上

（1）用“因为”的句子，后一分句常用“所以”呼应搭配；“既然”则常与后一分句的“就”、“也”、“还”配合使用。学生病句②中“既然”和“所以”不能搭配。例如：

⑤ 李老师因为身体不好，所以不能参加会议。

⑥ 因为她性格开朗豁达，所以大家都喜欢她。

⑦ 你既然想去，就去吧。

⑧ 既然你们都买，我也买吧。

⑨ 既然事情都弄清楚了，还要去问他吗？

（2）用“既然”的句子，分句之间可以用“那么”连接。如：

⑩ 既然大家意见不一致，那么，再讨论一下吧。

用“因为”的句子，分句之间不能用“那么”连接。

（3）在用“既然”的句子中，后一分句可以是疑问或反问形式。而用“因为”的句子，后一分句一般不能用疑问、反问形式。例如：

⑪ 既然你都知道了，为什么装糊涂？

（4）“因为”可以用于前一分句，也可以用于后一分句，还可以有强调形式“之所以……是因为……”。例如：

⑫ 这个会我不能参加了，因为我家中有急事。

⑬ 我之所以喜欢他，是因为他聪明、努力。

而“既然”通常只用于前面的分句。

原刊标题：“既然”和“因为”（作者：岑玉珍）
原载《学汉语》1992年第11期（总第64期）

161 经常 · 常常 · 常

有的同学问，“经常”、“常常”和“常”怎么用？下面就给大家简单回答一下：

1. 在表示行为、动作多次发生的时候，这三个词用法很相近。如：

① 他经常（常常 / 常）帮助别人。

② 我经常（常常 / 常）一个人去旅行。

③ 我们经常（常常 / 常）去那家饭店吃饭。

2. 副词“常”还表示动作、状态的长期性、一贯性。后面多带单音词。特别是一些书面语的固定说法。如：

④ 松树四季常青。

⑤ 公司派他常驻苏州。

例④和例⑤只能用“常”，不能用“经常”和“常常”。

3. “常”和“常常”是副词，只能作状语。“经常”是形容词，除了作状语外还常作定语。如：

⑥ 他是个努力工作的人，十二点睡觉是经常的事。

⑦ 上课、改作业、给学生辅导是老师经常的工作。

原刊标题：“经常”、“常常”和“常”的异同（作者：姚晓琳）
原载《学汉语》1999年第6期（总第143期）

162 据说 · 听说 · 说是

1. “据说”“听说”“说是”相同之处

这几个词都有转述别人话语的作用。均可作为插入语用在句首或句中。表示“说话人听N说”（N为某某人或某种传播媒介）。当它们作为插入语，即不充当句子成分，不指明所转述的话语内容的来源，即N不出现时，“据说”、“听说”、“说是”用法相同，可以互换。例如：

① 据说（听说／说是）北京正在争办奥运会，有这事吗？

② 听说（据说／说是）这里的秋天是最美的。

③ 说是（听说／据说）这种药还有抗癌作用。

④ 上海的浦东开发据说（听说／说是）很红火。

⑤ 科技展览会听说（据说／说是）已经结束了。

⑥ 这位杨先生说是（听说／据说）很有学问。

2. “据说”、“听说”、“说是”不同之处

（1）自身能否有主语

“听说”“说是”都可以是指人的代词或名词发出的动作（听、说），也即“某某听说”、“某某说是”。而“据说”则不然。也就是说，动词“听说”“说是”可以作句子的谓语，并且自身可以有主语，可以带宾语。“据说”本身则不能有主语，因此没有“某某据说”的用法。例如：

⑦ 我听说他要到深圳去工作。

⑧ 他们说是人民大学的留学生。

⑨ * 我据说他想到国外读书。

其中，⑦中“听说”的主语是“我”，⑧中“说是”的主语是“他们”，⑨句是错句，原因就在于“据说”自身不能有主语，若把“据说”换成“听说”或“说是”，原句就可以成立了。

（2）自身能否带“过”或“了”

“据说”和“说是”都不能带“过”或“了”，只有“听说”作谓语时可以带“过”或“了”。例如：

⑩ 你听说过鲁迅这个名字吗？

⑪ 我从小就听说过《西游记》的故事。

⑫ 这件事大概你已经听说了。

（3）能否前加副词

“据说”前不能加副词，“说是”“听说”前可以有副词。例如：

⑬ 都说是白色的台灯好，那就买白色的吧。

⑭ 我曾经听说过这么一件事。

（4）能否扩展

在转述别人话语或传闻时，如果需要指出“别人”是谁，或传闻源于何处时，“据说”和“听说”可以扩展为“据N说”“听N说”的形式，“说是”无此用法。例如：

⑮ 据报纸上说今年农业又是个丰收年。

⑯ 我听广播说政府决定增加对教育的投资。

（5）能否出现在选择复句中

“说是”可以出现在“说是X，其实是Y”这一复句格式中，“据说”和“听说”无此用法。例如：

⑰ 她说是来学汉语，其实是来旅游。

⑱ 他说是没时间，其实是不想去。

从上面例子来看说话人提出两种说法，“说是”后面是转述别人的说法，“其实是”后面表述自己的看法。在这两种说法中，说话人的主观上是有取舍和肯否的，即肯定、选取后一种说法，否定、舍弃前一种说法。“据说”和“听说”都不能出现在这种选择复句中。

归结起来看，“据说”“听说”“说是”的主要区别是：

	据说	听说	说是
自身能否有主语	－	＋	＋
能否带“过、了”	－	＋	－
能否前加副词	－	＋	＋
能否扩展	＋	＋	－
能否用于选择复句	－	－	＋

原刊标题：比较“据说、听说、说是”的用法（作者：李泉）
原载《学汉语》1992年第10期（总第63期）

163 可 · 非常

“可”在口语中常作程度副词，有时所表示的意义相当于程度副词“非常”。如：

① 他可有学问啦！
他非常有学问。

② 这孩子可胖啦！
这孩子非常胖。

③ 王老师的字写得可好啦！
王老师的字写得非常好。

但是，“可”与“非常”并不完全相同，二者在用法上是有区别的。

1. 用“可”的句子，句末必须用语气助词，而“非常”则没有这个限制。试比较：

④ 我可想你啦！
我非常想你。
我非常想你呀！

⑤ 爸爸可高兴啦！
爸爸非常高兴。
爸爸非常高兴啊！

2. “可”只能用在感叹句中，而“非常”则没有这个限制。试比较：

⑥ 黛玉的心情可不好啦！
黛玉的心情非常不好。
黛玉的心情非常不好吗？
黛玉的心情非常不好哇！

⑦ 那个英国人的个子可高啦！
那个英国人的个子非常高。
那个英国人的个子非常高吗？
那个英国人的个子非常高哇！

3. “可”有强调语气，而“非常”则没有。若强调“非常”的程度意义，只有通过重读的手段才能达到。

总之，“非常”在运用中是比较自由的，而“可”在表示“非常”这一程度意义时是有条件的，非自由的。

原刊标题：“可”与“非常”（作者：鲁迪）
原载《学汉语》1991年第4期（总第45期）

164 可惜 · 遗憾

“可惜”和“遗憾”是汉语口语中比较常见的一组同义词，确切地说是一组近义词。它们常被用在“真……！”“太……了！”“多……啊！”等句式中。在对外汉语教学基础阶段，特别是在短期速成教学中，这组词是学生应该学会并且能熟练运用的一组常用词。或许正由于它们的语义相近，致使不少学生不能恰当地运用这组词。请看下面两组小对话。

① A：马丁，昨天我们同学一起去长城，你怎么没去？
B：我很想去，可是我突然肚子疼了，所以没能去。
A：(*) 那太可惜了！

② A：今天你怎么又走着来上课了？
B：还说呢，我昨天刚买来的自行车，今天早上就不见了。
A：(*) 哎呀！太遗憾了！

这两组对话中的“可惜”和“遗憾”如果调换一下，句子会显得更加通畅，语用色彩也会更浓些。原因很简单，“可惜”和“遗憾”虽然语义相近，但语用差别却很大。即“可惜”常表示对心爱物的损坏、遗失或未能得到的惋惜；“遗憾”则多是针对某件该做而未能做的事发出的感慨。例如：

③ 真可惜，我的照相机坏了。

④ 我很想看这场京剧，可惜我的票找不到了。

⑤ 听说烤鸭是北京的名菜，可惜我还没吃过呢。

⑥ 我到食堂的时候，饺子已经卖完了，我又没吃着，太可惜（遗憾）了！

⑦ 真遗憾，上星期没能去参加你们的婚礼。

⑧ 那么精彩的表演你都没去看，太遗憾了！

⑨ 西川先生昨天回国了，真遗憾我没能去送他。

如果一句话既可针对物又可针对事，那么“可惜”和“遗憾”便都可进入该句，只是侧重点不同罢了。（如⑥）

另外，“可惜”除与“真……！”“太……了！”或“多……啊！”形成固定搭配外，还可以独立使用，或后边直接跟短句（如④⑤），“遗憾”却不能这样用。还有一点应该指出的是，在语义指向上，“可惜”多是向内指说话人自己，而“遗憾”则往往向外指说话者的对方。如：

⑩ A：小山，下午我们一起骑车去圆明园吧。
B：我真想跟你一起去，可惜我的自行车还没有找到。
A：那太遗憾了！

⑪ A：一会儿咱们去书店转转好吗？
B：我很想去，可惜这个月我的钱都花光了。
A：没关系，我可以借给你。
B：算了吧，下个月再说吧。
A：那太遗憾了！

只要我们弄清“可惜”和“遗憾”的语义差别、语义指向和语用色彩，就不难掌握和运用好这组词。

原刊标题：“可惜”≠“遗憾”（作者：赤贺光）
原载《学汉语》1996年第8期（总第109期）

165 宽敞·宽阔·广阔·辽阔

这四个词都是形容词，都有宽大、开阔的意思。

“宽敞”所指的范围较小，通常用来形容房舍、场所等宽大、敞亮。例如：

① 宽敞的教室。

② 这间屋子很宽敞。

“宽敞”一般不能用来形容人或动物的身体宽大。

“宽阔”指的是横的距离大，范围广，通常用来形容河流、道路的宽大而开阔，有时也用来形容人或动物的身体宽大。如：

③ 宽阔的前额。

④ 宽阔的肩膀。

⑤ 马路上的积雪都已溶化了，路面油光水亮，显得格外宽阔。

⑥ 这女子穿着一件紫丁香的上衣，在宽阔碧绿的河面，像一朵荷花似地飘移过来。

⑦ 穿过宽阔的门厅和衣帽间就到了中央大厅。

“宽阔”还可形容人的胸襟宽、有度量，如“胸怀宽阔”等。

“广阔”是广大辽阔的意思，常用来形容范围大的空间、场所等，如“广阔的田野”；又指较抽象的如境界、前景、前途、现实生活等。如：

⑧ 前途广阔无量。

⑨ 生活的道路多么广阔。

⑩ 计算机应用有广阔的前景。

“辽阔”意思是宽广、空旷，着重指面积大而空旷的地方，如“土地辽阔”、“辽阔的星空”等。

“辽阔、广阔、宽阔、宽敞”都形容面积宽、范围大，但形容的具体范围有差异：“辽阔”所形容的范围比“广阔、宽阔、宽敞”大，一般用于极大的、具体的事物；“广阔”所形容的范围又较“宽阔、宽敞”大，多用于较大的、具体或抽象的事物；“宽阔”所形容的范围多为具体事物，且也用于视野、心胸等抽象事物，“宽敞”一般无此用法。

原刊标题：“宽敞、宽阔、广阔、辽阔”的异同（作者：杨英）
原载《学汉语》2000年第6期（总第155期）

166 来 · 过来

一个美国学生问过“来”与“过来”有没有区别的问题。这个问题提得好。要把汉语学好，对汉语中的同义词语应进行细致观察。

“来”与“过来”是有区别的。

1. 在语法单位上，“来”是词，是趋向动词，“过来”是词组，是动补词组。

2. 意义与用法：

（1）“来”与“过来”虽都可表示向说话人方向运动，但“过来”比“来”多了一个词“过”，强调了这种运动越过一段距离。如果与英语比较，“来”与come相当，“过来”则与come over相当。

（2）用作谓语表示向说话人运动之义的，它们有距离上的区别。“来”既可表示近距离的，也可表示远距离的，而“过来”只表示近距离的。

近距离：

① 小孩站在几米远之处，我们要她/他靠近我们，便说：“来！来！”

② 看见所等的车来了，高兴地说：“车来了！”

远距离：

③ 临近春节，妻子写信给远离千里的丈夫：“春节你来我这儿吧。”

④ 写信叫美国某处的朋友到中国学汉语：“明年你来中国学汉语吧。”

“过来”只用于近距离。对几米远的小孩也可叫她/他“过来！过来！”看见所等的车朝自己方向开来，也可说：“车过来了。”“过来”不表示远距离运动。上面提到的两封信所用的“来”不能换成“过来”。

但是用作补语表示向说话人方向运动，“来”与“过来”无远近之别：

⑤ 这架飞机是从美国飞来的。

⑥ 捷报从四面八方飞来。

⑦ ××次列车从前方站开过来。

“四面八方”，“前方站”可近可远。⑤⑥之“来”可换“过来”，⑦之“过来”也可换“来”。

（3）其他方面的意义和用法区别：

“来”可代替某个意义更具体的动词（“来一杯咖啡”中的“来”代替“要”），“过来”无此用法。“来”后可加“者”表示将来出现的人或事，也可表示到来的人或物，“过来”无此用法。此外，“来”还可表示事情、问题发生（“问题来了”），表示要做某事（“我来读”），表示目的（“打碗酒来喝”），表示未来（“来日方长”），表示从过去到现在（“从来”），用在“十、百、千”等整数词之后或数量词之间表示概数（“十来个人”，“百来枝枪”），用在“一、二、三”后表示列举（“我来中国，一来学汉语，二来游览，三来与中国人民交朋友”）。这些意义和用法，“过来”都没有。

当然“过来”有的意义和用法也是“来”所没有的。比如，它用在某些动词之后表示正面对着自己（“转过脸来”）。“来”无此用法。

“来”与“过来”的区别，总起来说，“来”的意义与用法比“过来”显得复杂些。它们在表示向说话人方向运动义时有距离远近之别，这一点往往被忽视。

原刊标题：“来”与“过来”的区别（作者：林涛）
原载《学汉语》1996年第1期（总第102期）

167 来·去

一个日本留学生在路上遇见了老师，寒暄完了之后，老师说：“有时间去我家玩儿吧。”“好的，我一定去。”学生回答。过了一会儿，这个留学生又遇见了另一位老师，说“再见”之后老师又特意补充了一句：“有时间来我家玩儿吧。”学生回答：“好的，我一定……”她犹豫了半天，不知道该用“去”还是该用“来”。她想：“来”和“去”是方向相反的两个动词，怎么可以混用呢？后来当她要去拜访老师的时候，先给老师打了一个电话，问老师：“我现在可以去您家吗？”老师说：“可以，你来吧！”“好，我就去。”当她敲老师家门的时候，老师在里边回答“来啦！”开门以后，又是一句“来啦？”她有点丈二和尚，摸不着头脑。心想：他说“来啦”是什么意思？是“你来啦”还是“我来啦”。于是她就问老师：“您说‘来啦’，是说我还是说您自己？”老师笑着告诉她：“第一句‘来啦’是应答语，意思是‘我马上就来啦’，第二句‘来啦’是招呼语，意思是‘你来啦’，相当于日本语里的ようこそ、よくいらっしゃいました。是表示欢迎的意思。”学生似懂非懂地点着头。

几天以后，这位留学生听一个中国学生打电话：“……好好，我就来。”她很迷惑，听电话的人不在这里，他应该说“我就去”才对呀。她就去问汉语老师：“为什么那个中国学生说‘我就来’？他应该说‘我就去呀’。”老师耐心地给她解释：其实说“来”说“去”都可以，不过二者的意思不太一样。说“我就来”说话人是站在对方的立场上说话的，说“我就去”说话人是站在自己的立场上说话的。学生又问到“来我家玩儿”和“去我家玩儿”的问题，老师说：这也是说话人的立场不同，用“来”说话人的立场是在自己家，或者说话人真的在家时也可以这么说。用“去”时说话人的立场是在说话的地点，说话人的立场不同，用“来”说话人的立场是在自己家，或者说话人真的在家时也可以这么说。用“去”时说话人的立场是在说话的地点，这时说话人绝对不会真的在家。说“去”给人的感觉是一种要求或命令，如：“你去我家把我的讲义拿来”，而用“来”给人的感觉是一种邀请，如：“星期天你来我家吃饺子吧”。说话人说“来我家”，那么他一定会在家等候；说话人说“去我家”，他不一定在家等候，可能他家其他人会接待你而他不在家。比方说，一个人家住上海，他对你说“假期来我家吧”，那他假期一定会在上海的家中；如果他对你说“假期你去我家吧”，那么他可能在上海的家中，也可能不在，他的意思可能是“假期你去我家吧，我家没人，房子是空着的，你可以住在那里。”

说话人的立场不同，会影响到他的词汇选择。比如：老师对学生们说“我们应该多看一些书”，这个“我们”是不包括“老师”自己的，他之所以这样说，是因为他站在学生们的立场上说话，这比“你们应该多看一些书”听起来要亲切得多。

老师解释到这里，学生忍不住叹了口气：“唉！汉语真是太微妙了！”

原刊标题：“来”还是“去”？（作者：崔希亮）
原载《学汉语》1992年第4期（总第57期）

168 来到 · 到来

“来到”和“到来”都是动词，从表面上看两词只是词序上颠倒了一下。然而在使用时，它们是有区别的。请看例子：

① 随着新千年的到来，我们来到了三亚，拍摄2000年的第一个日出。

如果把此句变换一下：

② * 随着新千年的来到，我们到来了三亚，拍摄2000年的第一个日出。

显然，对调后的句子不合格。为什么呢？

《现代汉语词典》“来”，其中有一个义项：从别的地方到说话人所在的地方，跟“去”相对。“到”，其中有两个义项：（1）达到某一点；（2）往。

“来到”一词的意思是通过一段行程，达到说话人所在的地方。偏重空间位置的移动，常带处所宾语。例如：

③ 他们经过几天几夜的行程，来到了松花江边。

④ 星期天，同学们来到太阳岛上。

“到来”一词指某时节、人物从远处正往说话人的地方或说话的时候临近或走来。一般偏重指时间方面，不能带宾语。因而词义转虚。例如：

⑤ 在冬天到来之前，妈妈把我的棉衣缝制好了。

⑥ 文艺慰问团的到来，给这里的人们增添了欢乐。

例⑥的“到来”，不仅仅指文艺慰问团的到达，主要指文艺慰问团到达后的演出，以及到来时形成的一种欢乐气氛。如果把例⑤和例⑥换成“来到”也没有什么不可以，只是没有“到来”好。

⑤’在冬天来到之前，妈妈把我的棉衣缝制好了。

⑥’文艺慰问团的来到，给这里的人们增添了欢乐。

此外，“到来”一词常常拆开来用，中间可插入别的词或短语；而“来到”一词则绝对不能拆开来用。例如：

⑦我和隐今夏回去，本想到你的坟上来。（朱自清：《给亡妇》）

⑧如果有事，请到家中来。

原刊标题：“来到”和“到来”（作者：杨小翠）
原载《学汉语》2000年第9期（总第158期）

169 连忙 · 赶快

（在留学生宿舍）

艾琳：原田，刚才你朋友来电话了，好像有急事，你连忙给她回个电话吧！

原田：谢谢，我马上就打。欸，你刚才说“你连忙给她回个电话吧”，我觉得这句话有点别扭。我想，你“连忙”可能用得不对吧？

艾琳：是吗？前天学“连忙”这个词时，丁老师说，“连忙”是副词，可以修饰动词。在我们教材的练习里不是还有“看见妈回来了，孩子连忙跑了过去”，“小王递过一本辞典来，我连忙接过来”这样的句子吗？“连忙回个电话”怎么就不对了呢？

原田：我也说不清楚，不过我觉得还是说“你赶快（赶紧）回个电话吧”好些。明天我们一起去问问丁老师吧！

（第二天课间休息时）

丁老师：可以说“你赶快（赶紧）给她回个电话吧”但不能说“你连忙给她回个电话吧”。现在我来说两组用“连忙”造的句子，一组是对的，一组是错的。你们分析一下错的原因。

①＊不早了，你连忙去车站接人吧！

②＊这书不错，你连忙去买一本吧！

③一看快六点了，他连忙去车站接人了。

④听说这本书不错，我也连忙去买了一本。

原　田：错的那组句子都是祈使句。老师，是不是“连忙”不能用在祈使句中？

丁老师：对了，“连忙”不能用于祈使句，一般只用于陈述句。这儿的“连忙”都应换成“赶快”。

原　田：这下我清楚了。我要连忙把这点记下来，要不又会忘了。

丁老师：我才说了第一点，现在我借你刚才这个病句来说说第二点要注意的。

原　田：老师，这我就不明白了。我刚才说的句子不是祈使句呀！

丁老师：“连忙”除了不能用在祈使句中，还有一点要注意的是，“连忙”一般用于叙述已经发生的事，不用于尚未发生的事。例如：

⑤儿子听了这话，连忙跑到田里去看了看。

⑥大夫一出来，门口等着的人连忙围了上去。

原　田：老师，这两个句子中的“连忙”换成“赶快（赶紧）”可以吗？

丁老师：可以。“赶快”“赶紧”这两个副词既可以用于叙述已经发生的事，也可以用于尚未发生的事。如：

⑦儿子听了这话赶紧（赶快）跑到田里去看了看。

⑧我要赶紧（赶快）把这点记下来。

但“赶快”多用于尚未发生的事。“赶快”与“赶紧”既可以用于叙述句也可以用于祈使句，先前我说的那两组句子中的“连忙”都可以换成“赶快”或“赶紧”

艾　琳：没想到传个电话，还学了一个词的用法。

原刊标题：“连忙”与“赶快”（作者：叶子）
原载《学汉语》1990年第10期（总第39期）

170 了·过

学生：我在一次练习中写了这样两个句子：

①他在北京八个月（里）取得过很大进步。

②你有没有生了孩子？

我的老师说，这两个句子里动词（V）后的“过”和“了”用错了。请问，错在哪里呢？

老师：①和②这两个句子的“过”和“了”应该颠倒一下。句①用“取得了”（V了），句②用“生过”（V过）。

同学：为什么要这样改呢？我写的这两个句子都是想说已经完成了某件事。

老师：V了和V过都可以表示动作行为的完成或完毕。例如：我吃了饭了＝我吃过饭了。这不是我们今天讨论的问题。V过另一种用法是说明过去某种行为曾经发生，例如：他当过班长≠他当了班长。因此V过与V了的用法是不同的。

同学：V过既然表示动作行为是过去发生的，那么一般说来这个动作行为肯定已经完成。试想“我吃过烤鸭”，“吃”的动作没有完毕吗？这和V了有什么区别呢？

老师：对。你这个问题提得很好。我想，V了和V过的主要区别在于V了强调动作本身的完成所产生的结果或对动作涉及的对象产生某种影响。V过则着重说明行为变化发生过，而不考虑其结果或影响。我们举几个例子比较一下吧。

③A 我在北京吃了一次烤鸭。
B 我在北京吃过一次烤鸭。

A句是讲说话人获得了吃烤鸭的经验；B句表明说话人强调动作“吃”。

④A 小王买了一本汉英词典。
B 小王买过一本汉英词典。

A句告诉我们小王因“买”的动作行为，词典从书店到了小王手中；B句则说小王有过买词典的行为，词典是否在小王手中对说话人无关紧要。

你写的第一个句子“他在北京八个月（里）取得过很大进步”是想表明“他”经过八个月的学习，有了某种结果，这个结果就是“很大进步”。因此这个句子应该改成：“他在北京八个月里取得了很大进步。”

同学：那么我第二个句子又错在哪里呢？

老师：我们还是先来比较这样两个句子吧。

⑤ A 她生了一个小女孩。

B 她生过一个小女孩。

A 句说明“女孩”从母腹产出，来到人间；B 句表明“她”有生育能力和生育体验。

学生：这么一比较，我清楚句子错在哪儿了。应该问“你生过孩子没有？”如果像我写的那样问，真要闹笑话了。

老师：V 了和 V 过的区别不止于此，这是一个相当复杂的问题。今天是只就你提出的这两个句子讨论的，其他方面问题以后再讨论吧。

原刊标题：V 了和 V 过的区别在哪里？（作者：李珠）
原载《学汉语》1995 年第 8 期（总第 97 期）

171 临时 · 到时

“临时”的词义和用法有两项，一是作副词，大多词典都解释为“临到事情发生的时候”；二是作形容词，表示短期的、非正式的、非固定的意思。学生根据第一项词义，有的就造出这样的句子：

① * 我可能下午进城，临时我再给你打电话。

② * 我现在还不知道火车几点到达，临时我一定告诉你。

上面的两个句子，即使改正了“临时”作为副词的用法错误，把它放在谓词性词语前之后，整个句子仍感觉别扭，倘改用“到时”则没有这个问题。“到时”从字面上看，与“临时”的副词义相近，也有“到事情发生的时候”这个含义，例如：

③ 我们现在就要多通知一些人，万一到时需要人手，再通知就来不及了。

④ 事先就要准备好，免得到时手忙脚乱的。

③④ 中的“到时”都可以用“临时”来替换。但在下列两句中不能互换，如：

⑤ 这事我们再研究一下，有什么结果到时我们会通知你的。

⑥ 我下个星期搬家，到时请你帮一下忙，可以吗？

主要原因在于用“到时”的句子往往是对未来的一种预设，它的语义重点是“到（了）那个时候”，这个时间可根据上半句来推断，如⑤⑥可认为是“到研究有结果的时候”、“到我搬家的时候”，因此“到时”所出现的事情一般不是突然发生的，多是可预见的或计划内的。再观察下列两个例句：

⑦ 活儿太多了，一个人忙不过来，只好临时请人帮忙。

⑧ 组委会临时决定取消这次比赛。

⑦⑧句中“请人帮忙”及“取消比赛”都并非事先计划好的，往往是因为某些突然出现或无法预见到的原因而不得不采取的措施。

从上面所列举的句子，我们认为“临时”的副词用法与“到时”的区别主要有以下几点：

1.“临时”作为副词，它不能放在主语的前面，一般修饰动词或谓词性词语。“到时”只是一个相对固定的、缩略式的词语，它可放在句首，也可放在主语或谓语的前面。

2.“临时”句中所出现的情况大多是突然发生的，非预设的，因此只好采取非计划内或不得不使用的措施，如⑦⑧，而“到时”后所提及的事可看作前一事的顺延，“到（了）那个时候”将顺应出现，因此没有“突然”的意思，参看⑤⑥。

3.“临时”的语义是“临到事情发生的时候”，它所表示的时间是事情快要发生，“到时”虽有“到（了）事情发生的时候”这一含义，但它的时间指向多由前一分句来拟定，语义的重心是“到（了）那个时候”，所指示的时间大多是在前一事正在发生或已经发生之后。

原刊标题：“临时”与“到时”（作者：杨子菁）
原载《学汉语》1997年第8期（总第121期）

172 另外·另

“另外”与“另”词汇意义相同，在《现代汉语词典》中“另”字条就用“另外”来解释，正因为太相似，所以容易忽略两者的差别。下面我们从相同和不同两方面对“另”与“另外”的用法做比较说明。

1．相同方面：

（1）另外 / 另＋一＋量＋名

①A 那是另外一个问题。
B 那是另一个问题。

②A 我们不在一所学校工作，他在另外一所学校。
B 我们不在一所学校工作，他在另一所学校。

有时名词可省略，如：

③A 一本书在这，另外一本在谁哪里？
B 一本书在这，另一本在谁哪里？

（2）另外 / 另＋单音节动词

④A 我另外有任务。
B 我另有任务。

⑤A 我另外送你一个。
B 我另送你一个。

2．不同方面：

（1）“另”和数量名结构连用时数词限于“一”，“另外”则没有限制，如：

⑥A 我只调查一个地方，另外三个地方你们调查。
B * 我只调查一个地方，另三个地方你们调查。

（2）“另外”可以和指量名结构连用，“另”不可以，如：

⑦A 住宿请先交押金，另外每个月还得交房租。
B * 住宿请先交押金，另每个月还得交房租。

（3）后加“的”字时只能用“另外”，如：

⑧A 我们先坐车走，另外的人坐船走。
B * 我们先坐车走，另的人坐船走。

⑨A 今天先谈这些，另外的事情以后再谈。
B * 今天先谈这些，另的事情以后再谈。

所以如果“一＋量＋名”前有“的”，只能拥“另外”，如：

⑩A 那是另外的一个问题。
B * 那是另的一个问题。

（4）和“还、再、又”等副词连用时位置不同。“另外”可以出现在副词的前面或后面，而“另”只能出现在副词后，动词前，如：

⑪ A 哥哥买了两件衬衣，还另外给爸爸买了瓶酒。
B 哥哥买了两件衬衣，还另给爸爸买了瓶酒。
A’ 哥哥买了两件衬衣，另外还给爸爸买了瓶酒。
B’ * 哥哥买了两件衬衣，另还给爸爸买了瓶酒。

⑫ A 今天快下班了，再另外找时间讨论吧。
B 今天快下班了，再另找时间讨论巴。
A’ 今天快下班了，另外再找时间讨论吧。
B’ * 今天快下班了，另再找时间讨论吧。

⑬ A 我又另外找了几个例句。
B 我另外又找了几个例句。
A’ 我又另找了几个例句。
B’ * 我另又找了几个例句。

（5）“另外”后可接双音节动词，而“另”不可以，除非前边出现副词，如：

⑭ A 班长另外补充了两点。
B’ * 班长另补充了两点。
B” 班长又另补充了两点。

（6）“另外”还可以作为连词连接小句、句子或段落，“另”不可以当作连词，如：

⑮ A 电话里已经说得很清楚了，另外我又写了一封信请你转交给他。
B * 电话里已经说得很清楚了，另我又写了一封信请你转交给他。

《初级汉语课本》第41课出现了“另”，但未在一、二册出现“另外”。学习汉语的外国人如果不了解以上这些差别，可能会造出一些错误的句子。从以上的比较可以看出，“另外”的用法完全涵盖了“另”，因此是否可以考虑先教“另外”，出现“另”时只须交代完全可以用“另外”替换就行了。

原刊标题：说“另外”与“另”（作者：苏岗）
原载《学汉语》2000年第10期（总第159期）

173 马上·立刻

副词“马上”和“立刻”常用在动词前面，表示某一动作很快就要发生或紧接着某事发生。例如：

① 你马上给李老师打个电话。

② 请再等一下儿，饭马上就好了。

③ 你等一会儿，他马上就回来。

④ 昨天安娜接到妈妈病重的电报，马上就回家了。

⑤ 我立刻就去李老师那儿。

⑥ 饭立刻就好，请坐吧。

⑦ 昨天他刚进办公室，立刻就被叫走了。

由于这两个词的词义基本相同，所以有时可以通用。这样例①－④中的“马上”都能用“立刻”来替换；同样，例⑤、例⑥、例⑦中的“立刻”也能用“马上”来替换。替换后的句义基本不变。

我们还可以从上面句子中看出这样两点：第一点，“马上”和“立刻”在句中只作状语，不能作其他成分；第二点，“马上”和“立刻”后面常用“就”相伴，这样更加强调了动作发生时间之短暂。

我们说这两个词有时可以通用，那就隐含着有时是不能通用的。在什么情况下可以通用，在什么情况下又不能替换呢？

一般说来，“马上”表示的时间有伸缩性，有时其伸缩性可以较大一些，“立刻”表示的时间伸缩性较小。另外，“马上”可以表示只是说话人认为时间很短，很快就要到来，而实际上时间却不一定很短，不一定很快就要到来。例如：

⑧ 我马上就要回国了，还有不到两个月的时间。

⑨ 她今年已经十八岁，马上就二十了。

⑩ 新年刚过，春节马上就要到了。

例⑧、例⑨、例⑩中的“马上”都不宜换成“立刻”。

总之，在句中有“立刻”一词时都可以用“马上”来替换，但是当动作发生的时间伸缩性确实较大时，句中的“马上”一词是不宜用“立刻”来替换的。

原刊标题：“马上”和“立刻”的用法（作者：李增吉）
原载《学汉语》1995年第11期（总第100期）

174 满意 · 满足

“满意”与“满足”在语义上有不少相同之处，都有觉得事物比较理想、比较好的意思，在搭配上也都常与介词“对”连用，构成“对……满意”、“对……满足”的结构。在下面的句子中，两个词就可以同时使用：

① 他对这里的生活条件很满意 / 满足。

② 他对自己的作品在国际上有这么大的影响感到很满意 / 满足。

但二者在具体运用中仍有不少差别。

1. 词汇意义的区别

“满意”是指符合自己的心意，认为某事物、某种情况等称心如意，“不满意”则是指不如意，不好。如：

③ 我对校园的环境很满意。

④ 我对自己的考试成绩不太满意。

“满足”则更多地包含着说话人主观上对事物的态度和感受，即觉得足够了，已经不错了。至于客观上是好还是不好，则不是很重要。“不满足”包含了说话人希望达到更高水平和程度的心愿，而不一定是觉得该事物不好。如：

⑤ 他每月的工资很少，但他对生活却很满足。

⑥ 小王这次考试考了65分，但他已经很满足了。（他的水平可能只有四五十分）

⑦ 大画家齐白石的虾已经画得非常好了，但他仍然不满足。（事实是他有很高的艺术水平，但仍希望更进一步）

2. 语义搭配上的区别

“满意”的关涉对象可以是某事物、某种情况，也可以是某人；“满足”的关涉对象不能是人，如：

⑧ 他对自己的儿媳妇很满意。

“满意”的关涉对象可以是与自身有关的事物，也可以是其他的事物；“满足”则多是与自身情况有关的，如生活、工作条件等。如：

⑨ 大家对这个饭店的服务水平感到满意。（自身了解的情况）

⑩ 有这么多人爱我，关心我，我很满足。（与自身有关的清况）

3. 词性的区别

“满意”的词性为形容词，而“满足”具有形容词和动词两种词性。作为动词的“满足”可以带宾语，意为使要求等得以实现。如：

⑪ 有的父母会想办法满足孩子的各种要求。

原刊标题：“满意”与“满足”（作者：田艳）
原载《学汉语》2000年第7期（总第156期）

175 满意 · 满足

满意：表示符合自己的心意。

满足：（1）感到已经足够；（2）使满足。

请用“满意”或“满足”填空：

（1）他很（　　）自己取得的成绩。

（2）妈妈看了我的考试成绩单，感到很（　　）。

（3）他勤奋好学，从不（　　）于已有的成绩。

（4）经理看了我的报告后，（　　）地点了点头。

（5）他多年的愿望终于得到了（　　）。

答案：1. 满意　2. 满意　3. 满足　4. 满意　5. 满足

“满意”和“满足”的意思和用法主要应注意以下几个方面：

1. 语义侧重点不同

“满意”和“满足”都有感到称心如意的意思。例如：

① 能有这样的学习条件，我已经很满足／满意了。

② 小梅的脸上露出了满足／满意的神情。

注意这么几点：

（1）上面的句子里，用“满意”和“满足”都可以，但意思上略有不同。用“满意”时，侧重指“感到符合心愿”；用“满足”时，侧重指“达到要求，感到已经足够了”。

（2）由于上述语义的细微差别，“满足”多用于指自身的感受；而“满意”多指自己对别人，或别人对自己的感受。

（3）搭配有所不同，“满意”常说的是一些具体的人或事物，常见于“对……表示/感到满意”等类似的结构中；而“满足”常与“要求”“愿望”“条件”等一些表抽象意义的名词搭配。例如：

③ 顾客们对小吃店的服务非常满意。

* 顾客们对小吃店的服务非常满足。（参考上文注意（3））

④ 现有的体育场馆不能满足居民健身运动的需要。

* 现有的体育场馆不能满意居民健身运动的需要。（参考上文注意（1））

2. 语义有区别

“满足”还有使动用法，即“使要求得以实现”；而“满意”没有这种用法。例如：

⑤ 为了更好地满足社会的需要，“钟点服务公司”成立了。

* 为了更好地满意社会的需要，“钟点服务公司”成立了。

⑥ 父亲满足了女儿的心愿，送她到国外去留学。

* 父亲满意了女儿的心愿，送她到国外去留学。

3. 语法功能不同

（1）“满意”可以在谓语动词前用作状语，“满足”一般不这么用。

（2）“满足”由于具有“使动”义，所以后面可以接“一下”“起来”等补语，“满意”不可以这么用。

（3）“满足”还常与介词“于”搭配成：“满足于……”结构，或“以……为满足”的结构，而“满意”没有这种用法。例如：

⑦ 司机满意地点点头，高兴地把车开走了。

* 司机满足地点点头，高兴地把车开走了。（参考（1））

⑧ 你就满足他一下吧，他盼这一天已经很久了。
* 你就满意他一下吧，他盼这一天已经很久了。（参考（2））

⑨ 他从不满足于现状。
* 他从不满意于现状。（参考（3））

原刊标题："满意"与"满足"满意（作者：鲁江）
原载《学汉语》2002 年第 8 期（总第 181 期）

176 哪儿 · 什么地方

玛丽亚：老师，您去哪儿？

王老师：我去颐和园。你呢？玛丽亚，你去什么地方？

玛丽亚：我去友谊商店。噢，对了。老师，我有个问题想问问您。

王老师：什么问题？请问吧！

玛丽亚：我听有的中国人说话爱用"哪儿"，什么"你上哪儿？""辞典放在哪儿？""你从哪儿来？""他在哪儿？""这东西哪儿都有。"……可同样的话，有的中国人爱用"什么地方"。看来，"哪儿"和"什么地方"意思完全一样，对吗？

王老师：在表示处所的时候，它们的意思差不多。不过，一般南方爱用"什么地方"，譬如："你去什么地方？""你这件衣服在什么地方买的？"等等，而北方人爱用"哪儿"。同时，在用法上也有些细微的差别。

玛丽亚：有哪些差别呢？

王老师：譬如说，北方口语里，人们常常用"上"代替"去"，用"打"代替"从"，什么"你上哪儿？""打哪儿来？"等等，听起来很有北方味儿，如果……

玛丽亚：如果说"你上什么地方？""打什么地方来？"就错了吗？

王老师：那倒也不是，有些在北方住过一段时间的南方人也这么说，北方人也能接受，不过，听起来有点儿别扭。口语嘛，应该又简练又清楚。

玛丽亚：还有什么区别呢？

王老师：不知道你注意了没有：有些地道的北京人爱说“哪儿跟哪儿啊？”“那哪儿行？”“哪儿有这档子事？”……这类句子中的“哪儿”不表示处所，所以不能用“什么地方”代替。

玛丽亚：您刚才说的这几句话我好像也听说过，就是不太明白它们的意思。

王老师：这些都是反问句。“哪儿跟哪儿啊？”意思是：两个人说的接不上，不是一回事。“那哪儿行？”就是“那怎么行？”“不行”的意思。“哪儿有这档子事？”中的“哪儿”有“哪里”的意思，整个句子就是“没有这么一回事”。

玛丽亚：明白了。谢谢！

原刊标题：“哪儿”和“什么地方”（作者：汪宗虎）
原载《学汉语》1989年第4期（总第21期）

177 难免·不免

“难免”和“不免”都有“不容易避免”“免不了”的意思，而且都可在句中不带“地”充当状语，所以用法上有重合之处。在下列句子中这两个词可以换用，而句子的基本意思不变。

① 他是南方人，说普通话不免/难免夹杂一些方言。

② 其实，我对绘画是外行，因此，所说的话不免/难免为内行所笑。

③ 在一个新的革命前，总难免/不免有些人犹豫不决。

但是，这两个词词性不同，语义也有差别，在使用上应注意区别。

“不免”是副词，只能充当状语。“难免”是形容词，除了状语以外，还可以充当谓语和定语。如：

④ 他们经验不足，走些弯路，也确实难免。

⑤ 在试验阶段，出现一些问题是难免的。

⑥ 在工作中出现了一些难免的失误。

例④⑤中“难免”作谓语，例⑥中作定语，“不免”不能这样用，也即④⑤⑥中的“难免”绝不可以换成“不免”。

语义上，“难免”和“不免”都表示由于某种原因，自然或必然导致某种情况出现，都有无法控制某种情况出现的意思。“难免”侧重表现客观情况难以避免，表示某些客观情况的发生、出现是想控制但又控制不了的，因此，它后面出现的一般是不希望发生的事情或不愉快的情况。如：

⑦ 粗枝大叶，就难免把事情搞坏。

⑧ 同志之间，难免有时看法不一致。

⑨ 开始研究它的时候，难免遇到不少困难。

“不免”也可用于表示客观情况不可避免，但与“难免”相比，“不免”侧重表现主观情绪的不由自主，表示某种情绪、心理活动等无法控制。人们的情绪、心理活动是有喜有悲，多种多样，所以，“不免”后面出现的就不限于不希望发生的事或不愉快的情况。如：

⑩ 孩子单身远行，父母不免牵肠挂肚。

⑪ 回到故居，她不免睹物思人，百感交集。

⑫ 看到孩子日渐懂事，做父亲的不免既欣慰又兴奋。

另外，“难免”后面可以接否定形式，且语义和肯定形式相同。如：

⑬ 工作不细心，难免出／不出差错。

⑭ 生活中难免会／不会遇到些不顺心的事。

“不免”后不接否定形式，这也许跟它本身有“不”这个语素有关。

总之，运用这两个词，一方面注意到语法功能的区别，另一方面注意到它们出现的句子的语义条件，就可避免用错。

原刊标题：“难免”与“不免”（作者：罗青松）
原载《学汉语》1995年第6期（总第95期）

178 能 · 会

在上一期《现学现用》的《问路》中，刘伟说了这样一句话：

我们能等，飞机可不会等，还是绕吧。

有的同学来信问，这里的“能”和“会”可不可以换用呢？

还是让我们先来看看下面的句子，请大家判断一下，下面句子中“会”和“能”用得对吗？

① 这么晚了，我估计他不会来了。（ ）

② 来北京半年多了，现在他总算会用筷子吃饭了。（ ）

③ 在我们三个人里面，他最会说。（ ）

④ 这种植物是一种中药，会治病。（ ）

⑤ 一会儿朋友要来找他，他不能离开宿舍，所以不跟我一起去了。（ ）

⑥ 休息了两天以后，他的嗓子好了，会说话了。（ ）

⑦ 他写作效率很高，一晚上能写六七千字。（ ）

⑧ 遇到困难时，只有我会帮助他。（ ）

在例句①②③中，“会”和“能”基本上可以换用，在三个句子中分别表示有可能、有能力以及善于做某事。但是也要注意：当表示初次学会某种动作或者技术时，多用“会”；在表示善于做某事时，用“会”侧重于技巧，用“能”侧重于能力。

在表示有某种用途时，用“能”，所以句④不对。“会”应该改为“能”。

在表示客观情况许可时，只能用“能”，句⑤的“能”不能改为“会”。

在表示恢复某种能力时，只能使用“能”，句⑥不对。“会”应该改为“能”。

在表示达到某种效率时，只能使用“能”，所以句⑦的“能”不能改为“会”。

句⑧也可以用“能”，但意思有些不同。用“会”时是一种比较肯定的语气（由于主语是第一人称，这句话带有主观意愿的色彩），可能的情况是：别人不愿帮助他，只有我愿意。用“能”时，则表示客观情况许可，可能是这样的情况：别人都很忙，只有我有空儿，所以“只有我能帮助他”。

现在再来看我们开头提到的那句话。“飞机可不会等”这句话可以像例句①那样理解，用“不会”表示没有这种可能。说“飞机可不能等”也可以，但可能含有这样的意思：飞机应该按时起飞按时降落，客观情况不许可“等”。

而在“我们能等”中，含有这样的意思：人跟飞机不一样，客观情况许可“等”。如果换成“我们会等”，就带有一种比较肯定的主观意愿色彩（和客观情况无关）。根据这句话前面的语境，应该是前一种意思，所以这里“能”不能改成“会”。

原刊标题：“能”和“会”（作者：聂凤春）
原载《学汉语》2002年第12期（总第185期）

179 普通 · 一般

“普通”是“平常的、一般的”的意思。“一般”是“普通、通常”的意思。“一般”跟“普通”有时可以通用。“普通”可以重叠，“一般”不能重叠，两词都可以作定语：

① 他是一个很普通（一般）的人。

② 我爸爸是一个普普通通的工人。

“普通”和“一般”都可以作谓语，有时可以通用，如：

③ 这把椅子很普通（一般），没有什么特别的地方。

④ 她穿得很普通（一般）。（穿得跟别人差不多）

“一般”有时有“不是很好”的意思，“普通”没有这个意思，所以下面的句子不能用“普通”：

⑤ A：他的汉语怎么样？
B：很一般。

⑥ 他今天的歌唱得很一般，不像个歌星。

“普通”的反义词是“特殊，特别（与众不同）”。“一般”的反义词是“特殊，个别（极少数、少有）”。所以，“一般”有“大多数情况下（通常）”的意思。“一般”在表示这个意思时，常作状语（修饰谓语动词）。“普通”没有这种用法。下面的句子都不能用“普通”：

⑦ 我晚上一般十一点睡觉。

⑧ 孩子一般都喜欢玩具。

⑨ 一般来说，苏州冬天很少下雪。

“一般”还有两个意思：（1）一样，同样；（2）一种。这也是“普通”没有的。

原刊标题：“普通”和“一般”（作者：陆庆和）
原载《学汉语》2000年第8期（总第157期）

180 起来 · 下来

在给留学生出的关于趋向补语的练习中，有一道题是填空，其中一个句子是：

经过十五分钟以后，他感到有些累了，跑的速度渐渐慢了（　　　）。

在这个空白处，几乎所有的留学生都填的是"起来"，即："跑的速度渐渐慢了起来"。凭语感可知这句话不太规范，应该谈"慢了下来"。那么，道理在什么地方呢？

教材上说，"起来"的引申用法之一是表示情况开始出现并将继续下去。用在上句不是很合乎这个定义吗？为什么不恰当呢？开始时我用积极意义和消极意义来解释，说"慢"是消极意义的形容词，不能用"起来"，而应该用"下去"。但"病情渐渐严重起来"为什么又可以说呢？"严重"不是消极意义的形容词吗？看来这种说法还不够准确。

经过思考，我发现这跟词义的对立——即反义词有关系。请看：

A 快：慢

B 高：低

C 热：冷

D 亮：暗

E 热闹：冷落

F 紧张：松弛

G 繁荣：萧条

以上这些对反义词，左边一列表示阳极，右边一列表示阴极。阳极形容词表示的情状处于开始并继续下去的状态时，后边加"起来"；阴极形容词表示的情状处于开始并继续下去的状态时，后边加"下来"。请看：

A. ① 跑的速度快了起来。
② 跑的速度慢了下来。

B. ③ 他说话的声音高了起来。
④ 他说话的声音低了下来。

C. ⑤ 学汉语形成热潮，渐渐热了起来。
⑥ 热情消退，渐渐冷了下来。

D. ⑦ 天渐渐亮了起来。
⑧ 光线渐渐暗了下来。

E. ⑨ 市场上慢慢热闹起来。
⑩ 人散去，逐渐冷落下来。

F. ⑪ 人们的精神渐渐紧张起来。
⑫ 注意力分散，精神松弛下来。

G. ⑬ 经济渐渐繁荣起来。
⑭ 经济渐渐萧条下来。

以上七组反义词，前一个是阳极形容词，后边只能用“起来”；后一个是阴极形容词，后边只能用“下来”。两者绝不能相混，更不能颠倒。这是一个规律。

这就是为什么“慢”后边只能用“下来”而不能用“起来”的原因。

原刊标题：“起来”与“下来”（作者：宋玉柱）
原载《学汉语》1993年第8期（总第73期）

181 起来 · 下来

“下来”和“起来”都是合成趋向动词。它们的基本意义分别是：“下来”指由上往下朝说话人所在位置移动。如：“他从楼上走下来了。”（说话人在楼下）“起来”指人或事物随动作由下向上，如：“中国人民站起来了。”

但是，这两个趋向动词都可以引申为表示“开始并继续”的意思。例如：

① 会场终于安静下来了。

② 会场的气氛开始活跃起来了。

以上两句中的“下来”和“起来”都表示“开始并继续”。那么，它们的用法有什么区别呢？经过观察，我们发现“下来”用于表示静态的开始并继续，而“起来”用于表示动态的开始并继续。正因为如此，所以“下来”前多为形容词，而“起来”前多为动词。试比较：

下来：

③ 他的心软下来了。

④ 那人的口气软弱下来了。

⑤ 老王的意志消沉下来了。

起来：

⑥ 她哭起来了。

⑦ 最后他俩终于打起来了。

⑧ 小雨淅淅沥沥地下起来了。

当然，“起来”前面也可以是形容词。这时，它与“下来”的区别在于：“下来”前的形容词多为消极意义的，“起来”前的形容词多为积极意义的。试比较：

⑨ 天渐渐黑下来了。

⑩ 天渐渐亮起来了。

⑪ 他的声音低下来了。

⑫ 他的声音高起来了。

⑬ 由于缺水，绿叶渐渐蔫下来了。

⑭ 下雨以后，禾苗渐渐壮起来了。

如果带上宾语，原来的形容词就变作“使动词”，后附“下来”，仍表静态。而一般动词带宾语，后附“起来”，则表动态。例如：

⑮ 她静下心来，不再想那些烦恼的事。

⑯ 姑娘们高兴地唱起歌来。

原刊标题：表开始并继续的“下来”和“起来”（作者：宋玉柱）
原载《学汉语》1998年第1期（总第126期）

182 起来 · 下去

“起来”与“下去”都有继续进行的意思，它们有什么区别呢？

首先，“起来”表示动作或状态开始并有继续进行或发展的意思，强调的是开始；而“下去”表示动作或状态已在进行或已经存在并将继续进行或继续发展下去，强调的是继续。例如：

① 虽然下雨了，但是，既然足球赛已经踢起来了，那么，就应该继续踢下去。

② 夏天快来了，最近突然热起来了，如果继续这样热下去我可受不了。

其次，在一般情况下，“起来”多用于积极意义，而“下去”多用于消极意义。例如：

③ 他的身体渐渐好起来了。

④ 由于有家人的细心照顾，她最近胖起来了。

⑤ 他的经济情况逐渐坏下去了。

⑥ 由于工作太累，他慢慢瘦下去了。

如果动词是动宾结构（动词 + 宾语），例如，“跳舞”中“跳”是动词“舞”是宾语，“谈话”中“谈”是动词“话”是宾语，“下雨”中“下”是动词“雨”是宾语，“唱歌”中“唱”是动词“歌”是宾语……那么，如果要加“起来”的话，应该把动宾结构之中的动词与宾语拆开，把“起”放在二字中间，“来”放在宾语之后。

我们来看几个留学生的病句：

⑦ * 我的心跳舞起来了。

⑧ * 这样，我们谈话起来。

⑨ * 下雨起来了。

⑩ * 大家唱歌起来了。

以上的句子都是没有正确使用“起来”造出的病句。修改的方法是将动词拆开，把“起来”嵌入其中：

⑦ 我的心跳起舞来了。

⑧ 这样，我们谈起话来。

⑨ 下起雨来了。

⑩ 大家唱起歌来了。

原刊标题：“起来”和“下去”（作者：方欣欣）
原载《学汉语》2000 年第 2 期（总第 151 期）

183 恰巧 · 凑巧

1. "凑巧"是形容词，所以可以用"不"、"很"、"真"、"太"等表示程度的副词修饰。"恰巧"是副词，所以它的前边不能加"不""很"等词。

2. 表示正遇着所希望的情况时，可以用"凑巧"也可以用"恰巧"，二者可以互换。例：

① 我正打算去找王老师，凑巧在路上碰上他了。

② 晚饭以后我去找他，恰巧他刚下课回来。

3. 表示正遇着所不希望的情况时，应该用"恰巧"或者"不凑巧"。例：

③ 晚饭以后我去找他，可是，不凑巧，他看球赛去了。

④ 晚饭以后我去找他，可是，恰巧他看球赛去了。

⑤ 路上恰巧遇上了大雨，淋得全身都湿了。

⑥ 路上不凑巧遇上了大雨，淋得全身都湿了。

4. 表示事情、情况的偶然巧合，用"恰巧"，不用"凑巧"。例：

⑦ 同学们正在争论，老师恰巧走了进来。

⑧ 我毕业后，恰巧他们公司需要一个职员，就让我去那儿上班了。

原刊标题："恰巧"与"凑巧"（作者：方欣欣）
原载《学汉语》1997 年第 6 期（总第 119 期）

184 千米 · 公里

《现代汉语词典》对"公里""千米"的解释：

公里：公制长度单位，一公里合二市里，等于一千米。也叫千米。

千米：见 [公里]。

其实，"千米"和"公里"是有区别的。它们都能用于路程，但其他场合，比如指事物的长度、高度等，只能用"千米"。如，下面两句话里的"千米"都不能换成"公里"：

① 她是一位创造了三千米无疵布记录的著名劳动模范。

② 离青藏公路不远的海拔 5 千米的低山坡上，有一个小小的观测站。

“千米”、“公里”译成英语都是 kilometre，但“千米”的使用范围等于 kilometre，“公里”的使用范围比 kilometre 要小。

原刊标题：表量词名词搭配三题（作者：吴中伟　黄灵红）
原载《学汉语》1992 年第 11 期（总第 64 期）

185· 千万 · 万万

我们先来做以下练习，用“千万”或“万万”填空：

（1）考试的时候，（　　　）要细心，不能马虎。

（2）爸爸教育孩子说：“要遵守纪律，（　　　）别干坏事！”

（3）（　　　）要记住，有紧急情况打 110。

（4）她（　　　）没有想到，这次汉语水平考试这么容易。

（5）广告不是万能的，没有广告是（　　　）不能的。

（6）这个星期六，我们家有聚会，你（　　　）要给我个面子，一定要来。

（7）别人的东西，你（　　　）别乱动！

（8）没有办理外借手续，就把图书馆的书私自拿走，这（　　　）使不得。

答案：1. 千万　2. 千万　3. 千万　4. 万万　5. 万万　6. 千万　7. 千万　8. 万万

你都做对了吗？下面让我们来比较一下，看看“千万”和“万万”有什么不同。

1. “千万”只能用在祈使句中，表示说话人对听话人的请求、建议或忠告；而“万万”既可以用于祈使句中表示请求、建议，也可以用于陈述句中说明情况。例如：

① 骑自行车上街时，千万要注意交通安全！（祈使句）

② 千万要记住你的存折密码！（祈使句）

③ 万万没有想到今天这么热。（陈述句）

④ 明天的课非常重要，你万万不可迟到。（祈使句）

2. “千万”可以用于肯定句中，也可以用于否定句中；而“万万”只能用于否定句中，不能用于肯定句中。例如：

⑤ 地板很滑，你千万要小心一点儿。（肯定句）

⑥ 你千万别再出差错了。（否定句）

⑦ 出门时千万要留神，万万不可忘了带钥匙。（肯定句，否定句）

⑧ 万万没想到，麦克汉语说得这么好。（否定句）

3. 作副词用时，“万万”比“千万”所表达的语气更强。“千万”有“务必”的意思；而“万万”有“绝对、无论如何”的意思。试比较：

⑨ A 千万不可大意。（语气强）
B 万万不可大意。（语气更强）

⑩ C 你千万不能把身份证和存折放在一起。（语气强）
D 你万万不能把身份证和存折放在一起。（语气更强）

4. “千万”经常与能愿动词“要”，否定副词“不”“别”等连用，如例①②⑤⑥；而“万万”则经常与否定副词“没”“没有”连用，如例③⑧。二者都能够与表否定义的“不可、不能”连用，如例④⑦⑨⑩。

原刊标题：“千万”和“万万”（作者：孙银新）
原载《学汉语》2002年第7期（总第180期）

186 去·上

这里对动词“去”与“上”的用法作一个比较。讨论范围只限于这两个动词的“从所在的地方到某个地方”这一义项。至于这两个动词的其他义项以及它们作为趋向动词的用法，不在此讨论。

“去”和“上”都可表示到某个地方，在下面的例句中，这两个词可以换用，意思基本相同：

① 你去（上）哪儿了？

② 我刚才去（上）了一趟邮局。

它们也都可以加上处所宾语，用于连动句中：

③ 我去（上）图书馆借几本书。

④ 这个周末他们去（上）李老师家包饺子。

在这两个词中，“上”的口语色彩更浓。“上”的“到某处”这个义项，是由“从低处到高处”这个意思引申来的。现在常用的仍是它的这个义项，而“到某处”这个引申义尚未广泛运用。这就导致了这两个词用法的一个主要区别：“上”对处所宾语的依赖性比“去”强，也就是说，“上”的“到某处”的这个义项需要和处所宾语组合以后才能明确显现出来。具体表现在：

1. 在连动句中，“去”和“上”都可以用于连动句，但“去”可以带处所宾语，也可以不带；而“上”一定要带处所宾语：

⑤ 我去买书。（也可以说“我去书店买书。”）
 * 我上买书。（必须说：我上书店买书。）

⑥ 我去看电影。（也可以说“我去电影院看电影。”）
 * 我上看电影。（必须说：我上电影院看电影。）

2. “去”在答问或在有上下文的疑问句中，可省略处所宾语；但“上”除了“上厕所”这样的固定组合之外，一般不可这样用。如：

⑦ A: 你去商店吗？	A: * 你上商店吗？
B: 去（不去）。	B: 上（不上）。

⑧ 我明天去公园看花展，你去不去（去吗）？
 * 我明天上公园看花展，你上不上（上吗）？

除了结构要求的区别之外，由于“上”是口语词，适用场合也比“去”窄。“去”可适用于任何表处所的宾语；而“上”多出现在一些口语化的语句中，后面的处所宾语有如下特点：（1）一般不接表示较为正式、庄重场合的宾语。（2）表示的地方也一般是在近处或当地，且去的时间一般较短。例如：

⑨ 下了班我上了一趟邮局。

⑩ 孩子今天上姥姥家了。

⑪ 走，咱们一块儿上商店逛逛。

上面三个例句口语色彩浓，符合“上”的使用要求。用“上”或“去”都可以。再看下列句子：

⑫ * 代表们上会议厅参加开幕式。

⑬ * 他上美国工作了一年。

上两例中，因为所表示的场合较庄重、正式，或地方较远、所用时间较长，把“上”改成“去”更自然得体。

原刊标题："去"与"上"（作者：罗青松）
原载《学汉语》1998年第3期（总第128期）

187 趟·遍·回

“趟”“遍”和“回”在汉语中都可以表示“次”的意思，但是它们在意义上还有一些小的差别。

“趟”常常用来表示一来一去的一次动作，也就是说一个来的动作加上一个去的动作就是一趟。例如：

① 昨天我为了借这本书去了两趟图书馆。

② 明年春节李刚打算回一趟家。

③ 上星期天玛丽去了一趟超市，买了很多东西。

④ 老人去了几趟派出所，也没有打听到孩子的消息。

“遍”表示一个动作或者行为从开始到结束的过程。例如：

⑤ 这本书我看了两遍。

⑥ 这篇文章他修改了五六遍，还是不满意。

⑦ 只要把这首诗多朗读几遍，就会背诵了。

⑧ 老师已经说了三遍了，你还不明白吗？

“回”的意义与“次”基本相同。在日常的使用上，它比“趟”和“遍”更广泛一些。只要可以使用“回”的地方，我们通常都可以用“次”来代替，有时也可以用“趟”或者“遍”来代替。例如：

⑨ 上个月我去了一回（次 / 趟）上海。

⑩ 这部电影我已经看过一回（次 / 遍）了。

⑪ 这个问题李老师说了两回（次 / 遍）。

⑫ 我非常喜欢《茶花女》这本小说，已经看过三回（次 / 遍）了。

当然，“趟”“遍”和“回”在用法上也有一些不同：“趟”和“遍”可以重叠使用，表示“反复多次”的意思，而“回”不能这样使用。例如：

⑬ 一趟一趟地去

⑭ 一趟趟地跑

原刊标题：“趟”“遍”“回”（作者：张珩）
原载《学汉语》2002年第9期（总第182期）

188 偷偷 · 悄悄 · 暗暗

汉语水平考试结束后，韩国学生李浩正来到办公室对张老师说：“我暗暗告诉你，这次考试我考得不好，不过我已经悄悄下了决心，一定偷偷努力学习，明年考过六级。”张老师听后高兴地鼓励他说：“祝你明年成功。但你这段话中‘偷偷’‘悄悄’‘暗暗’用得不对，你知道错在哪儿了吗？”

“偷偷”“悄悄”“暗暗”都有“不让人发觉”的意思，但细细体味，三者在词义和用法上都是有区别的。

“偷偷”侧重于害怕、担心被人发现，所以其行为总是趁人不备或背地里进行，例如：

① 在父母聊天的时候，他偷偷溜走了。（趁人不备）

② 大人不在家时，小刚经常偷偷跑出去上网玩游戏。（背地里）

因此，和“偷偷”经常搭配的词语有：“溜”“跑”“哭”“藏”“买”“卖”等。

“悄悄”侧重的是担心影响、干扰到别人，所以行为特点是声音小或动作轻，例如：

③ 趁下课韩力悄悄告诉我，他得了100分。（声音小）

④ 为了不影响别人学习，他悄悄走出了教室。（动作轻）

另外，“悄悄”还可以与“静”和“话”构成“静悄悄”“悄悄话”之类的组合，前者指环境安静，后者指谈话隐秘、亲密或知心，例如：

⑤ 这里的夜晚静悄悄的，一点儿声音都没有。

⑥ 他俩一见面，总有说不完的悄悄话。

需要注意的是，“偷偷”“悄悄”有时候都可以与“走”“看”“吃”“问”“送”等词语组合，但细细品味，它们的差别依然存在：如“偷偷走”“偷偷吃”，其行为是“趁人不备或背地里进行”；而“悄悄走”“悄悄吃”则只是“怕影响或干扰他人”，并不存在害怕、提防的问题。这一点是我们在具体使用时要格外注意的。例如：

⑦ 妹妹上学后，他偷偷吃掉了分给妹妹的那一份巧克力。

“暗暗”则侧重于不想让人知道或表示私下行为，这种行为总是在内心中完成或在隐蔽状态下进行，例如：

⑧ 大成暗暗下决心，一定要努力学习。（内心）

⑨ 离开医院后我暗暗为朋友祈祷，祝他早日康复。（隐蔽）

因此，与“暗暗”经常搭配的词语常常是：“下”“立”“表示”“发誓”“高兴”“发笑”“怀疑”等，而“偷偷”“悄悄”不能跟这些词语搭配。

原刊标题：“偷偷”“悄悄”“暗暗”（作者：敖桂华）
原载《学汉语》2004 年第 6 期（总第 198 期）

189 往往 · 常常

请先填空：

（1）约翰（　　　）来我家。

（2）起床后，他（　　　）在操场上跑几圈儿。

（3）欢迎你们（　　　）光临我们的饭店。

（4）为了提高自己的听、说能力，安娜（　　　）跟中国人一起过周末。

（5）喝牛奶时，我（　　　）要在奶里放一点儿糖。

答案：1. 常常　2. 往往　3. 常常　4. 往往　5. 往往

“往往”与“常常”都是副词，都可以放在动词前做状语，表示“不只一次”的意思。不同在于：

1. “往往”是对到目前为止的情况的总结，有一定的规律性；“常常”只表示动作重复，而且相隔时间不长，没有规律性。例如：

① 周末，他常常游泳。

② 周末，他往往带孩子去游泳。

2. 用“往往”的句子要指明与动作有关的情况、条件等，“常常”没有这个限制。例如：

③ 玛丽常常上街。

④ 玛丽往往一个人上街。
*玛丽往往上街。

⑤ 他常常听音乐。

⑥ 他往往睡觉前听音乐。
*他往往听音乐。

3. “常常”可以用于表示主观愿望和将来做什么，“往往”不能。例如：

⑦ 希望你以后常常来我家玩儿。
*希望你以后往往来我家玩儿。

4. “常常”可以简化为“常”，否定形式是“不常”，而“往往”不能简化为“往”，否定形式不是“不往”。例如：

⑧ 他不常回家。
*他不往回家。

原刊标题：“往往”与“常常”（作者：王素梅）
原载《学汉语》2002 年第 10 期（总第 183 期）

190 委托 · 拜托

“委托”与“拜托”作为动词，都有“托人办事”的意思，这两个词有时可以通用。例如：

① 先生，这件事就委托您了。

② 王先生，这件事就拜托您了。

③ 我委托他帮我们购置仪器。

④ 我拜托他帮我们购置仪器。

但“拜托”是敬词，是请别人办事时说的客气话。“委托”是一般性的陈述动词。由于二者在语体色彩上的差别，因此在使用中将出现下列差异：

1. 两个词的指向及使用的场合有所不同。

“拜托”多用在口语或书信中客气地向对方提出所要托对方办理的事。因为是敬词，所以所托的对象，一般不能是“我”。“委托”多用于较正式的场合和公文，所委托的对象可以是“我”。如：

⑤ 拜托你把这封信交给他。

⑥ 请代我把这本书还给图书馆，拜托了。

⑦ 我们将全权委托律师事务所办理这个案子。

⑧ 他委托我为他辩护。

以上四个句子中的“拜托”和“委托”是不能互换的。

2. 两个词在句法结构及组合上也有区别。

“拜托”口语的特征比较明显，请求的语气较强，在句子组合中比较自由，施事者为“我”时可省略，后可带宾语、双宾语、兼语，也可单独做谓语；还可将所托办之事置于前一分句，“拜托”放在后一分句，并可重复。如：

⑨ 今有一事拜托，请一定帮忙。

⑩ 请替我向老师请个假，拜托了。

⑪ 我们外出旅行期间，你帮忙照看一下阳台上的花儿，好吗？拜托，拜托。

另见例句②④⑤⑥。

“委托”后须跟宾语、双宾语、兼语，但它不能单独做谓语，也不能重复，一般不能省略施事者“我”。它的语气以陈述为主，可作为限制性的词语放在名词前，如：“委托人”、“委托书”、“委托程序”等。还可放在一些动词的后面做宾语，例如：

⑫ 我已经接受了他们的委托。

⑬ 受高老先生的委托，李律师前来宣读遗嘱。

汉语词汇的语体及语言色彩的不同也往往引发使用时的偏差。为此，在中高级的词汇学习过程中，不仅要理解词意，还要注意词语的语体特征，这样才能准确把握词语的用法。

原刊标题：“委托”与“拜托”（作者：杨子菁）
原载《学汉语》1998年第11期（总第136期）

191 我・我们

“我”和“我们”是汉语中最常用的、最基本的两个人称代词，外国学生用起来一般不会出错。但对于这两个词的特殊含义，留学生就不完全了解。如学生在报上看到“干涉我内政”这个句子便有些不解，不明白“我”到底指的是谁。看来，“我”和“我们”的一些特殊含义还是有必要讲给学生的。

1.“我”的基本义，指说话人自己。如“我在北京学习”，“我今年三十岁”等，但由于语境的不同，“我”会产生特殊的含义。

（1）“我”=“我们”。此时常用于“我+单位的集体名词”（如厂、院、校、公司等）这样的格式中，“我”表示说话人一方的某个团体。例如：

① 昨天下午，犯罪分子在光天化日之下潜入我公司机关大楼……（报刊）

② 我院八五计划实施方案……（报刊）

有时“我”后没有表示单位的名词（厂、院等）也可表示“我们”，条件是必须有表示集合概念的词。例如：

③ 希望我全体职工团结一致，共同奋斗。

这个句子里，“全体职工”是一个集合概念，因此“我”一定是“我们”这一集合名词，而绝不是单数的“我自己”。

（2）我＝我国。在有些场合，“我”专指“我国”。例如：

④ 今年的特大洪灾中，国际社会向我援助了大量救灾物资。

⑤ 绝不允许任何人任何国家干涉我内政。（报刊）

（3）“我”用于表示集体概念时，多用于书面语，尤适用于外交语体中，一方面有庄重感，另一方面强调音节上的和谐，读来简短、有力，也使听者对之印象深刻。比较下面两组句子：

⑥ A 对这个问题，我国的观点是……
B 对这个问题，我们国家的观点是……

⑦ A 他是我党、我军的缔造者。
B 他是我们的党、我们的军队的缔造者。

例⑥中，A 句“我国”里的“我”若用复数“我们”，则为了音节上的和谐必须说成“我们国家”，而说“我们国家”则不如用“我国”简练、醒目。所以用 A 句比 B 句好些。例⑦道理也是如此。因此，我们在报刊上、广播中看到、听到的经常是

A句，而不是B句。

2. "我们"是第一人称复数，等于"we"。但在很多情况下，表单数第一人称时，不用"我"，而用"我们"。比如说自己的爱人："我们那口子"。这里的"我们"指的是"我"，即说话人，而绝不会是包括听话人在内的"我们"，"我们"的内涵缩小了。这样说把说话人对爱人那种亲切、爱昵的感情表露了出来，又不会使人误解，再比如：在一些评论性的文章中，经常可见到"我们认为……"的字眼，而实际上作者只有一人，此处的"我们"一定是表单数的"我"。用"我们"代替"我"具有商量、讨论的意味，表示自谦和礼貌。还可使语气显得委婉、缓和，拉近了与读者、听众的距离。例如：

⑧ 我们所要介绍的是祥子，不是骆驼，因为"骆驼"只是个外号；那么，我们就先说祥子，随手儿把骆驼与祥子那点关系说过去，也就算了。（老舍：《骆驼祥子》）

"我们"有时意为"你们"，指听话人。请比较下面两个句子：

⑨ A 同学们，你们一定要努力学习，取得好成绩。
B 同学们，我们一定要努力学习，取得好成绩。

A句中用"你们"明显地含有命令的意味，口气较生硬；而B句用了"我们"，虽然说话人和听话人都知道"努力学习"的不包括说话人在内，但站在听话人的立场上说话，口气缓和，听起来亲切，易被对方接受。

原刊标题："我"和"我们"的特殊含义（作者：赵立江）
原载《学汉语》1992年第10期（总第63期）

192 幸亏 · 多亏

"幸亏"与"多亏"在用法上有不少相同之处，如：

① 幸亏你拉了我一把，……

② 多亏你拉了我一把，……

它们都可以表示由于某种有利的条件而避免了不如意的事，都可以用在小句之前，都不受程度副词修饰，都没有否定形式。但它们又存在着不同。这里我们谈谈"幸亏"和"多亏"在具体运用上的一些区别。

1. 词汇意义区别

“幸亏”是引出某种有利条件，由于这个条件，使得不希望发生的后果得以避免，意在表示说话人感到侥幸。如：

③ 幸亏是皮底鞋，不然一定会湿透。

“多亏”是表示由于别人的帮助或某种有利因素，避免了不幸或得到了好处，意在表示说话人的感谢和庆幸之情。如：

④ 这次多亏了你，要不我们连票也买不上。

再比较一下“幸亏你拉了我一把”和“多亏你拉了我一把”，它们所含的言外之意是有区别的，试给它们补上后面的小句：

①’幸亏你拉了我一把，我才没掉下去。（避免了不幸）

②’多亏你拉了我一把，我才上来了。（得到了某种好处）

②”多亏你拉了我一把，我才没掉下去。（避免了不幸）

2. 词性区别

“幸亏”是副词，“多亏”是动词，在语法功能上有以下不同：

（1）“多亏”可带动态助词“了”，而“幸亏”不能。试比较：

⑤ 多亏了你来帮助我。

⑥ * 幸亏了你来帮助我。

（2）“多亏”必须带名词、动词或小句作宾语，而“幸亏”只能作状语。试比较：

⑦ 这件事多亏你。

⑧ * 这件事幸亏你。

⑨ 多亏你提醒了我，不然我就忘了。

⑩ 幸亏你提醒了我，不然我就忘了。

例⑨⑩表面上看一样，但实际上例⑨的“你提醒了我”是“多亏”所带宾语，是“多亏”的内容，而例⑩的“幸亏”是从语气上强调“你提醒了我”这个有利条件，二者在语法地位上不同。

原刊标题：“幸亏”与“多亏”（作者：李敏）
原载《学汉语》1998年第6期（总第131期）

193· 虚心 · 虚伪

常有外国留学生问，“虚心”和“虚伪”两个词里都有“虚”，但前者是褒义词，后者是贬义词，难道两个词里的“虚”有什么不同吗？

要回答这个问题，有必要弄清“虚”的词义的发展过程。我们知道，“虚”的本义，也就是最早的意思是大山。由于大山里空旷人烟少，所以引申为“空虚”，指空间大，“虚心”中的“虚”正是这个意思，指心中总是留有空间，可以随时吸收新的知识，心胸宽阔。成语“虚怀若谷”（指胸怀谦虚得像山谷一样能大量吸收）中的“虚”也是这个用法。“虚”的这个引申义“空虚”与“实”的本义构成了一对反义词。“实”的本义是充实，指填满了，没有空间了。“实”从本义引申出了“实在”、“真实”的意思。这一引申直接影响到了“虚”，使“虚”也发展出了一个能够同“实”的引申义构成反义词的意思，这就是“假”、“不真实”。“虚伪”中的“虚”正是这个意思。

从以上分析可以看出，“虚心”和“虚伪”中的“虚”确有不同，前者是“空虚”的意思，后者是“虚假”的意思。前者是从“虚”的本义中直接引申出来的，后者在词义上与“虚”的本义和引申义都没有直接关系，它的产生是反义词引申类推的结果。汉语词义的发展多是线性的，但也有非线性的，“虚”的“不真实”意即是一例。

原刊标题：“虚心”和“虚伪”（作者：李晓琪）
原载《学汉语》1991 年第 1 期（总第 42 期）

194· 也 · 还

“也”和“还”都是副词，在句子中的位置基本一样，意义上也有相通之处，它们在英语中都可以用“also”、“too”、“as well”来表达，在法语中也都可以译作“aussi”，因此，学汉语的欧美学生常把这两个词弄混。例如：

①＊在房子外头，两位老师迎接我们，也把我们送到房子里去。

②＊我们在长城的时间很短，我也要再去一次。

以上两例中的“也”都应换成“还”，句子才正确。

在汉语中，“也”和“还”的意思和用法是有区别的。

1．“也”的主要用法有：

（1）表示两件事或两种情况相同；同样。例如：

③ 桌子是新的，椅子也是新的。

④ 地扫了，玻璃也擦了。

（2）表示强调语气。例如：

⑤ 连校长也来了。（强调来人的范围之广）

⑥ 一点儿也不想吃。（强调不想吃）

（3）具有某些关联作用，表示转折或让步等。例如：

⑦ 虽然你们取得了一些成绩，也不能骄傲。

⑧ 即使累些也心甘情愿。

这第②、第③种用法中的“也”仍然有“同样”的含义。以上例③—⑧中的“也”都不能换成“还”。

2．“还”的用法和“也”的上述几种用法不同，主要有以下几种：

（1）表示行为动作或情况状态的持续不变；仍然。例如：

⑨ 都12点了，你怎么还在看书？

⑩ 几年不见了，你还是老样子。

（2）用于比较句中，表示程度差别；更加。例如：

⑪ 上次的考试比较难，这次考试比上次还要难。

（3）表示在已提到的以外，另有所补充。即项目、数量增加，范围扩大。例如：

⑫ 你把他的护照，还有学生证，都给他带去。

前面所举两个病句中的“也”都应换成这种用法的“还”。在病句①中，说话者要表示两位老师除了在房子外头“迎接我们”之外，另外又为我们做了一件事——“把我们送到房子里去”。在病句②中，说话者要表示虽然他已去过一次长城，但在长城的时间很短，所以他想再去一次。这是说动作数量的增加。

3．有时候，在一个句子中，“也”和“还”可以互换。

⑬ 我们班有日本人，也有美国人。

⑭ 我们班有日本人，还有美国人。

两句的基本意思差不多，但仔细琢磨，仍然可以看得出它们的差别来。在这里，用“也”是将日本人和美国人对比着来说，表示班里同样存在着这两国人，强调的是相同、类同；用“还”则表示在指出班里有日本人的基础上，又补充指出班里另外还有美国人，强调的是补充、增加。

掌握了上述“也”和“还”的几种主要用法，就不难区别这两个词了。另外，要很好地区别和运用这两个词，还要通过反复的实践，培养出汉语的语感来，这也很是很重要的。

原刊标题：“也”和“还”（作者：白荃）
原载《学汉语》1998年第6期（总第131期）

195 一点儿·有点儿

老师，我是一年级的学生，我不明白“大一点儿”和“有点儿大”有什么不一样，您能给我讲讲吗？

日本学生　山本太郎

山本同学：你好！

你提的问题是很多同学都不太明白的问题。这是“一点儿”、“有点儿”怎么和形容词一起使用的问题。我们来看两个例子。比如，老师问：“今天学的语法难不难？”学生回答：“一点儿难。”错了，应该说：“有点儿难。”又如，老师问：“阿里一米七五，约翰一米七六，他们俩谁高？”学生说：“约翰有点儿高。”错了，应该说：“约翰高一点儿。”这是怎么回事呢？现在我来告诉你。

先从结构上说，“有点儿难”中的“有点儿”在“难”的前边，它不能在“难”的后边，不能说成“难有一点儿”，对不对？所以，我们把它写成“有点儿+形容词”。“高一点儿”中的“高”在“一点儿”的前边，可以写成“形容词＋一点儿”。

有同学可能说，老师说“有点儿”应该在形容词前边，为什么“约翰有点儿高”错了呢？原因是这个句子错在意思上，不是结构上。

从句子意义上看，我们用“有点儿”的时候，常表示让人不愉快、不满意或不喜欢的意思。如：

① 今天学的语法难不难？有点儿难。

② 今天的天气冷不冷？有点儿冷。

③ 现在你累不累？有点儿累。

④ 他有点儿不好意思。

⑤ 他有点儿着急。

这里的“难”“冷”“累”“不好意思”“着急”等意思都是不好的，让人不喜欢的。对吗？

而用“一点儿”的时候，一般不受这种限制。意思好的或不好的都可以，并且用“一点儿”时，比较意味很重。如：

⑥ 今天比昨天冷一点儿。

⑦ 这件衣服好看一点儿。（跟别的衣服比）

⑧ 这台电视机清楚一点儿。（跟别的电视机比）

⑨ 我爱人是（比我）累一点儿。

⑩ 这个录音机更好一点儿。（跟那个比）

从这些例句中是不是可以看出“一点儿”跟“有点儿”的区别？

因此，我们可以说：“有点儿”和“一点儿”虽表示的程度都不很高，但“有点儿”常表示让人不愉快的意思；“一点儿”则偏重于比较。

上面从结构和意义两方面分析了什么时候用“一点儿”，什么时候用“有点儿”，你看懂了吗？

原刊标题：“一点儿”和“有一点儿”（作者：张伟）
原载《学汉语》1997 年第 1 期（总第 114 期）

196 一点儿 · 有一点儿

我们常听见学生这样说：“老师，今天我一点儿累。”或“老师，今天我累一点儿。”其实他想说：“今天我有一点儿累。”

“有一点儿”和“一点儿”在汉语里的意思和用法都有区别。

1. “有一点儿”或“有点儿”表示程度，一定在动词、形容词或名词前边。

（1）在形容词前。如：

① 我有一点儿累。

② 我今天有一点儿冷。

③ 他有一点儿不高兴。

要注意三点：第一，在作谓语的形容词前一定说“有一点儿”，不能说“一点儿”；第二，这类句子往往表达不太舒服或不太满意的意思，我们不说“有一点儿舒服”或“有一点儿高兴。”第三，这类句子有时也可表达正面的意思，如“今天有一点儿暖和。”“苹果有一点红。”

（2）在动词前。多数情况是在表示思想感情或思想活动的动词前。如：

④ 他有一点儿想妈妈。

⑤ 我有一点儿讨厌他。

不能说“一点儿想妈妈”或“一点儿讨厌他”。

（3）在名词前。多数在表示心理感觉的名词前。如：

⑥ 我对他有一点儿好感。

⑦ 这种水果有一点儿味道。

⑧ 我对文学有一点儿兴趣。

2. “一点儿”：可以表示数量，也可以表示程度，二者在句中的位置不同。

（1）表示数量。

1）“一点儿”+名词，作动词的宾语，如：

⑨ 我去买一点儿东西。

2）“一点儿”单独作动词的宾语，如：

⑩ 你喝啤酒吗？我喝一点儿。

3）在“多”和“少”等形容词后边。如：

⑪ 水果够了吗？少一点儿吧。（再多一点儿吧）

（2）表示程度。在形容词后边，如：

⑫ 这件衣服稍微大了一点儿。

⑬ 我要小一点儿的衣服。

另外，“有一点儿”和“一点儿”都可以省掉“一”字，说“有点儿”“点儿”等。如：“有点儿冷”“有点想”“买点儿东西”“喝点儿”等。

原刊标题：“有一点儿”和“一点儿”（作者：王仁丰）
原载《学汉语》1988年第9期（总第14期）

197 一连 · 接连

1．“一连”和“接连”都是副词，在意义和用法上都有相同的地方。

（1）都表示动作继续不断或情况连续发生，常在句中作状语，并常与数量词组连用。如：

① 昨天晚上他一连 / 接连写了五封信。

② 那星期我又一连 / 接连爬了好几座山。

③ 这部话剧在苏州一连 / 接连演了十几场。

④ 王老师最近在《学汉语》杂志上一连 / 接连发表了三篇文章。

（2）都可以与“都”、“也”、“才”配合使用。如：

⑤ 我们一连 / 接连问了好几个人才找到你家。

⑥ 这个词我一连 / 接连查了三本词典都没查到。

⑦ 昨天我们一连 / 接连跑了四家商店也没买到你要的那种冰鞋。

在上面的例句中，“一连”和“接连”可以互换使用。

2．“一连”和“接连”的不同之处有：

（1）“接连”有一次接着一次的意思，也可用于无数量词组的句子之中；而“一连”一般多用于“一连＋动词＋数量词组＋其他”这类句子。如：

⑧ 他的汉语进步很大，在最近几次的演讲比赛中接连获奖。

⑨ 学校这几年的医疗费用接连超支，引起了校长的注意。

⑩ 因为他半个月来接连迟到，经理对他很不满意。

⑪ 最近，小王有好几篇论文接连发表在有影响的刊物上。

（2）“接连”后面可跟“不断”，在句中作状语；“一连”不可。如：

⑫ 那条马路近来接连不断地发生交通事故，你一定要特别小心啊！

⑬ 小王考上了大学，朋友们得到消息后接连不断地打电话来祝贺他。

（3）“一连”在单音节动词前有时可单说“连”；“接连”不可单说“连”。如：

⑭ 上星期连下了三天雨，我哪儿也没去。

⑮ 今天早上我连吃了五个包子。

⑯ 小李肯定不在宿舍，我刚才连喊了好几声，里面也没人答应。

另外，“一连”多用于口语中，“接连”口语和书面语中都有，相比之下，书面语中多些。

以上内容可列表为：

		说明	例句	一连	连接
相同点	1	都是副词，都表示动作继续不断或情况连续发生，常在句中作状语，并常与数量词组连用	刚才，他～唱了三首歌。 老人非常感动，～说了好几声“谢谢”。	+	−
	2	都可以与“都”、“才”配合使用	我这次感冒特别重，我～吃了好几天药才好。（或都／也没好）	+	−
不同点	1	“连接”有一次接着一次的意思，也可用于无数量词组的句子之中	这种现象～出现是什么原因造成的呢？	+	−
	2	“连接”后面可跟“不断”，在句中作状语。	好消息～不断地传来，我能不高兴吗？	+	−
	3	“一连”在单音节动词前有时可单说“连”	今天下午～来了五批游人。	+	−
	4	语体色彩		多用口语	多用书面语

原刊标题：“一连”和“接连”（作者：何立荣）
原载《学汉语》1999年第6期（总第143期）

198 已经 · 曾经

“已经”和“曾经”是常见的副词。例如：

① 我和晓玲已经二十五年没见面了。

② 到去年底，淑文已经跳过两次槽了。

③ 再聚会时，恐怕大家早已经成了白头老人了。

④ 这件事，我已经跟冯局长谈了。

⑤ 我已经为这件事跑了不少地方。

⑥ 这件事，我曾经跟冯局长谈过。

⑦ 我曾经为这件事跑了不少地方。

⑧ 上大学之前，王朋曾经当过中学教师。

从上面句子中可以看出：

1.“已经”和“曾经”都是表示时间的副词，表示动作行为在说话时间或某个认定的时间之前就发生了。但是“已经”修饰的动作行为或性质状态可能在说话当时的不久以前结束，如例①、例④、例⑤；或某个认定的时间之前结束，如例②；也可能仍然持续或存在，如例③。“曾经”修饰的动作行为或性质状况到说话时（如例⑥、例⑦）或某个认定的时间（如例⑧）之前早就结束了，肯定不会再持续或存在下去。

2. 从上面例句及大量的语言现象中可发现：“已经”修饰的动词后多带“了”，少用“过”；而“曾经”修饰的动词后多带“过”，有时也可用“了”。

3. 由于人们在说话时已认定了时间，所以句中用“已经”还是“曾经”都确定了的，不会有含糊不清的情况。但有些人可能会把动作行为结束的时间看得近些，另有些人可能会把动作行为结束的时间看得远些，这样就出现了两词可以替换的现象，像例⑤和例⑦，例④和例⑥那样。

另外，这两个词的否定形式也是我们应该注意的。

“已经”句的否定形式是“……已经＋不＋动词（形容词）＋了”。例如：

⑨ 我们的旅游路线已经不能改变了。

⑩ 天气已经不热了。

“曾经”句的否定形式要变成“……没＋动词（形容词）＋过”。例如：

⑪ 这件事，我没跟杨月谈过。

⑫ 她从来没这么高兴过。

若有时间限制，“曾经”句的否定形式还可以说成：

⑬ 我和晓文曾经半年没说话。

⑭ 我曾经三个月不看电影。

原刊标题：“已经”和“曾经”（作者：李增吉）
原载《学汉语》1996 年第 10 期（总第 111 期）

199 以 · 以便

“以”可以用作介词，也可以用作连词。“以便”只作连词。“以”和“以便”作连词时，都可以表示目的，使用这两个词时要注意：

1. “以”只是单纯地表示目的。

① 于先生向北京大学捐款 50 万元，以表示自己对知识分子的尊敬和对北大的崇敬之情。

② 据老陈说，当时卖主在现场还打了几个鸭蛋，以示（鸭蛋）没有坏。

而“以便”则强调一个人做某事是为另一件事的完成提供便利，使之顺利地达到目的。如：

③ 你应该把这件感人的事记下来，以便将来写成很好的小说。

④ 请把你的地址留下来，以便今后联系。

2. “以便”后面可连接带主语的小句，而“以”则不可。

⑤ 新华书店实行开架售书，以便读者选购。

⑥ 你先把材料准备好，以便小组开会研究。

3. “以”后一般为“动 + 宾”式（动词前很少带状语）。

⑦ 我们要大力开展科学实验，以促进科学技术的发展。

⑧ “印花”的名字是聂荣臻司令员给起的，以象征中印友谊。

而“以便”之后可以是“动+宾”式（动词前常带状语），也可以是“状+动”式。如：

⑨ 我们必须抓紧时间复习，以便全面地巩固所学的知识。

⑩ 我们要努力掌握科学技术知识，以便更好地为实现四个现代化服务。

⑪ 他正清理账本，以便日后查对。

原刊标题：连词“以”和“以便”（作者：王世生）
原载《学汉语》1998 年第 9 期（总第 134 期）

200 以后 · 后来 · 以来

“以后”和“后来”这两个词经常被用混。不仅外国人是如此，就连中国人也有这种现象。笔者就不止一次看到过该用“后来”而用“以后”的。例如：

① * 以后，这两本书就合二为一，印成《关于四川的诗文》一书，作为四川大学中文系古典文学教材。（刘济昆:《毛泽东》）

这里说得是成都会议以后的事，属于过去时，本该用“后来”，作者却用了“以后”。由此可见，这两个词的用法很有分析之必要。

1．“以后”如果是单说，表示从现在往后的时间。

② 以后，你要注意改正这个缺点。

③ 老师，请您相信，我以后决不会重犯这个错误。

但是，“以后”也可以表示从过去某一时间往后的时间。这样用时，它总是与别的词语组成词组，充当后置成分，而不能单用。例如：

④ 从那以后，他就再也没有来过。

⑤ 卢沟桥事变以后，中国的抗战就正式开始了。

2．“后来”只表示从过去某一时间往后的时间，而且它只能单用，即不能作其他词语的后置成分。

⑥ 后来，他给我来过许多信，可是因为忙，只回过他一封信，还不知道收到没有。

⑦ 他大学毕业以后就到深圳去了，听说后来又去了海南。

⑧ 她那年去了香港，我们就失去了联系。她后来的情形我就无从知晓了。

3. “以来”表示从过去某一时间到说话时这一段时间。这个词总是放在其他词语后边作后置成分，绝不能单用。

⑨ 解放以来，汉语中出现许多新词语。

⑩ 改革开放以来，中国的经济以惊人的速度发展起来。

⑪ 自古以来，就没有一个人是永生不死的，所谓“长生不老”只是一种愿望而已。

原刊标题：“以后”与“后来”——兼谈“以来”（作者：宋玉柱）
原载《学汉语》1995 年第 6 期（总第 95 期）

201 因为 · 由于

“因为”和“由于”都是表示原因的连词，又都是表示原因的介词，二者的意义和用法都很接近，下面简单地分析一下它们的异同。

1. 连词“因为”在口语和书面语中都经常使用，而连词“由于”一般用于书面语。

① 由于他过高地估计了自己，所以导致了失败。

② 老王因为身体不太好，所以不能来看你。

例 ① 中的“由于”可以用“因为”替换，而例 ② 是较典型的口语，用“因为”似乎更合适一些。

2. 连词“由于”可以跟“因此”、“因而”、“所以”配合使用，连词“因为”常常跟“所以”配合，不能跟“因此”、“因而”搭配。

③ 由于领导很重视，因此工程进展很快。

④ 由于事情比较复杂，因而大家的意见不完全一致。

⑤ 因为节日快到了，所以很多人都忙着买礼物。

例 ③ 和例 ④ 的“由于”都不能换用“因为”，例 ⑤ 近乎口语，还是用“因为”比较好。

3. 在因果复句中，如果正句在前，偏句在后，可以只在表示原因的偏句中用“因为”，而不能用“由于”。

⑥ 今天的晚会我不能参加，因为我有个朋友来了。

⑦ 昨天我没去找你，因为有别的事。

例⑥和例⑦都是表示原因的偏句在后面，这里的“因为”都不能换用“由于”。

4. 在因果复句中，正句和偏句的主语相同时，“因为”和“由于”可以放在主语的前面或后面；主语不同时，“因为”和“由于”都必须放在主语的前面。

⑧ 因为（由于）我们缺乏经验，所以没能很好地完成任务。
我们因为（由于）缺乏经验，所以没能很好地完成任务。

⑨ 因为（由于）天气不好，飞机不能按时起飞。

例⑧中“因为/由于”的位置可以变动，而例⑨则不行。

作介词的时候，“因为”和“由于”的意义和用法基本相同，“由于”的书面色彩更浓一些，这里就不再多说了。

原刊标题：“因为”和“由于”（作者：哀斌）
原载《学汉语》1998年第10期（总第135期）

202 有·在

汉语中，“有”和“在”都可表示存在，表示存在的“有”和“在”是不同的。但在日语中这两个词都用ある（用于无生命的物体）或いる（用于有生命的人或动物）表示，所以对于母语是日语的留学生来说，正确理解和使用“有”和“在”比较困难。

我们可以从两个方面对这两个词加以区别。

1. 从结构来看，“有”的前面是表示场所或时间的词，后面是存在的人或物，即“场所/时间 ‖ 有+存在者/物”。例：

① 这儿有一个人。

② 我家里有一条狗。

③ 桌子上有书。

④ 明天有一场比赛。

"在"的前面是存在的人或物，后面是表示场所的词，即"存在者/物 ‖ 在+场所"。例：

⑤ 小张在这儿。

⑥ 她父母在西安。

⑦ 书在桌子上。

2. 从功能来看，这两种结构中前面的主语部分都是已经知道的旧情报，后面的述语部分是未知的新情报，所以主语都是特定的东西，都是确指的；述语是想传达的情报的中心，是不确指的。

"有"后的表示存在的人或物的名词性词语属于述语部分，是未知的新情报，往往不是确指的，所以名词性词语前常常加数量词。"在"前的表示存在的人或物的名词性词语属于主语部分，是已经知道的旧情报，一般是确指的。

因此，例③中的"书"不是确指的，而例⑦中的"书"却是确指的，谈话双方都知道是指的哪本书。因为述语是不确指的，所以我们不能说"屋里有小张"。

通过以上的分析，我们就可以知道"学校门口有书店"和"书店在学校门口"这两句话的区别了。前者想表达的是在已知的"学校门口"这个地方存在着书店这样一个东西，它是对"学校门口有什么？"这样一个问题的回答；而后者想表达的是已知的"书店"存在于学校门口这个地方，它是对"书店在哪儿？"这样一个问题的回答。

原刊标题：表示存在的"有"和"在"的区别（作者：陈佩秋）
原载《学汉语》2000年第10期（总第159期）

203 又·再

副词"又"与"再"在用法上是很不同的。但这两个词都可以修饰动词，表示行为动作的重复。因此常常被初学汉语的外国朋友弄混、用错。那么在表示行为动作重复的条件下，二者有何区别呢？其区别是："又"必须用于已经发生或正在进行的行为动作，而“再”则用于将要出现的行为动作，二者绝不可替代。请看下列几个句子：

① 你刚走怎么又来了？我现在没时间，你明天再来吧！

② 春花，我昨天来你就不高兴，怎么现在又生我的气了？你要再生气我就走了！

③ 那篇文章写得太好了，我以前看过，前些天我又看了一遍，以后有时间再看看。

④ 春节快到了，我要给在国外工作的朋友们写信。前天我写了三封，昨天晚上又写了三封，今天晚上我还得再写两封。

⑤ 这首歌真难学，我们练了好几次了。昨天又练了一个晚上，看来还得再练练才能学会。

在这五个句子中，例①②中的“又”表示行为动作“来”和“生气”正在进行，例③④⑤中的“又”表示行为动作“看了一遍”“写了三封信”“练了一个晚上”已经发生过了。而五个句子中的“再”都表示行为动作将在某一天发生或出现。

有时，孤立地看一个句子，似乎看不出“又”和“再”所表示的行为动作的重复性，但只要联系上下文或特定的语境，其重复性实际上是不言自明的。如小王见到小张，说：“听说老李又病了，咱俩去看看他吧。”小王之所以说“老李又病了”，是因为小王和小张双方都知道老李不久前生过病，所以小王用了“又”字。再比如刘老师对弗朗索瓦说：“你再问问安娜明天到底去不去长城。”刘老师之所以说“再问问”，是因为刘老师知道弗朗索瓦曾问过安娜。

还有，前面我们说“再”表示将要出现的行为动作的重复，那么下面两个人的对话中的“再”应如何解释呢？

⑥ 妻子：你在吴明家怎么待那么长时间啊？看，都12点多了！

丈夫：嗐，10点的时候我要走，吴明说再坐会儿，忙什么。

“再坐会儿”是吴明已经说过的话，为什么“丈夫”不说“又”而说“再”呢？原因是：“再坐会儿”是“丈夫”对“妻子”复述吴明当时说的话，所以必须用“再”，不能用“又”。这也可以看作是“过去将来时”。

原刊标题：“又”与“再”（作者：王世生）
原载《学汉语》1990年第6期（总第35期）

204 在 · 正在

“在”和“正在”都是不定时间副词，都可以表示某一动作行为在说话时进行着，或某一动作行为在另一动作行为发生、进行、完成时进行着。如：

① 她正在（在）洗衣服。

② 他叫我的时候，我在（正在）接电话。

例①不论用“正在”还是“在”都表示“洗衣服”这一动作正在进行；同样，例②用“在”或“正在”都表示“他叫我”这一动作发生时，“我接电话”这一动作正在进行。可见，“在”和“正在”有共同之处。但它们之间也存在着差别，主要表现在以下几个方面：

1.“在”用于动词前，侧重表示动作进行时所呈现的状态，而“正在”除了表示动作进行的状态，同时还强调动作正好在某一时间里进行，比“在”多了一些时间的因素。

③ 两个孩子在做游戏。

④ 两个孩子正在做游戏。

可以看出例③仅是描述一种事实，更多地表现“做游戏”这一动作所呈现的状态，与时间关系不大；而例④则侧重于“做游戏”是目前这一时间里所呈现的状态。

当仅表示动作进行时所呈现的状态而与时间无关时，一般“在”，不用“正在”。例如：

⑤ 你是在撒慌吧？

* 你是正在撒慌吧？

⑥ 他是在装糊涂。

* 他是正在装糊涂。

2.“在”可以表示动作反复进行或长期持续，而“正在”不能。

⑦ 他一直在笑，笑得合不拢嘴。

* 他一直正在笑，笑得合不拢嘴。

⑧ 他经常在思考这个问题。

* 他经常正在思考这个问题。

例句中的“经常”、“一直”都是表示反复进行或长期持续意义的词，这时动词前只能用“在”，不能用“正在”。又如：

⑨ 历史在发展，时代在前进。

⑩ A：你平时每天这时在干什么？

B：看书。不过现在正在看电视。

例⑨的“发展”、“前进”表示持续、无始无终的动作，所以用“在”而不用“正在”。例⑩的问话者强调“干什么”的动作在每天的反复性，没有强调哪个时间，因而用“在”；而答话者强调了“现在”这个时间所呈现的“看电视”这一行为状态，不具有持续、反复性，因而用“正在”。

3. “在”可以用于表示过去进行的动作或持续的状态，而“正在”不可以。

⑪ 刚才他们还在争吵，现在又和好了。

* 刚才他们还正在争吵，现在又和好了。

⑫ 昨天我们还在讨论这个问题。

* 昨天我们还正在讨论这个问题。

句中的“刚才”、“昨天”都表示后面所描叙的事情是发生在过去的，这与“正在”强调“现在”的时间意义不符，所以不能用“正在”。

原刊标题：“在”和“正在”（作者：李敏）
原载《学汉语》1998 年第 12 期（总第 137 期）

205 怎么 · 为什么

“怎么”的用法和意义比较多。《现代汉语八百词》中说：“怎么”的其中一个义项是询问原因，等于“为什么”。例如：

① 他怎么没来上课？

② 屋里怎么这么黑？

有一次，一位外国留学生问另一位留学生：“你怎么来中国学习汉语？”后来我问这位问话的留学生：“你是不是觉得他来中国学汉语有点奇怪，他应该去别的国家学汉语？”他连忙说：“不是不是。我的意思是问他为什么来学习汉语。”由此我想到，简单地下结论说“怎么”在询问原因时等于“为什么”，看来是不够妥当的。拿这位留学生的问句来说，按照他的本意，显然用“怎么”是不妥的，而应该用“为什么”。

那么，“怎么”和“为什么”，同样用于询问原因时，用法和意义到底有什么不同呢？

请先看几个“为什么”例句：

③ 请你说说你为什么来中国学习汉语？

④ 你为什么选择这个专业？

⑤ 你为什么喜欢老师这个职业呢？

我们再用“怎么”替换“为什么”

⑥ 你怎么来中国学习汉语？

⑦ 你怎么选择这个专业？

⑧ 你怎么喜欢老师这个职业呢？

对比一下，我们不难发现“为什么”和“怎么”有所不同：

1. 重音不同。“为什么”句的重音在“为什么”上；“怎么”句的重音并不在“怎么”上而在“中国”、“这个”、“老师”上。

2. “怎么”句含有“潜台词”，“为什么”句则不含。

如例句⑧：你怎么喜欢老师这个职业呢？我们姑且把“潜台词”写出来：

⑨ 你怎么喜欢老师这个职业呢？（我真没想到。）

⑩ 你怎么喜欢老师这个职业呢？（真有点儿奇怪。）

⑪ 你怎么喜欢老师这个职业呢？（我可不太喜欢。）

⑫ 你怎么喜欢老师这个职业呢？（别人可都不喜欢。）

⑬ 你怎么喜欢老师这个职业呢？（而不喜欢别的专业呢？）

这些“潜台词”告诉我们，问话人在用“怎么”询问原因时，已对“老师这个职业”持有某种带倾向性的看法，多含有对对方的行为感到奇怪不解或不满的感情色彩。

再看例句⑤：你为什么喜欢老师这个职业呢？很明显，问话人只是想一般性地了解一下对方喜欢当老师的原因，并没有隐含着问话人自己有什么带倾向性的看法或其他较强烈的感情色彩。

因此我们可以这样说：

当你只是单纯询问原因时，可用“为什么”；当你心中已有一定看法，而对别人的做法、看法或情况不解时，可用“怎么”询问原因。

原刊标题：“怎么”和“为什么”（作者：麻云明）
原载《学汉语》1993年第9期（总第74期）

206· 照例 · 照样

在中级汉语课上，有学生问：“照例”和“照样”这两个词有什么区别？下面简单分析一下：

“照例”和“照样”都是副词，从意思上说，相同的地方是“和原来一样、和以前一样”，关键在于和“原来、以前的什么一样”。“照例”所修饰的动词表示的动作、行为并不是任意的、随便的，而是按照某些规定、条例，或者某种习惯做的；“照样”所修饰的动词表示的动作、行为完全是对原来动作行为或习惯的重复，是个人自己的事，不必遵守什么规定、条例或习惯。例如：

① 每天上课前老师照例要点名。（学校有上课点名的规定）

② 每年春节照例要放鞭炮。（中国的风俗习惯）

从用法上说，这两个词的区别更加清楚。“照例”后面的动词表示的动作、行为由于不是随便的，是规定性的和习惯性的，所以，一出现某种情况就必须做出相应的动作行为。由于这个原因，“照例”的句子一般能改成“只要……就……”的句子。例如：

③ 每天只要上课老师就要点名。

④ 每年只要过春节就要放鞭炮。

“照样”的句子用法是这样：原来有某种行为，我们用A表示，后来出现另一个行为，用B表示，行为B有使行为A停止、中断的作用，但行为A仍然和原来一样发生，这时用“照样”来修饰这个重复进行的行为A。例如：

⑤ 这个学生经常迟到，老师昨天批评了他，可是他今天照样迟到。

A　　　　B　　　　A

因为“照样”句的B要中止A，A却继续进行，所以A和B之间有一种转折的关系，这样就可以添加“虽然……可是……”来表明这种关系，例如上句用了“可是”，再看两句：

⑥ 虽然我劝过他不要乱花钱，可是他照样乱花。

⑦ 虽然小王今天感冒了，可是照样去上班。

上面的三个“照样”的句子都是对以前习惯的重复，即“迟到的习惯”、“乱花钱的习惯”，“上班”是工作，其实也是一种习惯。因为“照例”也修饰习惯性的动作行为，所以这三个句子中的“照样”也能换成“照例”。习惯一般是对人而言的，这三句的主语分别是“学生”、“他”、“小王”就说明了这点。如果“照样”句的主语是其他事物，就纯粹是对以前某种情况的重复，和习惯无关，这时，句子中的“照样”就不能换成“照例”，这两个词的用法就有了区别。例如：

⑧ 今天阴得特别厉害，可照样没有下雨。

⑨ 都夜里十二点了，外面照样安静不下来。

从感情色彩上说，“照例”的句子在表达按照某些规定、条例做某事时，有一种“规规矩矩”、“认真负责”、“照章办事”、“执行规定”的色彩，带有褒义色彩，比如：

⑩ 教师照例上课点名。

⑪ 海关人员照例检查入境者的护照。

“照样”的句子或者表达好的方面，表现出赞扬、夸奖的色彩，或者表达差的方面，带有不满、批评的色彩，没有不好不坏的中间状态。下面的“照样”句能看出这方面的特点：

⑫ 他考试考得很好，可他不骄傲，照样努力学习。

⑬ 阿里做买卖赚了不少钱，可他照样非常节约。（这两句有好的感情色彩）

⑭ 他经常缺课，老师提醒过他好几次，可他照样缺课。

⑮ 朋友一看玛丽不高兴了，马上向她道歉，可玛丽照样生气。（这两句有不好的感情色彩）

原刊标题：“照例”和“照样”的区别（作者：李绍林）
原载《学汉语》2001年第9期（总第170期）

207 这么 · 那么

1．“这么”和“那么”都是指示代词，常用于口语，其用法基本相同。

（1）都可修饰形容词，强调程度深。

①我没想到运动场上你跑得这么（那么）快！

②今天怎么这么（那么）热呀！

③这么（那么）难的试题你都做出来了，真了不起！

（2）都可修饰动词，表示行为的方式。

④好吧，这件事就这么（那么）办。

⑤你这么（那么）看，这本书哪能看完？

⑥那天你不应该这么（那么）对待她。

（3）都可修饰名词，表示肯定。

⑦张老师说的就是这么（那么）个意思。

⑧你别多心，他就这么（那么）个脾气。

⑨是，有这么（那么）回事。

2．二者的区别是，在修饰形容词或表示心理活动的动词时，如果是否定式，只能用“那么”，不能用“这么”。

⑩今天小李不那么高兴，一天一句话也没说。

⑪那房间不那么干净，要打扫一下。

⑫我不那么累，现在就走吧！

⑬我妈妈不那么爱看外国电影。

⑭赵刚不那么乐意给她写信。

⑮这孩子不那么听话，奶奶看不了。

原刊标题：“这么”与“那么”（作者：王世生）
原载《学汉语》1989年第7期（总第24期）

208 这么·那么

“这么”与“那么”是很常用的词，现在我们看看这两个词有什么特点。

1.“这么”与“那么”相同的地方

（1）说明程度，这是“这么”和“那么”的主要用法。

① 北京的人这么多！

② 她长得那么漂亮！

③ 他是那么喜欢你！

（2）用在动词前，说明行为方式或指示行为表达的内容。

④ 你像我这么骑车就对了。

⑤ 他把饺子炸了吃，我也想那么吃。

⑥ 他不是故意的。你这么说就不对了。（“这么说”指“你说他是故意的”）

⑦ 他会不同意？不可能，你怎么能那么想？（“那么想”指“他会不同意”）

（3）用在数量结构前，指出数量范围。

⑧ 我买了三本书，这么三本书就花了一百块。

⑨ 在窗台那边放那么几盆花，房间就漂亮多了。

2.“这么”与“那么”的区别

“这么”和“那么”的区别主要有两点。

（1）指示的时间或空间距离不同（有时只是心理上的）。

“这么”指近，“那么”指远，就像“这”和“那”的区别。

1）时间距离的远近：

⑩ 去年夏天那么热，今年夏天这么凉爽！

⑪ 你才来了这么一天，就受不了北京的天气了？

⑫ 以前你那么努力地学习，现在怎么这么懒散了？

⑬ 那天你走了那么远都不累，今天才走了这么几步就走不动了，生病了？

2）空间距离的远近：

⑭ 我们俩离得这么近。

⑮ 你看那俩人离得那么近。

前句说的是近处的事，后句说的是远处的事，“那”指示远处，所以用“那么”。

（2）在否定结构中用法有时不同。“这么”与“那么”的否定形式一共有四种。

1）不＋那么＋形容词

⑯ 今天游完泳后不那么累。

⑰ * 今天游完泳后不这么累。

⑱ 这个公园看上去不那么大，其实很大。

⑲ * 这个公园看上去不这么大，其实很大。

只有当“不”和“这么”中间有别的词语时，才可以用“这么”。

⑳ 我现在倒没觉得像你这么累。
我现在倒没觉得像你那么累。

2）不／没有＋这么／那么＋动词

㉑ 我不会这么做的。
我不会那么做的。

㉒ 我没有这么做过。
我没有那么做过。

3）没有＋这么／那么＋形容词

㉓ 这次考试没有那么难。

㉔ 哈尔滨的天气没有这么热。

4）这么／那么＋没有＋名词

㉕ 你怎么这么没有耐心？

㉖ 他对画画儿那么没有兴趣。

在第一种否定形式中只能用“那么”，第二、三、四种否定用法中用“这么”还是“那么”要看指示距离的远近。

原刊标题：“这么”与“那么”（作者：苏岗）
原载《学汉语》2006年第1期（总第205期）

209 这位 · 这 · 这个

我们平常说话时经常要用到这三个词语，它们之间有相同的地方也有不同的地方。在使用时应该注意区别。

它们有一个共同点就是都可以指人，但适用的对象和场合有所不同。“这位”尊敬程度最高，“这个”最随便，“这”处在中间。所以指称比自己地位高或年长的人时要用“这位”；指称和自己处于同等地位或亲密的朋友时用“这”；而“这个”则多用来指跟自己关系比较近的孩子，不过，“这个”和“这”的区别并不明显，多数情况下用“这”。例如：

① 这位是王教授吧？

② 这是我的同屋山田。

③ 这个是我儿子。/ 这是我儿子。

如果在“这位”后面加上“先生、女士、小姐”之类的称呼，尊敬色彩就进一步加重了。“这、这个”不能这样用。例如：

④ 这位先生是贵公司的代表吗？
* 这先生是贵公司的代表吗？
* 这个先生是贵公司的代表吗？

⑤ 这位小姐是我们尊贵的客人。
* 这小姐是我们尊贵的客人。
* 这个小姐是我们尊贵的客人。

“这、这个”都可用来指事物。这时它们有两个区别，一是：“这个”只能指单数，“这”既可指单数，也可指复数。例如：

⑥ 这个眼镜是我的。

⑦ 这是我的眼镜。

⑧ 这是我新买的衣服，两件衬衫，一条裤子。

第二个区别是：“这个”作主语，宾语部分不能再出现代表它所指的那个事物的名词，否则有重复之感。例如：

⑨ 这个是我的。
这个眼镜是我的。
* 这个是我的眼镜。

⑩ 这个是小王的。
这个杯子是小王的。
* 这个是小王的杯子。

另外，“这”不但可以指人、指物，还可以指处所、时间、事件等，“这位、这个”都不能这么用。例如：

⑪ 这是北京最美丽的公园——颐和园。

⑫ 这是半夜两点，你别大声吵。

⑬ 这是没办法的事情。

原刊标题：小议“这位、这、这个”（作者：李桂梅）
原载《学汉语》2000年第5期（总第154期）

210 真·很

“真”与“很”是汉语中比较常见的两个表示程度的副词。由于它们在言语交际中所表现的特殊作用，因此，使用频率都相对较高。与“真”相比，“很”的使用频率更高一些。在留学生学习汉语的初级阶段，一开始便会遇到“很”。不少教材都把“很”安排在前三课出现，相对来讲，“真”的出现要晚得多。

这里我们要谈的是“真”与“很”在具体语言环境中使用上的一些区别，因为不少学生还弄不清楚什么时候应该用“很”，什么时候应该用“真”。其实，细心的学生不难发现，在中国人的日常交际中，特别是中国人与外国人的交谈中，常使用“很”。如：

① 你的发音很清楚。

② 你汉语说得很好。

③ 这件衣服你穿很合适。

④ 在北京这段时间我过得很愉快。

⑤ A：你身体好吗？
B：很好。谢谢！

初级阶段的汉语教材中、课堂上多这样告诉学生：“很”常常并不确切地表示程度，常含有一种客气的成分，并更多地起着完句的作用。如果上述①—④句中不用“很”，则应相应地说出下半句。如：

⑥ 你的发音清楚，他的发音不清楚。

⑦ 这件衣服你穿合适，我穿不合适。

⑧ 这几天我过得愉快，前些天不太愉快。

当然，并不能因此就说“很”根本不表示程度，在一定的语言环境中，“很”也明显地起着表示程度的作用。如：

⑨ A：一晚上做这么多作业累不累？
B：很累。确实很累！

⑩ A：一周上这么多课你不觉得紧张吗？
B：很紧张。紧张得不得了！

“真”在口语中表示程度，更多地是对某一事物的性状加以确认和强调。如：

⑪ 你汉语说得真好！

⑫ 今天外边儿真冷！

⑬ 这件衣服你穿真合适。

⑭ 这张画儿真美！

这里的“真”，确确实实地表示“好、冷、合适、美”达到了相当高的程度，不含任何虚假因素。

因此，在实际言语交际中，用“真”比用“很”显得更实在。具体说就是，当一方想向另一方表示赞美时，更多地用“真”。如：

⑮ A：你的房间布置得真漂亮！
B：谢谢！

⑯ A：这张画儿真美！
B：是吗？刚买的。

相反，如果谈话双方话题涉及的是第三者，多数情况下用“很”。如：

⑰ A：听说马丁的房间布置得很漂亮，咱们去看看吧。
B：好。走吧。

这里的“很”不能换成“真”，否则就显得不协调了。

原刊标题：“真”与“很”（作者：艾宁）
原载《学汉语》1997年第12期（总第125期）

结构类

211 V＋好＋了 · VP＋好了

解析重点 “V＋好＋了”和“VP＋好了”用法辨析

先看下面两个例子：

A 酒我喝好了，饭也吃饱了。

B 这杯酒我替你喝好了，但节目你还得出。

许多学汉语的留学生搞不清这两个句子中，特别是B句中“好了”的意义和用法。其实口语中“动词/动词性词组＋好了”中的“好了”，有时是“好”和“了”两个不同的词的连用，如A句；有时又是一个不可分开的固定形式，如B句。其中A句中的“好”在语法和语义上和前面的动词有直接联系，而和“了”没有直接的联系；B句中的“好了”作为一个整体形式来和它前面的动词性词组或句子发生联系。下面举例进一步加以说明。

A 动词＋好（形）＋了（助词）

① 饭做好了，快来吃吧！

② 新同学的房间都安排好了。

③ 旅行带的东西我已经准备好了。

④ 我们刚才商量好了，明天骑车去长城。

⑤ 外面很冷，穿好了衣服再出去。

⑥ 他的病治好了以后也不能干重活。

以上各例中，形容词“好”分别作动词“做、安排、准备、商量、穿、治”的结果补语，表示动作的完成并因此有了较好、较理想的结果。可见，“好”同它前而的动词在语法和语义上有直接的联系。而助词“了”用在句末（如①—④）或动补结构的后面（如⑤⑥例），肯定事态（或情况）有了某种变化（或结果），如例①—④，或将要出现某种变化，如例⑤⑥。可见“了”是跟它前面的整个句子形式或整个动补结构发生联系的，跟“好”在语法和语义上都不发生直接的联系。

这种用法的“好”根据具体的语言环境可以换成别的词作结果补语，如例①②③分别可以换成“熟、妥、齐全”，说成“饭做熟了，快来吃吧！”“新同学的房间都安排妥了”“旅行带的东西我已经准备齐全了。”

B 动词性词组 / 小句 + 好了（助词）

⑦ 你嫌宿舍太吵，那你去图书馆好了。

⑧ 去农村调查，如果没人去我去好了。

⑨ 我的书你需要哪本就拿去用好了。

⑩ 烧炭人想，他要能把孩子养活，就让他把孩子带走好了。

⑪ 既然生活不到一起了，那我们就干脆离婚好了。

⑫ 走自己的路，让他们去说好了。

以上各例中，“好了”是为一个不可分割的整体来用的，这种用法的“好了”全部用在句末，表示说话人决定要做某事，或对某事观点明确，态度明朗，语气坚决。不妨可以看作是表示决断语气的句末助词。

这种用法的“好了”主要表示决断的语气，但有时兼有“建议、商量”的口气，如例⑦⑧⑨有时又略有“不在乎，无所谓”的意味，如例⑩⑪⑫。前者“好了”可以换成“吧”，如例⑦可以说成“你嫌宿舍太吵，那你去图书馆吧。”后者“好了”可以换成表示态度干脆、语气坚决的“算了”，如例⑪可以说成“既然生活不到一起了，那我们就干脆离婚算了。”但要注意的是：换成“吧”以后的句子的决断语气就不那么强烈了；换成“算了”以后往往使句子又兼有了“不得已、无可奈何”的意味。

归结起来看，“好了”在A（例①—⑥）和B（例⑦—⑫）两种格式中的区别是：

1. A中“好”作结果补语，表示动作完成并有了结果，“了”肯定情况已经有了变化；而B中的“好了”是句末助词，表示决断语气。

2. A中的“好”可以换成别的词作动词的结果补语，而B中的“好”则不能；B中的“好了”根据表达的需要有时可换成“算了”或“吧”，而A中的“好了”则不可以。

3. A中的“好”一定要直接用在动词后，但“好了”不一定都用在句末，如例⑤⑥，而B中的“好了”一定要用在全句末尾，但不一定都直接用在动词后面，如例⑦。

4. A 中的“好”和“了”中间有时可加进别的词语，如例 ① 可说成“饭做好半天了，快来吃吧。”而 B 中的“好”和“了”则绝对不可以这样分开用。

原刊标题：“动词 + 好 + 了”和“动词词组 + 好了”（作者：李泉）
原载《学汉语》1992 年第 3 期（总第 56 期）

212 V得/不了·V得/不动

“V得/不了”和“V得/不动”是常用的可能补语结构。对中国人来说，凭语感，一般不会用错，但对外国人来说，因不明二者之间的语义区别而常常张冠李戴，用混用错。例如：

① * 我拿不动这么多书。

② * 我怎么提得了这么重的箱子。

③ * 他翻译不动这么难的文章。

④ * 我太累了，实在走不了了。

从语法结构分析，上述例句完全正确。但从语义分析，全是病句。上述病句错在何处？二者语义有何区别？让我们作一下分析和比较。

1.“V得/不了”的语义

（1）表示施事者能否接受或容纳受事，即主体对客体的接受、容纳能力。施事主体能否接受或容纳受事客体，取决于主体的这种能力，而客体因素只是主体能否接受、容纳的外在条件，不起决定作用。只有客体的外在条件超过了主体的能力，客体的条件才会起作用。客体的条件常以事物的数量或体积的形式来体现。例如：

⑤ 我拿得了这只大箱子。

⑥ 他拿不了这只大箱子。

⑦ 他吃得了两个面包。

⑧ 她吃不了两个面包。

客体的外在条件相同，取决于主体的接受能力（⑤⑥）和主体的容纳能力（⑦⑧）。当客体的体积加大或数量增多到主体的能力难以接受或容纳时，客体的条件才会起作用。

（2）表示施事者能否实现意愿，即主体因主客观因素能否实现意愿。例如：

⑨ 下午我没事，去得了银行。

⑩ 他病还没好，上不了班。

⑪ 他的车坏了，他来不了了。

⑫ 雨停了，我们今天去得了长城。

例⑨、⑩是因主体的主观因素而决定了其意愿的能否实现，例⑪、⑫是因客观因素决定了主体的意愿能否实现。

2．“V得/不动”的语义

（1）表示施事者对受事事物的移动能力，即主体对客体的移动能力。客体事物能否移动，决定于主体的这种能力。当客体的外在条件超过了主体的移动能力，客体的条件才起作用。客体的条件常体现在重量。例如：

⑬ 我搬得动这件行李。

⑭ 她搬不动这件行李。

⑮ 他提得动那个箱子。

⑯ 那个箱子太重，他提不动。

例⑬、⑭、⑮说明主体的能力决定了客体的能否移动。例⑯说明客体的重量超过了主体的移动能力而起作用。

（2）表示施事者对受事的承受能力，即主体对客体的承受能力。主体能否承受客体，取决于主体的承受能力。当客体的条件超过了主体的承受能力，客体的条件才会起作用。有时客体不起主导作用，因此客体的出现与否无关紧要。例如：

⑰ 我吃饱了，再也吃不动了。

⑱ 我还有力气，搬得动这个箱子。

⑲ 路太远，我走不动了。

⑳ 这肉煮得不烂，我咬不动。

例⑰、⑱决定了主体的承受能力。例⑲、⑳是客体的条件在起作用。

综上所述，“V得/不了”和“V得/不动”的语义迥然不同。前者表示施事者对客体的接受、容纳能力和能否实现主体的意愿。客体的表现形式是数量的多少或体积的大小。后者表示施事者对客体的移动和承受能力。客体的表现形式是重量、距离或其他因素。

因此，我们不难看出本文开始病句的症结是语义的混淆。例①应改为“我拿不了这么多书。”例②应改为“我怎么提得动这么重的箱子。”例③应改为“他翻译不了这么难的文章。”例④应改为“我太累了，实在走不动了。”

原刊标题：“V得/不了”与“V得/不动”（作者：李德义）
原载《学汉语》1998年第8期（总第133期）

213 “被”字句·“由”字句

“被”和“由”在句子中有一类相同的语法作用——引介行为、动作的发出者。这两种句子非常相似，都包含有受事者和施事者两个部分，而且这两种句子的受事者都可以位于句首作主语，施事者都用于介词“被”或“由”之后作介词的宾语。

两种句子一般都翻译成英语被动句，“被”和“由”也都可以翻译成英语的“by”，因此外国留学生常常因分不清这两种句子在语义上、用法上的差别而用错。以下是他们的错句：

①＊这首诗是被一个青年诗人写的。

②＊录音机不见了，原来，是由我的弟弟拿到学校去了。

句①的“被”应改为“由”，而句②的“由”则应改为“被”。

1．“被”字句和“由”字句在语义上是有明显差异的。

（1）在“由”字句里，所强调的重点是施事者，即动作的发出者，也就是介词“由”的宾语；而在“被”字句里，所强调的则是受事者、被动者，即“被”字前的主语，“被”字句是典型的被动句。

（2）在陈述内容上，“由”字句所述的一般是“某人负责做某项工作”或“某项事务归某人做”，句中动词所表示的那个动作的发出者一般是人或由人控制着事物。如：

③会议由老王主持。

④双方的纠纷由政府出面调停。

⑤总统座机由四架战斗机护机。

而“被”字句中陈述的是某人或某事物受到某个动作的处置或影响而产生某种结果，动作的发出者可以是人，也可以是事物、自然现象等。对大多数主语来说，“被”字句陈述的是不愉快、受损害的情况。如：

⑥ 衣服被钉子挂破了。

⑦ 包子被狗吃了。

⑧ 树被风刮倒了。

2. “被”字句和“由”字句在结构特点以及用法上也有许多不同：

（1）由于“被”字句的语义重点是被动者，因此句中（“被”字后）表示的动作发出者是可有可无的，删去“被”字的宾语，句子仍然成立。相应地，在结构上，只是当语义需要表示出动作发出者时，“被”的宾语才是必需的。如：

⑨ 祖父被（敌人）杀害了。

⑩ 钱包被（小偷）偷了。

⑪ 他被（警察）关进了拘留所。

⑫ 收音机被（弟弟）弄坏了。

但“由”字句的重点在于引介出施事者，因此“由”字后面的动作者绝对不能省略，省去“由”字的宾语句子就不能成立。如：

⑬ 这项工作由小王去做。
*这项工作由去做。

⑭ 这本书由他们翻译。
*这本书由翻译。

（2）在“被”字句里，一般不能只有一个单独的动词，其后大都有一些附加成分，补语和“了”是最常用的附加成分。而“由”字句里可以只有一个不加任何附加成分的动词。如：

⑮ 他没有被困难吓倒。

⑯ 他的车被撞了。

⑰ 学校的情况由他介绍。

⑱ 这件事由你负责。

（3）“由”字句中的受事者可以有两个位置，可以放在“由”字前作主语，也可以放在动词后作宾语，位于句首的受事移到谓语动词后并不影响句子意思的表达。如：

⑲ 这项工作由他完成。
由他完成这项工作。

⑳ 城市规划由市长亲自制订。
由市长亲自制订城市规划。

而“被”字句中的受事者只能放在“被”字前面作主语，不可放在动词之后，“被”字不能出现在句首。如：

㉑ 他被老师批评了。
*被老师批评了他。

（4）“被”字句多可以转换成“把”字句，动作的发出者变成了主语。如例⑥⑦⑧可以转换成：

⑥’钉子把衣服挂破了。

⑦’狗把包子吃了。

⑧’风把树刮倒了。

但“由”字句不可以转换成“把”字句。

原刊标题：“被”字句和“由”字句（作者：岑玉珍）
原载《学汉语》1994年第5期（总第82期）

214 比……还A · 比……更A · 比……都A

“比……还……”、“比……更……”和“比……都……”是现代汉语常用的比较句格式，都可表示进一层的意思，但用法上是有区别的。

先看“比……还……”的句子：

① 叫他唱歌比登天还难。

② 小朱比我还小，为什么叫他来，不叫我来？

③ 这个箱子比那个箱子还重一些。

“比……更……”所表示的意思比“比……还……”程度深。例如：

④ 张老师比李老师要求学生更严格。

⑤ 老头子已不拉车，身上的衣裳比以前更破了。

⑥ 她的朋友比年轻的时候更多。

注意：“比……更……”还可用于否定句。例如：

⑦ 以一个女人来说，她也不比任何女人更贞洁。

⑧ 听他一说，她几乎昏过去，人间的残酷没有比这更厉害的了。

“比……都……”句有两种用法，一种用法相当于“比……还……”。例如：

⑨ 忽的一下，江水涨起来，比桥都高。

⑩ 大家欢天喜地，比过节都高兴。

⑪ 他吓了一跳，小手缩得比火烧着都快。

另一种用法相当于“比（任何……）都……”。例如：

⑫ 女儿的婚事她比谁都急。（比任何人……）

⑬ 这次的月牙，比哪一回都清楚。（比任何一次……）

⑭ 我吃白菜豆腐比吃什么菜都香。（比吃任何菜……）

原刊标题：比……还…… VS 比……更…… VS 比……都……（作者：王世生）
原载《学汉语》2001 年第 11 期（总第 172 期）

215 不是……而是…… · 不是……就是……

“不是……而是……”跟“不是……就是……”这两个格式，形式上有点相似，都是连接两个并列的成分，但意思是不同的。“不是……而是……”中的“而”表示一种转折关系，“不是”是对事物的否定，“而是”是对事物的肯定。例如：

① 他不是日本人，而是韩国人。

② 她不是在看书，而是在听广播。

例句中的“日本人”、“在看书”是说话人所要否定的，而“韩国人”、“听广播”则是说话人要肯定的。实际上前后存在一种对比关系。

“不是……就是……”这个格式有两层意思：

1．表示选择，意思是两者之间必定有一个是事实

有“如果不是这个（或这样），就一定是那个（或那样）；如果不是那个（或那样），就一定是这个（或这样）”。例如：

③ 那个姑娘不是英国人就是美国人。

④ 小王不是去图书馆了就是去教室了，不可能回家。

例句中说话人认为“英国人”或“美国人”，“去图书馆”或“去教室”这两种可能性都存在，但一定只是两种可能性中的一种，两种可能性不可能同时存在，更不存在第三种可能性。

2．表面上好像也表示选择，实际上列举两种事实，概括地说明某种情况。

从形式上看，好像两种情况有时这样，有时那样，但事实上并不完全如此。例如：

⑤ 小李每天早上不是锻炼身体就是学习外语。

⑥ 他中午不是吃包子就是吃面条。

例句中说话人的意思是：早上锻炼身体、学习外语是小李经常所做的；吃包子、吃面条是“他”午饭时经常的选择，而事实上不一定只有这两种可能。

“不是……而是……”跟“不是……就是……”这两种格式，学生往往容易搞错。例如：

⑦ * 在西瓜地找到的不是她孩子，就是一个枕头。

⑧ * 她的丈夫对她不好，好像不是妻子，就是奴隶。

病例中的“不是……就是……”应改为“不是……而是……”。

原刊标题：“不是……而是……”跟“不是……就是……”（作者：汪宗虎）
原载《学汉语》1996年第5期（总第106期）

216 毫不…… · 一点儿也不……

一般辞书对“毫不”的解释是：相当于口语中的“一点也不”。这样讲给留学生后，学生却造出了这样的句子：

① * 他来中国一年多了，却毫不学习，每天玩。

这个句子很别扭，而改用“一点也不”就没问题了：

①’他来中国一年多了，却一点也不学习，每天玩。

这是怎么回事呢？“毫不”与“一点也不”有什么区别？其实“一点也不+动词”结构有两种情况：

A 他一点也不怀疑这件事。

B 他一点东西也不吃。

可以看出A、B两句中宾语的位置是不同的。A句中的“一点”是对否定的强调，“一点儿也不”是不能分开的，它的语义指向谓语——“怀疑”。而B句中的“一点”的语义指向宾语“东西”，实际上它是受事宾语“东西”的量词。如果把“一点”和“东西”分开则很别扭。

B *他一点也不吃东西。

“毫不”只相当于“一点也不”的A种情况，故A可改为：

A’他毫不怀疑这件事。

而B不可改为：

B’*他毫不吃东西。

例①’属于B种情况，如果给它加上宾语应为：

①”他来中国一年多了，却一点汉语也不学习，每天玩。

只不过，这个提前的宾语“汉语”省略掉了。

此外，“毫不”和“一点也不”还有语体色彩及对后续同语音节的要求上的差异。

原刊标题：“毫不”与“一点也不”（作者：杨乐民）
原载《学汉语》2000年第9期（总第158期）

217 好不/A·好/不A

请看下面几个例句：

① 看到你如怨如泣满纸凄楚的辞句，……好不心酸难过。

② 大街上好不热闹。

③ 害你多受一星期的罪，我好难过，好心痛，好不舒服。

④ 我愿意爱你，像你爱我，好真，好诚，好纯，好不平凡。

以上四句中都有“好不 A”（A 代表形容词语）出现，但它们表达的意思却不相同：例 ① 中的“好不心酸难过”=“好心酸难过”，即“很心酸难过”。例 ② 中的“好不热闹”=“好热闹”，即“很热闹”。因此，上述结构如切分，应该是“好不 / A”。在这种结构里，“不”只是个衬字，实际上并不起作用。

但是例 ③④ 的情形却非如此，例 ③ 中的“好不舒服”=“很不舒服”，例 ④ 中的“好不平凡”=“很不平凡”。因此，它们的切分应该是“好 / 不舒服”和“好 / 不平凡”。在这种结构里，“不”是个地道的否定副词，起着否定作用。

由上可见，表面相同的“好不 A”，其实包含两种完全不同的结构，它们的表意作用也正好相反。因此在阅读中如果遇到这种结构，就需要仔细辨认——它究竟是哪种结构。

辨认的方法，现在还很难说出规律性的意见，但有一点似可注意，即：“好 / 不 A”结构往往有几个同形结构并列，因此在有几个“好（不）A”并列的情况下，其结构定是“好 / 不 A”，像例 ③④ 那样。而“好不 / A”结构却往往是单独一个，像例 ①② 那样。当然，单独一个“好不 A”，并不能决定它就是“好不 / A”。例如：

⑤ 舒舒服服地洗了个热水澡，好不痛快！

⑥ 听了这种无理指责，她心里好不痛快。

例⑤的“好不痛快”应为“好不/痛快”，例⑥的“好不痛快”应为“好/不痛快”。分析的根据，只有依据语境，即上下文的意思来定。因此，单独的一个“好不 A”往往是歧义的。

原刊标题：“好不 /A” 和 “好 / 不 A”（作者：宋玉柱）
原载《学汉语》1995 年第 11 期（总第 100 期）

218 拿来一本书 · 拿一本书来

“拿来一本书”和“拿一本书来”形式上有些相似：用词完全相同，只是“来”的位置有前有后。但是，这两句话表达的意思可大不相同：前一句是表达一个事实，即为陈述句；后一句是提出一个要求，即为祈使句。

正因为如此，前一句可以加上表任何人的名词或代词作主语。如：

① 小王拿来一本书。

小张拿来一本书。

他拿来一本书。

你拿来一本书。

我拿来一本书。

而且，为了强调动作的完成，上述各句在“来”字后边都可以加上“了”，成为：

② 小王拿来了一本书。

后一句的情形则不然，它前边要加主语，只能加表第二人称的代词，如：

③ 你拿一本书来！

你们拿一本书来！

或在前边加上人名，成为呼语：

④ 小王，拿一本书来！

张明，拿一本书来！

由于是祈使句，句中根本不能出现“了”。例如：

⑤ * 小王，拿了一本书来！

* 张明，拿了一本书来！

由上可见，“拿来一本书”和“拿一本书来”虽然只有一个词位置不同，表意却很不一样。当然这只是一对具体例句，其他具有这种相同格式的句子，情形也是一样。比如：

V+ 来 + 数量名 V+ 数量名 + 来

⑥ 抱来一只小猫　　抱一只小猫来

买来一只狗　　买一只狗来

偷来一只鸡　　偷一只鸡来

以上各句中的动词都是及物动词。如果是不及物动词，就只能进入前一种句式，不能进入后一种句式。比较：

⑦ 跑来一只猫　　* 跑一只猫来

走来一个人　　* 走一个人来

这显然是由陈述句和祈使句的不同带来的：陈述句中动词可以是不及物动词，宾语可以是施事；祈使句中，在带宾语的条件下，动词不能是不及物动词，宾语也不能是施事。

原刊标题："拿来一本书"和"拿一本书来"（作者：宋玉柱）
原载《学汉语》1993 年第 11 期（总第 76 期）

219 时 · 时候 · ……的时候

外国学生往往把"时"、"时候"和"……的时候"看成同一个词，因此常常出现这样的病句：

① *我来北京的时，没有朋友。（日本）

② *经过长城的时火车慢一点儿开，为的是让车上人看一下这个名胜。（英国）

要改正这类病句，通常需要把"时"前的"的"删去，或者把"时"改成"时候"。可见"时"、"时候"和"……的时候"的语法性质和语法功能并不相同，本文试图对这三个词的异同作一个初步的考察和分析。

在现代汉语里，"时"和"的时候"本身不能独立，必须粘附在词、短语或小句的后面。它们的语法功能是把词、短语或小句转换为时间短语并引起下文。例如：

③ 次日天未明时，刘姥姥便起来梳洗了。（《红楼梦》）

④ 刚问了几句闲话时，就有家下许多媳妇儿管事的来回话。（《红楼梦》）

"时"虽然普遍用于书面语，可是在口语中已分化为"时候"和"……的时候"。前者独立，有声调，是名词；后者是粘着词，三个音节都是轻声。

在《红楼梦》、《儿女英雄传》等清代白话小说中，"……的时候"已经出现，用法也跟现代口语完全一样。例如：

⑤ 我喂雀儿的时候，你还睡觉呢。（《红楼梦》）

⑥ 那花儿开的时候儿叫人爱，到谢的时候儿便增了许多惆怅。（《红楼梦》）

⑦ 我走的时候，他妈还来托付我说："道儿上管着他些儿。"（《儿女英雄传》）

⑧ 等他晚上果然来的时候，我们店里就好合他打饥荒了（《儿女英雄传》，"合"通现在的"和"）

在鲁迅的小说里，"时"和"……的时候"的出现频率大致相等。例如：

⑨ 渐近故乡时，天气又阴晦了。(《故乡》)

⑩ 他每到我家来时，总问起你，很想见你一回面。(《故乡》)

⑪ 他见人很害羞，只是不怕我，没有旁人的时候，便和我说话。(《故乡》)

⑫ 我们沙地里，潮汛要来的时候，就有许多跳鱼儿只是跳，都有青蛙似的两个脚……(《故乡》)

在当代作家的作品里，“……的时候”的出现频率大大超过“时”，而且大量运用“当……的时候”等形式，有的结构相当复杂。例如：

⑬ 在火车站上，当汽笛鸣叫了三声，当广东音乐《娱乐升平》的曲调响起，当机车沉重地喘了几声粗气，当学生打扮、穿着朴素、用一根橡皮筋束起了头发的海云从车厢探出头来，向他挥手的时候，他看到了海云的笑脸上的光辉。(王蒙)

“时候”是名词，指有起点和始点的一段时间或一段时间里的某一点。例如：

⑭ 时候既然是深冬，渐近故乡时，天气又阴晦了。(鲁迅)

⑮ 这时候，我的脑里忽然闪出一幅神异的图画来。(鲁迅)

“时候”在句⑭作主语，在句⑮作中心语。以上各句可以看出“时候”同“时”和“……的时候”的差别：“渐近故乡时”的“时”是粘着的，不能说成“渐近故乡的时”。

名词“时候”有时也可以在前头加“的”，但“时候”是重读的。例如：

⑯ 反正天下总会有太平的时候！（老舍）

⑰ 年年拜月，今年也似乎不可缺少，特别是在婆婆正卧病在床的时候。（老舍）

原刊标题：“时”、“时候”和“……的时候”(作者：房玉清)
原载《学汉语》1990年第3期(总第32期)

220 说多了·多说了

词序是汉语组词造句的最主要语法手段之一。句子的词序不同，表达的语义也各异。

请看下面两个句子：

① 你刚才的话说多了。

② 你刚才的话多说了。

这两个句子里的“多”都有“超出应有的数量”的意思。从交际功能上看，都表示说话人对听话人（一般是朋友或亲人）“刚才的话”所进行的评论。但“你刚才的话说多了”，意思是你“刚才的话”中有一些是不该说的，多余的，说了反倒产生不好的效果，但你说了。“你刚才的话多说了”的意思是，你“刚才的话”不该说，说了反倒产生不好的影响，但你说了。句①否定的是“刚才的话”的一部分，句②否定的是“刚才的话”的全部。可见，词序对句子语义的影响是很大的。要学好汉语，不能不高度重视汉语句子的词序。

原刊标题：“说多了”与“多说了”（作者：杨寄洲）
原载《学汉语》1992年第5期（总第58期）

221 送你去机场·去机场送你

老师，前天朋友打电话，告诉我他要回国，想在机场跟我见面。我说：“好的，明天我送你去机场。”他却说不对，应该说“去机场送你”。那么，“送你去机场”和“去机场送你”有什么区别呢？请您给解释一下。谢谢！

日本学生　大师博明

我们先把这两个短语分别补成完整的句子，然后再分析它们内部的区别，这样就容易理解了。

① 我送你去机场。　　② 我去机场送你。

这两个句子的用词完全一样，但语法结构却有所不同。我们再看看下面几个类似的句子：

③ 我陪你去饭店。　　④ 我去饭店陪你。

⑤ 我接你回家。　　⑥ 我回家接你。

⑦ 我叫你去办公室。　⑧ 我去办公室叫你。

这八个句子中①、③、⑤、⑦句的语法结构相同，是我们通常所说的兼语句。无论“我送你”、“我陪你”、“我接你”还是“我找你”，都是“我”跟“你”一起“去机场”、“去饭店”、“回家”和“去办公室”，而且，一般来说，“你”是主要的，“我”是次要的。而②、④、⑥、⑧句中的两个动作都是由“我”发出的，“你”只是后一动作的受事（宾语），这几个句子是典型的连动句。

具体到①、②两句，“我送你去机场”，因为是“我”跟“你”一起“去机场”，那么肯定是在“去机场”以前见面；而“我去机场送你”，由于是“我”一个人“去机场”，因此“我”跟“你”的见面地点只能是机场。按照你朋友的意思，希望在机场跟你见面，那么，当然应该说“我去机场送你”（这个“送”有“告别”的意思），而不能说“我送你去机场”了。

原刊标题：“送你去机场”还是“去机场送你”？（作者：艾明）
原载《学汉语》1997年第6期（总第119期）

222 他走了 · 我走了

有人问：“他走了”和“我走了”这两句话表意有什么不同？这两个“了”性质上是否相同？我觉得这是个很有意义的问题，现在对此加以说明。

“他走了。”是告诉人家一个事实。此时“他”已不在现场。所以这时的“了”是个表“完成”或“实现”的虚词。但由于它用在句末，又有语气词的性质，表示新出现的情况。这就是说，这个“了”兼有动态助词和语气词的双重身份。语法书上常说它是“了$_1$”+“了$_2$”的混合体。

至于“我走了。”是告诉人家一个将要发生的事情，说此话时“我”还没走，只是打算要走。所以，这里的“了”绝不是表完成或实现的“了$_1$”，但它也不是表现新情况的“了$_2$”。比如“他不来了”中的“了”才是“了$_2$”。因为此句的意思是他原定要来的，现在出现了新情况：“他不来了。”

可见，“我走了”中的“了”是个比较特别的“了”，它表示即将发生的事。这种用法不仅可以用于陈述，也可以用于祈使。比如你要催促别人赶快离开某地，可以说：

① 走了走了，别磨蹭了。

前两个“了”就是这种表示即将有所行动的语气词，而在语气上是祈使句。

原刊标题：“他走了”和“我走了”——句末“了”的两种用法（作者：宋玉柱）
原载《学汉语》1998年第4期（总第129期）

223 太·太……了

有一本描写东北解放战争的书，其中有这样一句话：

① 我们的战士太勇敢，越杀越勇。

从语感上我们感到“太勇敢”这说法很别扭，应改为“太勇敢了”才对。那么，“太勇敢”为什么别扭，而“太勇敢了”为什么自然呢？

如果我们以A代表形容词，则可以看出，“太A”和“太A了”表意作用很不相同。

“太A”表示A过了头，因而表示一种不如人意的事情。例如：

② 太高　太低　太大　太小　太红　太紫
太软弱　太窝囊　太小气　太铺张

因为此种格式表示的是一种不如人意的事情，所以具有明显褒义的词不能进入此种格式。例如：

③ *太好　*太美　*太聪明　*太干净
*太漂亮　*太高兴　*太健康

“勇敢”显然是个褒义词，所以“太勇敢”不能说。

那么，为什么“太勇敢了”又能说了呢？这是因为“太A了”可以表示赞叹的语气，所以褒义词当然可以进入此种格式。上述不能说的“太A”，后边加上个“了”就能说了。请看：

④ 太好了　太美了　太聪明了　太干净了
太漂亮了　太高兴了　太健康了

但是，“太A了”也可以表不如人意的事情。例如：

⑤ 太脏了　太丢人了　太丑恶了　太不要脸了
太软弱了　太窝囊了　太小气了

很明显，这里的A都是贬义词，而上面的“太好了”“太聪明了”等中的A则是褒义词。所以区分“太A了”究竟是表赞叹，还是表不如人意，可以从A的褒贬义中看出：A为褒义的表赞叹，A为贬义的表不如人意。

如果是中性词呢？比如：

⑥ 太大了　太冷了　太一般了　太紧张了

显然也是表示不如人意的意思。

由上可见，在表不如人意时，“太A”和“太A了”表意作用基本相同。例如“太大”和“太大了”，意思没有多大区别。而表赞叹的“太A了”却不能说成“太A”。例如“太好了”，不能说成“太好”。因此，凡“太A了”能说成“太A”的，为表不如人意者；凡“太A了”不能说成“太A”的，为表赞叹者。

原刊标题：“太A”和“太A了”（作者：宋玉柱）
原载《学汉语》1996年第2期（总第103期）

224 太·太……了

请判断下面两组句子对吗？

A:（1）天气非常好，在外面散步太舒服。（　　）

（2）对他的性格太了解。（　　）

（3）这个故事太吸引人。（　　）

B:（1）外面太冷，不要出去了。（　　）

（2）她不喜欢打扮，觉得太麻烦。（　　）

（3）你这么做太盲目。（　　）

答案：A（1）×（2）×（3）×　B（1）√（2）√（3）√

上面两组句子中，A组是错误的句子，因为句子的后面少了一个“了”。但是为什么B组的句子就没有问题呢？

当表示如意的、希望的事情时，句子的末尾一般要有一个“了”，“太+形/动+了”表示程度非常高，有一种赞叹的语气。

而当表示不如意、不希望的事情时，“太+形/动”表示程度高得过了头，这个时候不用“了”通常也可以。

B组句子说的是不希望的事情，而A组说的是如意的、希望的事情。

“太”的否定是在前面加上否定词语，这时，像A组那样的句子，就可以成立了：不太舒服、不太了解、不太吸引人。

“太+形/动+（了）”有一种感叹的语气，有很强的主观评价色彩，通常直接构成感叹句，比如：太好了、太不讲道理了。它一般不直接出现在定语、状语中。下面的句子是不合适的：

① *他喜欢那种太恐怖的电影。

② *我在那里看到过太漂亮的风景。

③ *他们过着太贫穷的生活。

④ *你应该太认真地对待这件事情。

这里，其实应该把“太”改成“非常”“特别”等相当的词语。

但是，如果把它们改成否定（或者含有否定意）的句子，句子就可以成立了：

① 他不喜欢那种太恐怖的电影。

② 我在那里没看到过太漂亮的风景。

③ 他们没过过太贫穷的生活。

④ 对待这件事情你不必太认真。

原刊标题：使用“太”时注意什么？（作者：聂凤春）
原载《学汉语》2002年第8期（总第181期）

225 我借给你 · 我给你借

学生：老师，“我借给你”与“我给你借”的意思一样吧。

教师：不，这两个句子的意思不一样。

学生：有什么不同呢。请老师给我们讲讲吧。

教师：这两个句子里都有一个“给”，“我借给你”的“给”是动词，在句子里作补语；“我给你借”的“给”是介词，在句子里，“给+你”组成介宾结构作状语。由于汉语里“借”这个动词既表示“借进”又表示“借出”，所以你们外国留学生容易用错。但这两个句子的语义差别比较大。比如，你向我借一本词典，正好我家里有这本词典，我可以说：“我借给你”。如果我没有这种词典，但我又想帮助你，我就会说：“我给你借”，意思是，我从阅览室或朋友那儿借来之后再借给你。

学生：啊，原来是这样。“我借给你”，东西是“我”的借的动作只发生一次，这个“借”是“借出”；“我给你借”，东西不是“我”的，“借”的动作发生两次，我先向别人“借”了以后再“借”给你，也就是说，先“借进”再“借出”。

教师：正是这样。可见学习汉语必须认真仔细，把每个字、词都要搞清楚。

学生：是啊，汉语虽然很难学，但我觉得越学越有意思。

原刊标题：“我借给你”与“我给你借”（作者：杨寄洲）
原载《学汉语》1992年第4期（总第57期）

226 闲不住 · 闲不着

一次上课时。课文里有这样一个句子“她每天买菜，做饭，收拾屋子，是个闲不着的人。”一位学生问我这里的“闲不着”是不是“闲不住”的意思，它们是否相同。

我们知道，“闲不住”和“闲不着”都是可能补语，都常以否定形式出现（肯定形式一般只出现在对话的答话里，或疑问句、反问句中），也都用来表示不会闲着的意思，口语里有时也互换使用，似乎它们没什么差别，但实际上它们在语义和用法上还是有着一定的差别的。

我们来比较一下下面的几个句子：

① 他是一个闲不住的人。

② 他是一个闲不着的人。

③ 家里有这么多事，我怎么能闲得住呢？

④ 家里有这么多事，我怎么能闲得着呢？

⑤ 我退休在家闲不住，总想找些活干。

①② 两句中，前者隐含的意思是他总是自己找事情做，使自己不闲着，而后者

隐含的意思是有很多事在等着他去做，不让他闲着。③④ 两句中，③ 句的意思是，家里事情很多，我不能闲着，我要去干活，而 ④ 句的意思却是，家里事情那么多是不会让我闲着的，前者是主动的，强调“我”的态度，后者是被动的，强调事情多。⑤ 句的意思是不想在家闲着，要找活干，这时我们就不能换上“闲不着”，因为它多不用来表示主动的意思。

因此我们可以看出，虽然它们都用来表示不会闲着的意思，但“闲不住”多用来指自己找事干不想闲着，是主动的，而“闲不着”多用来指要干的事情太多不能闲着，是被动的。

原刊标题：“闲不住”和“闲不着”（作者：王燕燕）
原载《学汉语》1994 年第 9 期（总第 86 期）

227 祥林嫂死了 · 祥林嫂死了丈夫

“祥林嫂死了”和“祥林嫂死了丈夫”这两个句子，很有趣味。为了叙述的方便，我们把“祥林嫂死了”称为 A 句，把“祥林嫂死了丈夫”称为 B 句。A 句和 B 句都由动词“死”做谓语，但“死”的对象不同。A 句“死”的是“祥林嫂”；而 B 句“死”的则是祥林嫂的“丈夫”。可见，动词“死”带不带宾语，直接影响句子的意义，具体涉及谁“死”的问题。如果“死”不带宾语，直接与主语组合，那么主语就非“死”不可；如果“死”带上宾语后与主语组合，那么宾语就得“遭殃”。换句话说，在“主语＋死”结构中，主语是施事，不可选择地承担“倒霉”的角色；而在“主语＋死＋宾语”结构中，宾语是施事，“不幸”地“占用”了“倒霉”的“指标”，于是，主语“侥幸”地“逃脱”了，宾语成了“替死鬼”。

与“死”为伍的动词还有“丢”。我们来看例子：

① A 肖长春的儿子丢了。
B 肖长春的儿子丢了一只鞋。

① A 中，“丢”没带宾语，主语“儿子”是施事；② B 中，“丢”带上宾语“鞋”，因此“鞋”便成了施事，而主语“儿子”则“安然无恙”。

“死”（丢）是不及物动词，因此能带施事宾语，但与其他不及物动词又有区别：“死”带上施事宾语后，仍能与主语组合，而其他不及物动词带上宾语后，前面便不能出现真正的主语。如：

② 对面走来一群人。

③ 草丛里窜出一只兔子。

“对面”和“草丛里”都是形式主语，从语法意义上看，它们应是状语。

原刊标题：“祥林嫂死了”和“祥林嫂死了丈夫”（作者：鲁迪）
原载《学汉语》1993年第8期（总第73期）

228 想不起·想不出

初学汉语的外国学生，弄不懂“想不起”和“想不出”有什么区别，因而不知道这两个短语怎么用。

要说清这个问题，我想可以从两方面入手。一方面是从意义上入手，一方面是从搭配上入手。

从意义上说，“想不起”是说：原来曾经记得的某件事，现在一时忘记了，记不起来了。比如你的一位老同学，多年不见，突然重逢，你一下子记不起来他叫什么名字。这时，可以说，我想不起他的名字来了。

“想不出”是说，没有能力想出，思考不出来。比如你的朋友遇到了麻烦，想请你帮他想想办法。你考虑了很久也没有什么好办法，只好说，“我真想不出什么好办法。”

从搭配上说，“想不起”后边跟的名词（宾语）往往是：名字、这件事、当时的情形等。“想不出”后边跟的名词（宾语）往往是：办法、主意、措施、章程等。下面举一些实例：

想不起：

① 我怎么也想不起他叫什么名字来了。

② 他怎么也想不起这件事了。

③ 当时的情形，老王却怎么也想不起来了。

想不出：

④ 小李想不出办法，急得只挠头。

⑤ 你这么聪明的人，怎么也想不出个好主意呀！

⑥ 大家研究了半天，也想不出个有效措施。

⑦ 经过了一个星期，校长也还是想不出个章程来。

“想不起”和“想不出”后边都可以跟上一个“来”，说成“想不起来”“起不出来”。

原刊标题：“想不起”和“想不出”（作者：宋玉柱）
原载《学汉语》1995 年第 5 期（总第 94 期）

229 想起来 · 想出来

“起来”充当趋向补语，有时候不表趋向，比如“包起来，收起来，团结起来”中的“起来”含有通过某种动作使事物由分散到集中的意思。那么“想起来”中的“起来”表示什么意思呢？对外汉语教材一般解释为：“表示通过动作使事物由分散到集中”，“想起来”表示“使记忆恢复，使记忆中的事物又集中到脑海中”。我们认为，细细体味，“想起来”与其说是表示“使记忆中的事物又集中到脑海中”，“使事物由分散到集中”，不如说是表示“使遗忘了的事物重现于脑海中”，“使事物在记忆中由隐蔽到重现”。

“想起来”既然表示使事物由隐蔽到重现，那么它与“想出来”有什么区别？

“想起来”指某事物原已留在记忆中，后来遗忘了，现在又重新出现。例如：

① 他的名字我想起来了。

② 这个字怎么念我想起来了。

③ 护照放在哪儿我想起来了。

这三个例句的意思是，“他的名字”、“这个字的念法”、“护照放置的地方”原来在我的记忆中都有，后来消失了，现在通过“想”又重新出现了。可见，“想起来”表示使记忆中的事物经历“显露→隐蔽→显露”的过程。

“想出来”与“想起来”略有不同，它表示原先在脑子中压根儿就不存在的事物通过“想”使其出现了。例如：

④ 我想出一个办法来了。

⑤ 这道题我想出来了。

⑥ 这个主意是我想出来的。

以上三个例句的意思是，“一个办法”、“这道题（的解法）”、“这个主意”原来在我的脑子中都不存在，现在通过“想”使其出现了。可见，“想出来”表示使脑子中的事物经历“隐蔽→显露”或“无→有”的过程。

总起来说，“想起来”重在使记忆中遗忘的事物“重现”，“想出来”重在使脑子中原本就不存在的事物“出现”；前者表示使脑子中的事物从隐到显，后者表示使脑子中的事物从无到有。

原刊标题：“想起来”与“想出来”（作者：疏影）
原载《学汉语》1996年第8期（总第109期）

230 要论……才是 · 要说……还是

先看两个句子：

① 要论品茶，这才是今天晚上的真正主角。

② 要说品茶，还是宜兴泥壶泡出来的味道醇厚。

这两个句子表达的作用相似，都是说在某一方面，某个人或事物的程度高；两句的前半部分形式上也大致相同。差别在于句子的后半部分，即：

1.“才是”与“还是”在句中位置不同：“才是”位于句子中间，前面有一个代词“这”，并可以由名词替代；“还是”则位于句子开头。

2.“才是”与“还是”后面所接的成分不同：“才是”后面只有一个名词短语；“还是”后面则是一个短句。

掌握了这两点区别，就可以模仿上面两个句子造出许许多多句子。

下面是模仿句①造的句子：

③ 要论打网球，阿里才是真正的冠军。

④ 要论唱歌，来自俄罗斯的阿辽沙才是我们班的“歌唱家”。

⑤ 要说学习，日本同学夏子才是最努力的。

下面是模仿句②造的句子：

⑥ 要说拳击，还是霍利菲尔德最厉害。

⑦ 要说品茶，还是何畔知道得多。

⑧ 要论跑步，还是李飞跑得快。

原刊标题："要论……"、"要说……"（作者：张宝林）
原载《学汉语》1997年第5期（总第118期）

231 ……以来 · ……来

在英汉翻译课上，有的留学生把 He has not been living here for two years. 译成"两年以来他一直没住在这儿。"

译句用词中显然混淆了"……以来"与"……来"的用法，正确的用法应该把"以来"改为"来"。这两个词的用法有同有异，有时可以互相代替，但在某些情况下是不可以的。

请看它们之间的异同：

1. 相同点

（1）"……以来"与"……来"前都可以用时间词。

（2）这两个词与时间词合用时都用来表示从过去到现在的一段时间。

2. 不同点

（1）"……来"前只能用表示时段的词语，例如：几千年来；一个多星期来；经过几年来的努力。而"……以来"前既可以用表示时段的词语，也可以用表示时点的词语，例如：长期以来；十几天以来；有史以来；一九六〇年以来。

（2）"……以来"前所用的表示时点的词语可以与介词"从、自、自从"等合用组成介词结构作状语或定语，例如：自入夏以来；从本公司创建以来。而"……来"前面的时间词不能与"从、自、自从"等介词合用。

（3）"……来"常译成英语的 for，in，over；而"……以来"除有时译成 for，in，over 以外，还常译为 since，from，ever since，尤其与"从、自、自从"等介词合用后更是如此。

原刊标题："……以来"与"……来"（作者：田善继）
原载《学汉语》1994年第7期（总第84期）

232 在……里 · 在……中

“在……里”与“在……中”是一组用法相近的介词结构，因为，在表示范围时，“里”和“中”的意思几乎相同。或许正因如此，学生在使用这两个介词结构时，才分不清什么时候该用“里”，什么时候该用“中”，或是干脆都用“里”。如：

①＊在语言学院的学习里，我常常有很难的问题。

②＊在这次汉语节目比赛里，我们班得了第一名。

③＊在上周的考试里，我遇到了很多麻烦。

④＊在北京的生活里，常有朋友帮助我。

应该说，这四个句子中的“在……里”换成“在……中”才更符合汉语的表达习惯。这是因为，尽管“里”和“中”都表示范围，但是“里”一般只表示静态的范围，而“中”除表示静态的范围外，还表示动态的范围。

其实，“在……里”和“在……中”，在更多的时候则表现了用法上的同一性。由于它们都表示一定的范围，因此，在这两个固定格式中，都可以放入表示处所的词语。如：

⑤ 在家里	在家中
⑥ 在学校里	在学校中
⑦ 在宿舍里	在宿舍中
⑧ 在屋里	在屋中
⑨ 在河里	在河中
⑩ 在大海里	在大海中
⑪ 在山里	在山中

表示时间范围的词语，一般要配上其他修饰性的词语以后才能进入这两个格式里。如：

⑫ 在过去的岁月里	在过去的岁月中
⑬ 在以往的日子里	在以往的日子中
⑭ 在过去的一年里	在过去的一年中
⑮ 在漫长的时间里	在漫长的时间中

应该指出的是，这里的时间词，表示的是较长的时段，而表示时点或确定的时间的词语，一般不能用在这个格中，如“在三点里 / 中”，“在昨天里 / 中”等。

除上述的时间、处所词及动词外，一些抽象名词也可以进入这一格式。如：

⑯ 在梦里　　　在梦中

⑰ 在幻想里　　　在幻想中

⑱ 在心里　　　在心中

这里的“心”，并不是实际意义的“心脏”。

应该强调的一点是，“在……里”和“在……中”在汉语句子中，多用在句首或谓语前充当状语，有时可作为补语出现在动词之后。如：

⑲ 我会永远把你记在心中。

⑳ 他将永远留在大山里。

最后还应指出，汉语口语中，“在……里”较“在……中”更常用。

原刊标题：“在……里”与“在……中”（作者：朱庆明）
原载《学汉语》1996 年第 6 期（总第 107 期）

233 桌上是一本书 · 桌上有一本书

解析重点 是字句与有字句用法辨析

“是”字句和“有”字句都可以表示存在，但并不完全一样，主要有下面三方面的区别：

1.“有”字句是关于存在的叙述，告诉人们在某个地方存在或不存在某东西；而“是”字句是关于存在的判断，告诉人们在某个地方存在的究竟是什么东西。所以，“是”字句的信息量大于“有”字句。“是”字句包含了两层意思：A 在某个地方存在某东西；B 这东西是什么。意思 A 是用“是”字句的前提，因为如果没有什么东西存在，就谈不上判断它是什么了。当我们否定一个“是”字句时，只是否定了上述意思 B 没有否定前提 A。如：

① 桌上不是一本书。

① 的意思是说，桌上还是有一些东西的，但不是书，而是别的东西。再比较：

② 桌上有东西。

③ * 桌上是东西。

④ 桌上有一本书。

⑤ 桌上是一本书。

我们不说 ③，因为 ③ 是一句废话，它没有作出具体判断。

2. “是”字句有排他性，“有”字句没有排他性。“桌上有一本书”和“桌上是一本书”都可以说，但是，说前一句时，桌上还可能有别的东西，说后一句时，桌上一定只有一本书，没有别的。这就是“是”字句的排他性。这可以从下面两句的比较中看出来：

⑥ 桌上有一本书，还有一本词典。

⑦ * 桌上是一本书，还是一本词典。

⑦ 是病句。除非说成：桌上是一本书和一本词典。这时把“一本书和一本词典”作为一个整体，与排他性就没有抵触了。

3. “有”字句中“有”的宾语一般是不定指的，“是”字句中“是”的宾语可以是定指的，也可以是不定指的。如：

⑧ 马路对面是一个学校。

⑨ 马路对面有一个学校。

⑩ 马路对面是我们的学校。

⑪ 马路对面有我们的学校。

“我们的学校”是定指的，因而不能作“有”的宾语。再如：

⑫ 学校对面是中山电影院。

⑬ * 学校对面有中山电影院。

不过，在两种情况下可以用“有”字句，一是在“中山电影院”前面加上“一个”，这样它就成为不定指的了。即：学校对面有一个中山电影院。二是列举若干个确定的事物，如：

⑭ 学校对面有中山电影院、中山公园、朝阳百货商场，等等。

⑮ 站在前排中间的有马新、田园和王沪生。

原刊标题：“桌上是一本书”和“桌上有一本书”（作者：吴中伟）
原载《学汉语》1994年第5期（总第82期）

234 做不了了 · 做不完了

解析重点 “做不了了”和“做不完了”语义辨析

一次，学生们正在做课堂练习，可是不知不觉下课时间到了，一位留学生说：“老师，我做不了了。”另一位留学生却说：“老师，我做得了，可是做不完了。”他们的话引起了我的兴趣。

先看“做不了（liǎo）了（le）”。“了（liǎo）”在现代汉语中是个多义动词，有两种主要用法：

（1）表示动作完毕、结束，在句中可以做谓语，带宾语，也可以用在动词后做补语。如：

① 这件事已经了啦。

② 这才了一桩心事。

③ 衣服都洗了了。

（2）表示可能或不可能，用在动词之后，跟“得”“不”连用。如“做得了”，“吃不了”。因此，第一个学生说的“我做不了了”，其实是汉语的歧义现象，它可以表示两种意思：一是时间不够，他做不完了，二是他有困难，不会做了。

再看“做不完了”。“完”在这里是单义的，是“完成”的意思。“做不完了”就是表示在规定的时间内不能完成的意思。

根据当时的情况，我们知道两个学生都是想表示“下课时间到了，他们做不完了”，可是他们却用了不同的话语。第一个学生说“我做不了了”，显然是把“了（liǎo）”当作“完毕、结束”的意义来用的；而第二个学生说的“我做得了，可是做不完了”显然是把第一个学生说的“做不了了”理解为“不会做，不可能做”了，因此强调自己是能做而做不完。

“做不了了”这种歧义是由于词的多义性造成的，也就是说如果多义词在句子中有几种意义可讲，那就出现了歧义。类似的情况不少，如：

④ 他去上课了。（听课？讲课？）

⑤ 小店关门了。（下班？倒闭？）

⑥ 他走了三个小时了。（一直走？离开？）

⑦ 我跟他去过。（和？跟着？）

⑧ 我就管你。（只？偏偏？）

⑨ 我借他十块钱。（借给？借到？）

既然多义词会产生歧义，就要求我们在说话或写文章时要多为对方着想，尽可能换用不引起歧义的词和增加适当的词语，从而使听者、读者尽快地、准确地理解自己所要表达的意思。当然，使用多义词不一定都产生歧义。通常的情况是多义词在句子当中，由于受到上下文（或语言环境）的制约，只能表达一种意义。

原刊标题：“做不了了”和“做不完了”（作者：李敏）
原载《学汉语》1996年第11期（总第112期）

习语类

235 别客气 · 不客气

初学汉语的学生，常弄不清“别客气”和“不客气”的区别，如他们常说：

①＊老师，您不客气，请坐吧！

这里的“不客气”应该改用“别客气”。这是为什么呢？

“别客气”和“不客气”语法结构相同，语义相近，因此，语用上也时常是相同相近的。特别是当我们对别人的感谢或道歉给予礼貌的应答时，“别客气”和“不客气”的用法基本相同。如：

② A：老师，非常感谢您对我的关照！
B：别（不）客气！

③ A：给您添了这么多麻烦，真不好意思。
B：别（不）客气！

但是，由于“别客气”和“不客气”中用词的不同（即“别”和“不”），在实际应用中，就不能简单地说“别客气”等于“不客气”。因为，“不”只是一般的否定，而“别”却带有“劝阻”（或祈使）的意思。

请看下面两组对话。

④ A：吃啊，你们别客气，像在家一样。
B：
C：我们不客气！

⑤ A：别客气，你们随便坐吧！
B：
C：好的，不客气。

这两组对话中，A 处在主人的位置，他的话有明显的祈使或劝导作用；B 处在被动地位，只是礼貌的应答。

此外，“别客气”和“不客气”还存在着语义指向上的差别。也就是说，“别客气”的语义多指向听话人的一方，即告诉听话人不要客气；“不客气”的语义则指向说话人自己，即表示说话人不会客气。请看下面的例子：

⑥ A：同学们，到了我这儿，大家随便点儿。

B：对，在老师家，咱们千万别客气！

C：
D：好，我们不客气！

B与C、D等同是学生，但由于B站在高于其他学生的角度说话，尽管他使用了“咱们”一词，但实际上他所说的“别客气”语义仍是指向别的同学，而C、D的应答却完全是指向自己的。

“不客气”还有另一种特殊的意义，即“不礼貌”，它是“客气”一词的否定用法。如：

⑦ 今天你说了这么多不客气的话，太过分了吧！

⑧ 我可以不客气地说，你写的字太难看了。

这里的“不客气”绝不能替换成“别客气”。

原刊标题：“别客气”和“不客气”一样吗？（作者：艾华）
原载《学汉语》1997年第4期（总第117期）

236 好的 · 好了

学生：老师，给我讲讲“好的”与“好了”的用法好吗？

老师：好的。你听，我刚才答应你的要求就说了一个“好的”。表示同意，答应别人的请求，比如，我对你说：“明天晚上，你如果有空，我们一起去看京剧好吗？”

学生：好的。

老师：对了。再如，我问：“我们教室后边的那把椅子为什么不能坐了？”

学生：因为那把椅子是坏的。

老师：对，坏的不能坐，好的呢？

学生：好的当然可以坐了。

老师：可见“好的”还是个“的”字结构，代表某种事物，我再问，你的感冒好了吗？

学生：好了。

老师：这里“好了”，是说明事物向正常状态的转化或正常状态已经恢复。再比如，我问妻子：“饭好了吗？”她说：“好了，吃吧。”这里的“好了”表示饭菜已经完成或达到完善的地步的意思。

学生：“好了”还有别的用法吗？

老师：“好了”还有“劝止”的用法。比如：两个人正在为某事争论，你可以说：“好了，好了”，意思让他们别争了，“好了”还可以跟在动词后边作结果补语，表示动作产生了结果。如“文章写好了”，“我已经吃好了”等。

原刊标题：“好的”与“好了”（作者：杨寄洲）
原载《学汉语》1992 年第 3 期（总第 56 期）

237 恨不得 · 巴不得

“恨不得”与“巴不得”作为习惯用语，后面常常接动词短语作宾语，都有“迫切希望（实现某事）”的意思。二者的区别可从以下几方面考虑：

1.“恨不得”后所接的动作行为最终并不会发生，如：

① 他气得恨不得立刻打儿子一巴掌。（最终并没有打）

甚至在现实生活中并没有发生的可能性，如：

② 玛丽恨不得长出两个翅膀，马上飞回家去。（人是不会长出翅膀的）

“巴不得”后所接的动作行为在现实生活中都具有发生的可能性，至于是否能够发生，只能从上下文中得出。如：

③ 孩子巴不得妈妈给他买一个玩具。（上下文：但妈经没带钱，所以没买。）
孩子巴不得妈妈给他买一个玩具。（上下文：他央求了半天，妈妈最终同意了。）

2. 有时在句中虽然两者可以替换，但“恨不得”句侧重于表达主观愿望迫切的程度，句子的独立性较强；而“巴不得”句则侧重于说明希望实现的内容，它对上下文的依赖性较强。比较：

④ 汤姆恨不得明天就走。（汤姆很着急。）

⑤ 汤姆巴不得明天就走。（但不知道爸爸会不会同意。）

3. “巴不得”可以与“正”连用，构成“主语＋正巴不得＋宾语＋呢！”形式的感叹句，其中宾语在上下文中可以省略；“恨不得”没有这种用法。如：

⑥ A：今天你不能回家！
B：我正巴不得不回家呢！（我正巴不得呢）

⑦ A：今天你不能回家！
B：*A：我正恨不得不回家呢！
（*我正恨不得呢！）

4. “巴不得”除了可做谓语动词外，还可以做定语。如：

⑧ 明天能与珍妮一同出去旅游，这是杰克巴不得的事情。

相应地，它还可以组成“的”字结构做宾语。如上句可改为：

⑨ 明天能与珍妮一同出去旅游，这是杰克巴不得的。

“恨不得”只能做谓语，不能做定语，也不能组成“的”字结构。

原刊标题：“恨不得”与“巴不得”（作者：狄国伟）
原载《学汉语》1999 年第 11 期（总第 148 期）

238 看来 · 看起来

玛丽亚：王老师，我有个问题想问问您。

王老师：什么问题？请问吧。

玛丽亚：您看这两个句子：“看来，这次又是我错怪他了”和“看起来，他今天是不会来了”，在这两个句子里，“看来”和“看起来”意思差不多，它们是不是一样的呢？

王老师：“看来”和“看起来”用作插入语时，意思差不多，都可表示根据某种情况进行估计或推测，并且常可以互换使用。不过，在语义上它们还是有些细微的差别的。

玛丽亚：都有哪些差别呢？

王老师：我们先来比较两个句子：

① 看来，他不是中国人。

② 看起来，他不是中国人。

例①句中隐含着通过对客观情况的分析判断而后得出结论；而例②句中更多地意味着是从表象上进行评断。因此，一般来说，用“看来”时，比较侧重于事物的客观情况或内在联系，侧重于推理分析，而用“看起来”时，则大多侧重于从直觉上、表象上进行揣摩估量。

玛丽亚：听您这么一说，倒还真有些不一样，它们还有些什么区别呢？

王老师：“看来”可进入“在……看来、据……看来、从……看来、依……看来”等格式，“看起来”一般则不能。

“看来”只能作插入语、“看起来”却可以充当句子成分，比如：

③ 他六十多了，看起来还很硬朗。

④ 这东西看起来也很简单。

这时它虽然也表示估计、评价，但已不是一个词语，而是“V（看）+起来”的动趋式结构。值得注意的是，说“看起来”时重音不同，可使句子产生完全不同的意思。

⑤ 他看起来二十来岁。

⑥ 他看起来二十来岁，实际上已过了三十岁了。

比较⑤⑥两句可以看出，重读时，句中常隐含着相反的内容，通常是前半句表示不真实的错误的评价或判断，后半句才是真实的情况，前后两分句有对照、说明的意思。在实际交谈中，根据上下文的内容，后半句也可隐去不说。

玛丽亚：嗯，明白了，谢谢您！

原刊标题：“看来”和“看起来”一样吗？（作者：王燕燕）
原载《学汉语》1994 年第 2 期（总第 79 期）

239 可不是 · 那倒是

“可不是”与“那倒是”是口语中经常出现的词语。这两个词都表示同意对方的意见，但使用时差别很大。怎样区别这两个词的用法呢？请看下面两组对话：

甲

① A：今天太冷了。
B：可不是，我都穿毛衣了。

② A：汉字太难了，我总记不住。
B：可不是，这几个字我就写了快两个小时了。

③ A：在中国骑自行车太危险了，马路上的车太多了。
B：可不是，每次上街我都提心吊胆的。

乙

④ A：汉字太难了，我总记不住。
B：可是汉字很有意思，写好了很漂亮。
A：那倒是。

⑤ A：我特别喜欢吃冰激淋，总也吃不够。
B：不过吃得太多容易发胖。
A：那倒是。

⑥ A：在中国骑自行车太危险了，马路上的车太多了
B：不过，骑惯了比坐汽车方便多了。
A：那倒是。

从上面可以看出，“可不是”是同意对方的说法，如甲组。而自己提出看法和观点，别人补充相反意见，自己再表示同意时，用“那倒是”，如乙组。这两个词不能互相替换。一个人对你说“今天的天气真冷”，你应该说“可不是”，不能说“那倒是”。另外，“可不是”也可以说“可不”，“那倒是”也可以说“那倒也是”。

原刊标题：怎样区别“可不是”与“那倒是”？（作者：李莉）
原载《学汉语》1999 年第 3 期（总第 140 期）

240 可不是吗 · 那倒是

“可不是吗”和“那倒是”用于汉语口语，都表示同意对方的观点或看法，但是，二者的用法是不一样的。他们到底有什么区别呢？下面有几个句子，请您先判断一下哪些句子该用“可不是吗”，哪些句子该用“那倒是”。

① A：那个商店很远吧？

B：__________，坐车得一个小时呢。

② A：坐早上 8 点的飞机，时间够紧张的。

B：__________，5 点以前就得起床。

③ A：听说今年夏天北京很热。

B：__________，连续半个月气温都在 35 度以上。

④ A：住在学校的宿舍很不自由，尤其是周末，回来晚了宿舍楼就锁门了。

B：不过上课很方便，不用担心堵车。

A：__________。

⑤ A：有的出租车司机总觉得我们留学生有钱，净想“宰”我们。

B：干我们这一行的是有些不争气的，有拒载的，有“宰”客的，有故意绕道的，把我们出租车司机的名声全都搞坏了。可话又说回来，天底下还是好人多，你说是吧？

A：__________。

⑥ A：我就喜欢吃麦当劳的炸鸡翅，每星期至少去吃一次。

B：油炸的东西吃多了不好。

A：__________。

以上六个句子中，①②③用“可不是吗”，④⑤⑥用“那倒是”。

从这些句子我们可以看出，如果表示单纯同意对方的说法或意见，也就是说，在对方说出对某事的看法或意见之前，一方如果没有提出自己的意见或看法，用“可不是吗”。“可不是吗”也可以说“可不吗”、“可不是”或“可不”，“吗”也可以写作“么”或“嘛”。如果一方先表达了自己对某事的看法或意见，然后对方提出关于这件事的相反的或另一侧面的看法或意见，而这一方也同意对方的看法或意见，这时候用“那倒是”。“那倒是”也可以说“那倒也是”、“倒也是”、“这倒是”等。

最后，请您再根据下面的两组对话体会一下二者用法上的区别：

⑦ A：那家饭馆儿离这儿太远了。

B：可不是吗，骑车得 40 分钟呢。

⑧ A：那家饭馆的菜真是又便宜又好吃。
B：不过太远了。为了吃顿饭跑那么远的路不值得。
A：那倒是。

原刊标题："可不吗"和"那倒是"（作者：吴春仙）
原载《学汉语》2005年第5期（总第203期）

241 说话算数 · 说了算 · 说话算话

1. "说话算数"的基本意义表示说话人说出的话是有效的。

这又可分为两种情况：

（1）表示说到做到：说话人对于自己答应别人要做的某事，能够使它实现。否定式"说话不算数"表示说到却做不到。如：

① 说话算数，可不许反悔！（《电影创作》1982.10）

② A：检举有奖金吗？
B：有，我们说话是算数的。（《电影创作》1985.4）

③ 你跑不了，为什么说话不算数？太欺负人！（《电影创作》1982.10）

④ A：你说话算数不算数？
B：怎么不算数？换给你一个好了！水利局的技术干部随你挑。（《电影创作》1981.12）

（2）表示有决定权：说话人说出的话，对一定范围内的一些事情怎样处理有决定性作用。否定式"说话不算数"表示说出的话对事务怎样处理没有决定性作用。如：

⑤ 不是吹牛，在金口镇这几十平方公里的辖区内，我说话还是算数的。（《北京文学》1989.2）

⑥ 这件事您得去问经理，经理说话才算数。我一个售货员说了也不算数。

（3）"说话算数"在上述两种用法中，都有扩展变化的情况：可构成选择问句（例④）；可用在"是……的"格式中（例②⑤）；"说"可变化为"说了"（例⑥）等等。

2. “说了算”的基本意义也是表示说话人说出的话有效。

也可分为两种情况：

（1）和“说话算数（1）”的用法相近。在口语交际中，否定式“说了不算”比较常用。如：

⑦ 祥子知道事情要坏，可是在街面上混了这几年了，不能说了不算，不能耍老娘们脾气！（老舍：《骆驼祥子》）

（2）和“说话算数（2）”的用法相近。肯定式“说了算”和否定式“说了不算”都常用。如：

⑧ 局委会上，不是他一个人说了算，他刚当副局长，说话还不一定有市场！（《北京文学》1989.2）

⑨ 他在这里吃不开，什么事他都说了不算。（《剧本》1989.3）

（3）“说了算”不能构成选择问句，也不能用在“是……的”格式中。

3. “说话算话”也是一个常用的口语短语。

但它只有“说话算数（1）”和“说了算（1）”那样的用法，没有“说话算数（2）”和“说了算（2）”那样的用法。它的否定式是“说话不算话”。如：

⑩ 我今天就看完，说话算数。（《电影创作》1985.1）

⑪ 你怎么说话不算话？（《电影创作》1985.1）

“说话算话”也可构成选择问句，也可用在“是……的”格式中。

原刊标题：“说话算数”和“说了算”（作者：常玉钟　赵雷）
原载《学汉语》1990年第10期（总第39期）